Jana und Patrick Heck

Ausgebüxt!

Jana und Patrick Heck

Ausgebüxt!

Mikroabenteuer mit Kindern

Natur spielend entdecken

Familienzeit intensiv leben

Urlaub anders denken

Mit 40 Schwarz-Weiß-Abbildungen

MALIK

Mehr über unsere Autoren und Bücher:
www.malik.de

Inhalte fremder Webseiten, auf die in diesem Buch (etwa durch Links) hingewiesen wird, macht sich der Verlag nicht zu eigen. Eine Haftung dafür übernimmt der Verlag nicht.

In diesem Buch werden Geschichten von Abenteuern mit Kindern erzählt. Für diese haben die Autoren nach bestem Wissen und Gewissen recherchiert und Experten hinzugezogen, sie übernehmen jedoch keine Gewähr für die Richtigkeit und Vollständigkeit der Angaben und keine juristische Haftung. Auch wenn die vorgestellten Abenteuer in der Regel keine großen Gefahren bergen, unternehmen Sie bitte nur solche, bei denen sich alle wohlfühlen.

FSC
www.fsc.org
MIX
Papier aus verantwortungsvollen Quellen
FSC® C083411

ISBN 978-3-89029-543-5

Illustrationen: Oliver Weiss, Berlin/New York
Satz: Uhl & Massopust GmbH, Aalen
Gesetzt aus der Aldus und der Univers
Litho: Lorenz & Zeller, Inning am Ammersee
Druck und Bindung: CPI books GmbH, Leck
Printed in the EU

INHALT

Basisausrüstung 79

Outdoorwissen 99

VORWORT

von Christo Foerster

Kinder sind die besten Abenteurer. Ihnen geht es ums Entdecken, nicht ums Ankommen, sie wollen erleben, nicht beweisen. Sie fallen hin und rappeln sich wieder auf. Immer wieder. Und irgendwann klappt es – mit dem Stehen, mit dem Laufen, mit dem Klettern. Der Bewegungsradius dehnt sich aus, der Blick wird schärfer, das Vertrauen in die eigenen Fähigkeiten größer. Wenn – und da wird diese schöne Melodie von einem hässlichen Kratzen unterbrochen – die moderne Erwachsenenwelt mit ihren Sorgen und Normen nicht wäre. So sehr wir uns bemühen, führen unsere Erwartungen und Regeln dazu, dass ein Teil dieser Urneugier irgendwann begraben wird – manchmal ein größerer, manchmal ein kleinerer, manchmal früher, manchmal später. Dieses Buch ist eine Erinnerung an den Wert der kindlichen Neugier und inspiriert auf wunderbare Weise dazu, die Lust aufs Entdecken hochzuhalten und zu fördern.

Wenn es um das Abenteuer-Erleben mit Kindern geht, beobachte ich oft eine Haltung, die gut gemeint ist, die ich aber für einen großen Fehler halte: Die meisten Eltern wollen ihre Kinder mitnehmen zu einem Erlebnis, das sie sich ausgedacht haben. Sie selbst stellen dabei die Ziele und Regeln auf. Sie vergessen, dass – ich wiederhole das an dieser Stelle gerne – Kinder die besten Abenteurer sind. Wir sollten uns von den Kindern mitnehmen lassen, nicht andersherum. Selbstverständlich ist das in der Praxis je nach Alter der Kinder durchaus ein schmaler Grat, und hier und da sind Anregungen der Eltern sicher sinnvoll, entscheidend ist jedoch die Haltung, mit der wir an ein Abenteuer herangehen. Und die sollte sein: Die Welt da draußen durch die Augen der Kinder zu sehen.

Das ist ein Grund, warum ich ungern feste Unterkünfte buche, wenn ich mit meinen Kindern in der Natur unterwegs bin. Dann komme ich nicht in die Lage, sie antreiben zu müssen: »Weiter jetzt, nicht so lange trödeln, wir haben noch ein ganzes Stück vor uns.« Es bleibt genügend Raum, um sich in der Natur zu verlieren und die Zeit zu vergessen. Meist lasse ich sie selbst entscheiden, wo wir unser Lager aufbauen und uns in die Schlafsäcke kuscheln. Das bedeutet nicht, dass unsere Abenteuer immer ziellose Larifari-Unternehmungen sind: Als mein Sohn sechs Jahre alt war, wollte er auf den höchsten Berg Deutschlands steigen. Als wir diesen Wunsch wenige Wochen später angingen, wurde mir klar, wie sehr auch kleinere Kinder schon bereit sind, körperliche Höchstleistungen zu vollbringen, wenn (und das ist der springende Punkt!) sie selbst einen Wert darin sehen. Am Gipfelkreuz der Zugspitze war mein Sohn nicht nur um ein Abenteuer reicher, sondern auch spürbar gewachsen.

Jana und Patrick meldeten sich bei mir, als sie eine vierwöchige Deutschlandreise planten. Sie wollten ohne Auto unterwegs sein, unter freiem Himmel schlafen und Menschen treffen, die sie inspirieren. Ich lud sie ein, eine Nacht gemeinsam am Hamburger Elbstrand zu verbringen. Ich hatte keine Ahnung, dass Jana hochschwanger war, aber das war auch völlig egal – wir bereiteten uns auf dem Gaskocher ein leckeres Abendessen zu, saßen zusammen, bis es kühl wurde und zu regnen begann. Jana und Patrick spannten ein Tarp auf und schliefen im Sand, ich kletterte in meine Hängematte. Schon damals ahnte ich, dass ihre Kinder es einmal gut haben würden.

Ich freue mich sehr, dass nun dieses Buch entstanden ist. Weil Jana und Patrick damit ihren ganz persönlichen Leitstern heller strahlen lassen, weil sie einen wichtigen Beitrag für unsere Gesellschaft leisten, weil sie Lust machen, da rauszugehen. Nicht morgen oder übermorgen, sondern heute. Raus und machen, ohne Garantie, dass alles glattläuft. Das erfordert Mut. Aber: Mut zu haben bedeutet nicht, frei von Angst zu sein, sondern lediglich, dass da etwas anderes ist, das uns wichtiger erscheint als die Angst.

Viel Freude mit diesem Buch und unvergessliche Momente vor der Tür!

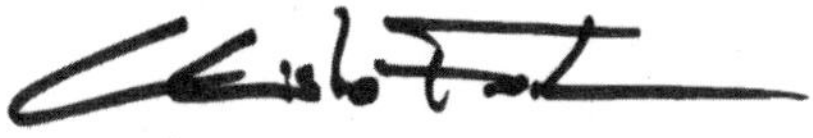

Christo Foerster ist Abenteurer, Vortragsredner und Buchautor. Er gilt als Wegbereiter der Mikroabenteuer-Idee in Deutschland. Christo Foerster lebt mit seiner Frau und zwei Kindern in Hamburg. Über seine Podcasts und Social-Media-Kanäle begeistert er Tausende Menschen weltweit dafür, mehr Freiheit und Abenteuer im Alltag zu wagen. www.christofoerster.com

KOMM MIT!

JANA

Ganz ruhig und in gleichbleibendem Rhythmus wippe ich mit den Knien. Dazu summe ich leise die Melodie von »Hejo, spann den Wagen an«. Seit fast 30 Minuten. Vor mir im Tragetuch hängt unser total übermüdeter vier Monate alter Sohn. Seine Augen sind nur noch einen klitzekleinen Spalt weit geöffnet. »Ja, Jana, ich glaube, jetzt schläft er –« »Wuääääääähhhhhhh!« » – nicht.« Während ich mich mental schon mal auf eine weitere halbe Stunde Singwippen einstelle, wirft Paddy einen kritischen Blick auf seine Uhr. »Schon kurz vor sieben, in eineinhalb Stunden wird's dunkel.« Der Kleine weint noch immer. Ob er wohl unsere Aufregung, die wir so gut zu verstecken versuchen, spürt? Bestimmt. Ich lasse meinen Blick schweifen. Der Wald ist im Gegensatz zu uns ganz ruhig. Sanft wiegen sich einige Bäume im Wind. Die Buchen um uns herum sind in mystisches Licht gehüllt, und jetzt, im April, leuchten ihre jungen Triebe in saftigem Grün. Eine Zeit lang versuche ich noch, den Frieden des Waldes in mein Singen und Wippen zu übertragen in der Hoffnung, dass der Kleine doch noch einschläft. Aber vergebens. Es ist das erste Mal, dass wir mit unserem Sohn draußen schlafen wollen. Zuletzt waren wir im November, drei Wochen vor seiner Geburt noch zu zweit hier, und diesmal ist alles so anders! Schon das Packen war viel aufregender und unkoordinierter als sonst. Und jetzt auch noch das.
»Also, ich schlage vor, wir erzwingen nichts, sondern gehen einfach mal zu unserem Schlafplatz weiter und schauen, ob er da einschlafen kann, wenn du ihn stillst. Wenn nicht, können wir immer noch

mit Taschenlampen umkehren und heimfahren. Was meinst du?«
»Ja, ich glaube, das ist eine gute Idee. So bringt das hier gerade nichts.«

Nichts erzwingen wollen, das ist für uns eine der wichtigsten Lehren für unsere Naturabenteuer mit Kindern geworden. Seit dieser ersten Übernachtung mit Kind im Freien ist mehr als ein Jahr vergangen. Insgesamt 23 Nächte hat unser Sohn mittlerweile schon draußen verbracht. Zehn davon im Zelt, dreizehn unter freiem Himmel. Aber egal ob draußen schlafen, wandern oder picknicken: Die Zeit, die wir gemeinsam als Familie in der Natur verbringen, stellt für uns immer wieder eine Kraftoase im trubeligen Alltag dar. Sie ermöglicht uns aufzutanken, dankbar zu sein, Zeit füreinander zu haben und gemeinsame Erlebnisse zu teilen.

Gerade Kinder finden in der Natur alles, was sie für eine gesunde, artgerechte Entwicklung brauchen. Sie gibt ihnen den Raum, ihre Persönlichkeit in allen Facetten zu entfalten. Hier können sie ganz sie selbst sein. Und die Verbindung, die Kinder über die Zeit zur Natur aufbauen, lässt sie die Zusammenhänge unseres Ökosystems nicht nur verstehen, sondern auch fühlen. Um das Leben auf der Erde nachhaltig und visionär zu gestalten, braucht es solche naturverbundenen, starken und kreativen Menschen. Für Kinder sind Wald und Flur deshalb nicht nur ein Alltagsangebot von vielen, sie bilden den Erfahrungsraum, von dem sie ihr ganzes Leben lang profitieren werden.[1]

Es gibt viele Ratgeber für Eltern, in denen die Bedeutung der Natur für Kinder hervorgehoben wird. Wir denken da zum Beispiel an die »artgerecht«-Bände von Nicola Schmidt, an die Bücher von Dr. Herbert Renz-Polster oder an die von Julia Dibbern. Und dann ist da noch der Hirnforscher und Autor Gerald Hüther, der ebenfalls immer wieder betont, wie wichtig es ist, dass sich Kinder möglichst viel draußen aufhalten. All diesen Autorinnen und Autoren ist es ein großes Anliegen, uns Eltern darin zu bestärken, die Natur als natürlichen Entwicklungsraum zu nutzen, das Geschenk, das sich uns da draußen präsentiert, anzunehmen.

Wir möchten dich mit diesem Buch an die Hand nehmen und mit dir gemeinsam einen Schritt weiter gehen. Egal ob du, wie wir, schon vor der Geburt deiner Kinder viel draußen unterwegs warst oder jetzt erst damit anfängst. Dass du dieses Buch in den Händen hältst, ist für uns ein Zeichen dafür, dass du um die Bedeutung der Natur weißt. Aber das Wissen allein reicht manchmal nicht aus. Deshalb findest du in diesem Buch zusätzlich ganz konkrete Ideen und Tipps, um mehr Zeit im Freien in dein Familienleben zu integrieren.

Wo und wie fängst du an? Was könnt ihr da draußen erleben, was euch allen Freude macht? Wie findest du die richtigen Orte rund um eure Stadt? Und: Wie könnt ihr der Natur einen festen Platz in eurem Familienleben einräumen?

Wir möchten dir so viel Unterstützung wie möglich geben. Dich ermutigen, deine Begeisterung fürs Draußensein mit deinen Kindern zu teilen, ja – zu leben. Egal ob alleine, mit Partner, Oma, Opa oder Freunden. Und weil wir wissen, dass der Wunsch, etwas zu verändern, oft das eine, die konkrete Umsetzung aber meist eine ganz andere Nummer ist, fangen wir klein an. Wir machen dir den Einstieg ins »Mehr-draußen-Sein« so einfach wie möglich. Stück für Stück nehmen wir dich mit auf dem Weg zu mehr Natur in deinem Familienalltag.

Wir haben für dieses Buch selbst viel gelesen, vor allem aber mit vielen Menschen gesprochen, die sich mit Kindesentwicklung, dem Wert der Natur und dem Beziehungsgefüge Familie auskennen. Bei unseren Ausgebüxt-Veranstaltungen und in den Reaktionen auf unseren Blog haben wir viele Erfahrungsberichte anderer Familien gesammelt. Uns war es wichtig, die konkreten Herausforderungen zu kennen, die du und andere Eltern haben. Und nicht zuletzt greifen wir natürlich auch auf unsere eigenen Erfahrungen als Eltern und Abenteurer zurück.

Dieses Buch bietet Tipps, Ideen und jede Menge Inspiration für unterschiedlichste Gegebenheiten. Besonders wenn du mit deiner Familie in einer Großstadt lebst, möchte dir dieses Buch ganz neue Anstöße und Motivation geben. Wenn du noch am Anfang stehst, bekommst du von Ausrüstung über Outdoor-Wissen alles an die Hand, um loszulegen. Wenn du schon regelmäßig mit der ganzen Bande draußen bist, findest du jede Menge Material, damit euch die Abenteuer so schnell nicht ausgehen. Wir werden dich an unseren Erfahrungen mit Baby und Kleinkind teilhaben lassen, aber auch an denen mit den älteren Kindern unseres monatlichen Abenteuertreffs, der »Ausgebüxt-Familie«.

Dazu noch ein kleiner Hinweis: Wir haben dieses Buch für alle Menschen geschrieben, die Kinder großziehen –, egal ob allein oder gemeinsam, ob hetero, schwul oder lesbisch, ob Adoptiv-, Pflege- oder leibliche Eltern. Und egal ob du ein Kind oder sieben großziehst. Wir haben uns bemüht, das in unsere Sprache einzubeziehen, uns aber meist für die besser lesbare Variante entschieden. Deshalb schreiben wir manchmal nur von »deiner Partnerin« obwohl wir auch »deinen Partner« meinen, schreiben »Kinder«, auch wenn du nur eins hast oder die Oma bist.

Nachdem wir unser Lager eingerichtet hatten, dauerte es noch eine ganze Weile, bis unser Kleiner schließlich in meinen Armen einschlief. Eingemummelt in unsere warmen Jacken genossen wir das Gefühl, zu dritt hier draußen zu sein. Gar nicht weit entfernt rief ein Uhu. Wie ein Murmeltier verschlief unser Sohn seine erste Nacht im Wald. Nach dem Aufwachen rekelte er sich genüsslich zwischen den Laken des Schlafsacks und fühlte sich sichtlich wohl. Es war ein schöner Morgen: Wir hatten Sicht gen Osten und wurden mit einem feuerroten Sonnenaufgang geweckt. Zum Frühstück gab es Milch fürs Baby, Nüsse und Trockenobst für uns Große. Erschöpft kamen wir am Nachmittag wieder zu Hause an – hundemüde, aber glücklich und stolz.

Vom Ausbüxen

JANA

»Dadamm-Dadamm, Dadamm-Dadamm.« Nachdenklich schaue ich aus dem Fenster. Normalerweise macht mich das ratternde Geräusch des Zugs müde, doch gerade bin ich hellwach. Während meine Augen der vorbeihuschenden Landschaft folgen, durchforste ich innerlich meinen Kopf nach einem genialen Einfall. Mir gegenüber kritzelt Paddy hastig etwas auf die Rückseite eines Kassenbons. Seit etwas mehr als einer Stunde sitzen wir nun schon in diesem Viererabteil im Zug auf dem Weg nach Mainz, auf der Suche nach einem Wort. Dem einen Wort, das auf den Punkt bringt, was wir tun. »Stadtwild?!«, frage ich Paddy halbherzig und weiß eigentlich schon, dass es ein mieser Vorschlag ist. »Klingt mehr nach Jagd als nach Abenteuer«, lautet Paddys ehrlicher Kommentar. »Aber was hältst du von ›Grünflucht‹ oder ›Stadtfrei‹? Die finde ich …«, noch bevor Paddy seine Gedanken zu Ende bringen kann, überkommt mich ein Wort, es ploppt einfach so in meinem Kopf auf. »Paddy, ich hab's! Halt dich fest und knutsch mich schon mal im Voraus für den Einfall. Wir nennen's Ausbüxen!? Oder nee, Ausgebüxt!« Ich weiß gar nicht, wo das Wort auf einmal herkommt. Ich könnte schwören, dass ich es in den letzten fünf Jahren nicht ein einziges Mal benutzt habe. Aber jetzt, jetzt ist es da und es ist einfach perfekt. »Oh, Jana, das ist der Hammer! Das nehmen wir!« Wir schauen uns an. Endlich haben unsere spontanen Ausbrüche in die Natur einen Namen.

Du willst mit deinen Kindern raus. Raus in die Natur, auf eine abenteuerliche Wanderung gehen oder eine Pyjamaparty unter freiem Himmel veranstalten. Wenn du mit deiner Familie auf dem Land lebst und Wald und Wiesen schon am Ende der Straße beginnen, ist der Weg für deine Kinder nicht weit. Vielleicht fehlt es euch trotzdem an gemeinsamer Zeit oder anderen naturbegeisterten Familien? Manchmal sind es nur solche vermeintlichen Kleinigkeiten, die uns von mehr Draußenzeit abhalten. Aber besonders dann, wenn du mit deiner Familie in einer Stadt wohnst, kommen dir die Hindernisse auf dem Weg in die Natur wahrscheinlich größer vor. Der nächste Wald scheint ewig weit weg. Und dank der vielen städtischen Angebote – Babyschwimmen, Sport, Musikschule und Krabbelgruppen – ist das Leben deiner Kinder eigentlich schon mit vielen spannenden Erlebnissen vollgepackt. Daneben fühlt sich ein Ausflug in die Natur erst einmal so an, als müsste er mit viel Aufwand gemanagt werden. Ähnlich wie der Großeinkauf am Wochenende oder der lang geplante Besuch bei Freunden.

Und genau hier kommen Mikroabenteuer und Ausbüxereien ins Spiel. Besonders für die in der Stadt lebenden Familien unter uns sind sie eine wunderbare Möglichkeit, mehr Natur in den Alltag zu bringen. Dieses erste Kapitel wollen wir dafür nutzen, zu erklären, was genau wir unter »Ausbüxen« verstehen (und was nicht). Wir wollen hervorheben, welche Bedeutung die Natur für deine Kinder und für euch als Familie hat. Einiges wirst du schon wissen, anderes wird für dich neu sein. So oder so: Auf das Geschenk, das du deinen Kindern damit machst, darfst du schon mal stolz sein. Denn es ist ein Geschenk, von dem sie ihr Leben lang zehren werden.

VON MIKROABENTEUERN UND AUSBÜXEREIEN

Vielen Eltern ist es ein großes Anliegen, ihren Kindern die Natur nahezubringen. Wir erinnern uns da an eine Situation im Geburtsvorbereitungskurs für Paare: Beim ersten Treffen fragte die Hebamme in die Runde, worauf wir uns am meisten mit unserem Kind freuen. Das Ergebnis hat uns damals wirklich überrascht: Von 20 werdenden Mamas und Papas, die von ihrer Art her ganz bunt gemischt waren, schilderten etwa 15 ihre große Vorfreude darauf, ihrem Sprössling die Natur zu zeigen. Auf unterschiedlichste Art und Weise, die einen vom Traktor aus, die anderen bei gemeinsamen Spaziergängen mit dem Hund, aber im Großen und Ganzen ging es darum, dem Kind eine Verbindung zur Natur zu ermöglichen. Genau das bestätigt auch die Naturbewusstseinsstudie des Bundesamts für Naturschutz. Sie kommt allerdings zu einem widersprüchlichen Ergebnis: Obwohl die Natur für viele Eltern bei der Kindererziehung einen hohen Stellenwert hat, sind die tatsächlichen Naturkontakte im Alltag eher selten.[2] Woran liegt das?

Vielleicht daran, dass mittlerweile ganz schön viele Menschen in der Bundesrepublik in Ballungsräumen wohnen. 2018 lebten etwa 28 Prozent der Deutschen in Orten mit mehr als 20 000 Einwohnern und sogar ein Drittel in einer Großstadt mit mehr als 100 000 Einwohnern.[3] Und je größer die Stadt ist, in der wir wohnen, desto weiter weg fühlt sich erfahrungsgemäß die Natur an. Desto mehr Aufwand vermuten wir im »Rauskommen«.

Für den Kinderarzt und Autor Dr. Herbert Renz-Polster liegt die Ursache jedoch nicht vorrangig in unserer urbanen Lebensweise. Er sagt: »Die Natur ist uns nicht genommen worden. Wir selbst haben sie mit Riegeln versehen. Was uns fehlt, ist die Freiheit, sie zu nutzen. Wir sind anderweitig beschäftigt.«[4]

Stimmt, das Leben mit Kindern ist bei vielen von uns verdammt vollgepackt: mit Sport, Musikunterricht, Arbeit, mehr oder weniger ausgiebigem Putzen, Arztterminen, Kochen, Einkaufen. Uns fehlt es an Zeit. Ständig und für alles. Schließlich erscheint uns jede dieser Beschäftigungen notwendig und wichtig. Wir werden uns im nächsten Kapitel noch ausführlicher mit diesem Problem auseinandersetzen. Denn die fehlende Zeit ist für die meisten Eltern tatsächlich die größte Hürde, aber genau da kommen die Vorzüge des Ausbüxens ins Spiel. Lass uns aber erst einmal festhalten, dass die Natur nirgends in Deutschland wirklich weit weg ist. In Peking, ja okay, vielleicht sogar in Paris, aber keinesfalls in Hamburg, Köln und auch nicht in Duisburg.

Im September 2017 haben wir »Ausgebüxt« ins Leben gerufen, unser allererstes Youtube-Video ging online. Unsere Mission war und ist es zu beweisen, dass Naturerlebnisse im Alltag nicht nur etwas für Landbewohner oder Kleinstädter sind, sondern jede und jeder sie genauso in Großstädten wie Berlin, Frankfurt oder sogar in einem Ballungsraum wie dem Ruhrgebiet finden kann. Ein Jahr lang reisten wir jeden Monat in eine andere Stadt, entdeckten die umliegende Natur und verbrachten fast immer eine Nacht unter freiem Himmel, bevor es am nächsten Tag wieder nach Hause ging. Es war unglaublich, was für wundervolle Orte und Erlebnisse uns in wirklich jeder der zwölf Städte erwarteten. Die Vorstellung, Menschen mit unseren Videos für die Natur vor ihrer Haustür zu begeistern, war uns eine unglaubliche Motivation. Damals kannten wir den Begriff »Mikroabenteuer« noch nicht – zum Glück, sonst hätten wir uns vielleicht nie die Mühe gemacht, nach einem eigenen, für uns passenden Wort zu suchen.

»Mikroabenteuer sind Outdoor-Erlebnisse vor der eigenen Haustür, die günstig, einfach und kurz sind und alles beinhalten, was ein richtiges Abenteuer ausmacht: Herausforderung, Spaß, Erfrischung im Alltag, Bereicherung und Aufregung.« So zumindest definiert sie der britische Abenteurer und Autor Alastair Humphreys, der den Begriff 2014 mit seinem Buch *Microadventures* in die Welt brachte. In Deutschland ist der Mikroabenteuer-Trend spätestens seit Christo Foersters gleichnamigem Buch angekommen. Er hat den Begriff für sich etwas enger interpretiert: Nach seinen persönlichen Spielregeln dürfen nur öffentliche Verkehrsmittel benutzt werden, Nächte müssen draußen verbracht werden, und das Abenteuer darf maximal 72 Stunden dauern. Dass jeder Ort so verlassen wird, wie man ihn vorgefunden hat, ist selbstverständlich. Aber egal, wie du Mikroabenteuer im Detail definierst: Das Besondere an ihnen ist, dass ihr mit ganz wenig Aufwand loslegen könnt. Gleich heute.

> »Ein Mikroabenteuer ist wie ein richtiges Abenteuer, nur besser: Es kostet fast nichts und ihr könnt es jeden Tag erleben.«

Im einfachsten Fall beginnt euer Mikroabenteuer so: Beladen mit Matratzen, Bettwäsche und Kuscheltieren, öffnet ihr die Tür zu eurem Garten oder Balkon und richtet euch dort ein gemütliches Lager für eine Nacht ein. Oder so: Kurz vor dem Abendessen zieht ihr euch Schuhe und Jacken an, schnappt euch Isomatten, Gaskocher, Feuerzeug, Topf und Löffel und bereitet euch im Garten, im anliegenden Park oder am Ufer eines Flusses One-Pot-Nudeln mit Tomatensoße zu. Das ist euch alles zu nah an zu Hause? Dann macht euch mit Isomatte, Schlafsack und Proviant auf den Weg in den nächsten Wald und verbringt eine Nacht unter den Bäumen. Oder wandert frühmorgens zu einem Aussichtspunkt und genießt euer Frühstück im Sonnenaufgang.

Vielleicht fragst du dich jetzt, was Schlafen auf dem Balkon mit mehr Natur zu tun hat? Oder Kochen im Park? Wahrscheinlich hast du eher Bilder von unberührten Wäldern, sprudelnden Bächen oder blühenden Wiesen im Sinn, wenn du an deinen Wunsch nach einem größeren Naturerlebnis denkst. Das verstehen wir vollkommen, uns geht es da genauso. Das Ding ist nur: Mit diesem Anspruch steigt das Gefühl, dass das alles unglaublich aufwendig umzusetzen ist. Und das läuft dann meistens darauf hinaus, dass wir mit unseren gewohnten Dingen weitermachen und am Ende überhaupt nicht in der Natur waren. Beim Ausbüxen liegt der Schlüssel darin, Naturerlebnisse zu finden, die wirklich direkt vor eurer Haustür beginnen. Und da ist durchaus Natur! Beim Schlafen auf dem Balkon ist es die kühle Luft auf eurer Haut und der unendliche Blick in die Sterne und Wolken. Und auch sonst seid ihr der Natur dort viel direkter ausgesetzt als in eurem Schlafzimmer: Ihr hört Insekten schwirren, Regen prasseln und Nachbarskatzen zanken. Spätestens wenn die Sonne aufgeht und ihr euch langsam aus dem Schlaf blinzelt, werdet ihr diese Verbundenheit zur Natur auch auf eurem Balkon spüren. Andere kleine Abenteuer, wie zum Beispiel Zelten im Wohnzimmer, gehören aber genau aus dem Grund für uns eindeutig nicht zum Ausbüxen. Ausbüxen bedeutet, dass ihr euch als Teil der Natur erfahren könnt.

Alastair Humphreys hat mit seiner Definition von Mikroabenteuern schon ganz gut beschrieben, worum es auch uns beim Ausbüxen geht. Es gibt keine festen Regeln. Wenn ihr den ÖPNV benutzt statt das Auto, umso besser – wenn nicht, auch kein Drama. Das Wichtigste ist, dass ihr Lust darauf habt und einfach loslegt. Stück für Stück und in eurem ganz persönlichen Tempo. Egal, wie viel Strecke ihr bei eurer Wanderung zurücklegt, egal, wenn ihr mitten in der Nacht euer Lager abbrecht und zurück ins kuschelige Bettchen schlüpft – und egal, ob die Pasta matschig und die Soße versalzen ist. Es geht um euch als Familie! Um euer Zusammensein im Hier und Jetzt. Keiner von euch sollte beim Ausbüxen das Gefühl haben, Leistung erbringen zu müssen. Es ist für deine Kinder keine umweltpädagogische Veranstaltung, bei der sie möglichst viel über ein bestimmtes Thema lernen sollten, und umgekehrt geht es auch nicht darum, dass du alles über die Natur wissen und erklären musst. Lasst euren Alltag und vielleicht auch die damit verbundenen Sorgen für ein paar Stunden hinter euch. Habt Spaß, wagt Neues, öffnet eure Augen für das Besondere und taucht mit all euren Sinnen in die Natur ein. Lernen werdet ihr dabei ganz automatisch. Ihr alle.

Mikroabenteuer sind eine sehr individuelle Sache. Du machst mit deinen Kindern einfach das, was gerade in euer Leben passt. Betrachtet es auf spielerische Art. Holt euch so viel Natur, wie ihr gerade haben könnt. Auch wenn ihr euch jedes Mal den unberührten Wald wünschen würdet: Manchmal wird es »nur« für die Nacht auf dem Balkon oder das Abendessen im Park reichen, aber diese Erfahrungen legen den Grundstein dafür, dass du mit deiner Familie irgendwann wirklich eine Nacht im Wald verbringst oder ein Abendessen mit Lagerfeuer am Strand erlebst.

Wenn du anfängst, mit deinen Kindern auszubüxen, wirst du damit ganz viel ins Rollen bringen, viel mehr, als du denkst. Wenn du einmal erfahren hast, wie nah die Natur an deinem Zuhause liegt und welche Kraft in ihr steckt, dann entfaltet sich der Zauber von Mikroabenteuern: Sie bringen das Gefühl von Urlaub in deinen Alltag, holen dich raus aus den gewohnten Routinen und lassen euch gemeinsam entspannen und staunen. Und weil sie so einfach und günstig umzusetzen sind, könnt ihr als Familie darauf zurückgreifen, wann immer ihr Lust habt oder »urlaubsreif« seid. Ihr habt die Möglichkeit, ganz bewusst miteinander Zeit in der Natur zu verbringen. Mit den Kindern, mit deinem Partner, vielleicht auch einfach mit dir selbst. Mikroabenteuer haben das Potenzial, deinen Alltag und letztlich euer Leben miteinander intensiver, ausgeglichener und bewusster zu machen.

Dieses Buch ist also auch ein Mikroabenteuer-Buch, doch wir nennen es Ausbüxen, weil uns der Begriff viel besser gefällt.

WENN KINDER AUSBÜXEN

Vier Lebenskompetenzen

Was wünschst du dir für deine Kinder? Welche Werte willst du ihnen mitgeben? Was sind für dich die Kompetenzen, das Wissen, auf das deine Kinder ihr Leben lang zurückgreifen sollen?

Diese Fragen stellen wir uns früher oder später alle, und je nach Lebensphase verändern sich möglicherweise auch unsere Antworten darauf. In einer Umfrage der »Stiftung Lesen« wurden Eltern mit Kindern bis zwölf Jahren zu ihren wichtigsten Erziehungszielen befragt. »Höflichkeit und gutes Benehmen« zu vermitteln war mit Abstand die meistgenannte Antwort, gefolgt von dem Wunsch, dass die Kinder ihre »Arbeit ordentlich und gewissenhaft erledigen«.[5] Uns hat das Ergebnis der Umfrage ehrlich gesagt ganz schön verdutzt! Höflichkeit und Fleiß als die wichtigsten Werte im Leben eines Menschen? Ganz andere Ziele stehen für den bekannten Familientherapeuten Jesper Juul im Vordergrund. Für ihn gehört zum Beispiel das Wahren der eigenen Persönlichkeit und Verantwortlichkeit zu den Werten, die Kinder ein Leben lang tragen.[6] Das klingt doch schon ganz anders. Und viel mehr nach dem, was uns und vielleicht auch dir wichtig ist.

Wenn Eltern ihren Kindern ein erfülltes, glückliches Leben wünschen, kann der Weg dorthin von Familie zu Familie sehr unterschiedlich aussehen. Genauso wie die Fähigkeiten, die wir fürs Leben und Überleben als wichtig erachten, stark variieren können. In der einen Familie ist es wichtig, dass die Kinder kochen lernen, in einer anderen ist es ein Musikinstrument oder eine bestimmte Sprache.

Der Kinderarzt Herbert Renz-Polster und der Hirnforscher Gerald Hüther nennen darüber hinaus einige Grundkompetenzen, die für uns alle essenziell sind.[7] Jeder Mensch braucht sie, egal, an welchem Ort der Erde er lebt. Menschen, die diese Fähigkeiten in ihrer Kindheit erlernen konnten, haben es im späteren Leben um einiges leichter. Sie bilden gewissermaßen das Fundament, auf das sie ihr Leben aufbauen können. Lass uns diese Kompetenzen deshalb mal genauer unter die Lupe nehmen und schauen, welche Rolle die Natur bei ihrem Erlernen spielt.

SOZIALE UND EMOTIONALE KOMPETENZ

Die soziale und emotionale Kompetenz hilft uns dabei, mit uns selbst und den vielen bunten Emotionen, die wir empfinden, klarzukommen. Gleichzeitig lernen wir, unsere Gefühle gegenüber anderen Mitmenschen zu regulieren und sie mit Worten auszudrücken. Dank ihr können wir uns in andere Menschen hineinversetzen, ihre Emotionen erkennen und angemessen darauf reagieren.

KOGNITIVE KONTROLLE

Kognitive Kontrolle beschreibt die Fähigkeit, so zu handeln, dass wir ein bestimmtes Ergebnis erreichen. Wenn unbewusste und automatische Verhaltensweisen, wie man sie zum Beispiel zum Autofahren benötigt, nicht zur Problemlösung ausreichen, brauchen wir unsere Fähigkeit zur kognitiven Kontrolle. Sie hilft uns dabei, tief verwurzelte Gewohnheiten zu durchbrechen oder den Umgang mit einem neuen Werkzeug zu lernen. Auch die Fähigkeit, uns Ziele zu setzen und sie voller Energie zu verfolgen, Prioritäten abzuwägen und strategisch zu planen, verdanken wir unserer kognitiven Kontrolle.

KREATIVITÄT

Kreativität ist nicht nur den Künstlerinnen unter uns vorbehalten. Sie steckt in jeder und jedem von uns. Sie kommt immer dann zutage, wenn wir etwas Neues schaffen oder noch nicht gesehene Möglichkeiten entdecken. Dazu gehört es auch, andere Perspektiven einzunehmen, fantasievoll zu denken und unser Wissen auf unterschiedliche Art zu kombinieren. Werden wir zum Beispiel mit einer schwierigen Situation konfrontiert, so verdanken wir es unserer Kreativität, dass wir mehrere Möglichkeiten zur Lösung des Problems entwickeln können, um uns dann für die angemessenste zu entscheiden.

RESILIENZ

Resilienz könnte man auch Widerstandsfähigkeit nennen. Es ist die Fähigkeit, aktiv mit Lebenskrisen, Stress oder Schicksalsschlägen umzugehen. Persönliche und sozial vermittelte Ressourcen helfen uns dabei, Kraft zu schöpfen und die Widerstände im Leben zum Anlass für Entwicklung zu nehmen, sodass wir schließlich an ihnen wachsen, statt zu verzweifeln.

Auch wenn einige der Begriffe für dich neu sind, bestimmt kannst du mit jeder der Kompetenzen etwas anfangen. Schließlich sind auch wir Erwachsene jeden Tag mit Situationen konfrontiert, in denen wir auf diese Fähigkeiten zurückgreifen. Aber wie lernen wir all das? Was brauchen Kinder, um sich diese Fähigkeiten anzueignen? Um darauf Antworten zu finden, hilft es, zunächst einmal zu definieren, was sie nicht brauchen: Denn ganz im Gegensatz zum verbreiteten Verständnis vom Lernen kann kein Unterricht, kein Buch und keine Lernsoftware Kindern diese Lebenskompetenzen vermitteln. Sie suggerieren es vielleicht, aber wirklich verinnerlichen können Kinder all das nur, indem sie möglichst vielfältige eigene Erfahrungen machen. Man könnte also sagen, das Leben selbst bringt unseren Kindern das Leben bei. Eigentlich gar nicht so schlecht, oder? Das nimmt den Druck von uns Eltern, den Kindern alle nötigen Fähigkeiten selbst vermitteln zu müssen. Wir müssen gar nicht erst versuchen, perfekte Vorbilder zu sein. Wir dürfen auch mal chaotisch sein, manche Ziele verfehlen und an unseren Emotionen verzweifeln. Wir dürfen uns entspannen. Zum Glück haben unsere Kleinen von Natur aus einen riesigen Lebenshunger. In ihnen steckt ein intuitiver Drang, diese Grundkompetenzen zu erlernen. Unsere Aufgabe besteht nur darin, ihnen den passenden Rahmen dafür zu geben. Wir sind dafür verantwortlich, unseren Kindern eine Basis zu bieten, auf der sie sich voll und ganz ausleben und fürs Leben lernen können. Nicht alle Aspekte dieses Rahmens liegen jederzeit in unserer Hand, vieles davon können wir Großen aber durchaus gestalten.

Den Grundstein der Basis bildet die **Verbundenheit**. Denn um ihren Forscher- und Entdeckergeist voll zu entfalten, brauchen Kinder das sichere Gefühl, in liebevollen, funktionierenden Beziehungen gebunden zu sein. Beziehungen voller Empathie, Respekt, Liebe und Geborgenheit schenken ihnen das Vertrauen, das sie auf ihrem Weg in ein selbstständiges, verantwortliches Leben benötigen. Als Gegenstück zur Verbundenheit brauchen unsere Kinder aber auch **Freiheit**. Erst im gesunden Gleichgewicht der beiden Komponenten können sie ein ausgeprägtes Selbstwertgefühl entwickeln.[8] Freiheit bedeutet, dass wir unseren Kindern die Möglichkeit geben, ihre Umwelt kreativ zu gestalten, frei zu spielen und Fantasiewelten zu entwerfen. Auf diese Weise erschaffen sie sich selbst ihre optimalen Lernräume und entwickeln ihr eigenes Tempo. Es entstehen Erfahrungen, die sie ihr ganzes Leben begleiten.

In **anderen Menschen** finden Kinder die Gelegenheit, sich im sozialen Miteinander zu erproben. Fähigkeiten wie Empathie, Fairness und Konfliktbewältigung lernen sie nur in einer Gruppe. Besonders wichtig ist dabei auch, dass **andere Kinder** Teil dieser Gruppe sind. Denn wenn Kinder unterschiedlichen Alters miteinander spielen, sind die Voraussetzungen perfekt, ihr Repertoire an sozialen Fähigkeiten zu trainieren und zu erweitern.

Physische Gesundheit in der Familie trägt dazu bei, dass Kinder ihre Welt als stabil wahrnehmen, lernen, ihrem Körper zu vertrauen, und Gelegenheit haben, mit Haut und Haar in den Erfahrungsraum »Leben« einzutauchen. Und zu guter Letzt brauchen unsere Kinder **Sicherheit und Frieden**, damit sie erfahren, dass sie sich auf andere verlassen können und die Welt, in der sie leben »gut« ist.

»Natur ist ein Raum, der sich begehen, begreifen, schmecken, riechen, zärtlich umarmen und schmerzlich erfahren lässt. Gerade in dieser Lebendigkeit bietet er dem Kind einen Spiegel dessen, was es heißt, am Leben zu sein.«[9]

ANDREAS WEBER

Und genau hier kommt der Wert der Natur ins Spiel. Denn sie bietet Kindern genau diesen Raum. Sie hat alles, wirklich alles, was Kinder brauchen, um ihre Lebenskompetenzen zu entwickeln. Draußen, in der lebendigen Natur, finden sie Lebewesen, mit denen sie sich verbunden fühlen, spüren, dass Beziehungen nicht nur zwischen Menschen, sondern auch zu Tieren und Pflanzen erlebbar sind. Sie können frei sein, frei wirken, mit ihrer Familie und mit anderen Kindern spielen und geraten dabei automatisch an ihre Grenzen, stoßen auf Widerstände, auf zu meisternde Hürden. Zeit, die Kinder in der Natur verbringen, ist Zeit, in der sie fürs Leben lernen.

Die Lebenskompetenzen in der Natur

Stell dir folgende Situation vor:
Die fünfjährige Anna und der zweijährige Theo sind mit ihren Eltern im Wald unterwegs und haben eine Mission: Sie wollen einen Bach im Wald aufstauen. Am Bachlauf gibt es dafür viel

Sand, Stöcke, Äste und Laub. Nur Steine finden sie keine. Anna und Theo fangen an, aus Ästen und Stöcken einen Staudamm zu bauen. Sie brauchen einiges an Material, laufen viele Male los und kehren wieder zum Bach zurück, die Hände voller Holz mit dazwischen verfangenem Laub. Während Anna von Anfang an einen richtigen Plan verfolgt und die Stöcke sorgsam nebeneinander aufreiht und aufstapelt, genießt Theo vor allem das Sammeln und Abwerfen der Stöcke. Dabei passiert es schon mal, dass Theo mit einem seiner Stöcke einen von Annas sorgsam aufgebauten Stapeln umwirft. Natürlich nicht mit Absicht, im spielerischen Eifer eben. Anna ärgert das, und sie fühlt sich durch Theo in ihrem Vorhaben aufgehalten. Sie pflaumt ihren Bruder an, der so perplex ist, dass er anfängt zu weinen. Anna erkennt, dass sie wohl zu harsch reagiert hat, nimmt Theo an der Hand und erzählt ihm von einer noch besseren Idee: Von nun an sammelt Theo das Holz und Anna bleibt am Bach, nimmt Stöcke und Äste entgegen und baut an der Konstruktion weiter. Theo geht voll in seiner Aufgabe als Materialbeschaffer auf: Begeistert kämpft er sich immer wieder die rutschige Böschung hinauf, seine Kletterhilfen sind Wurzeln und dicke Äste. Er findet morsche und stabile Stöcke, feuchte und trockene, schwere und leichte. Hier und da trifft er bei seiner Suche auf einen Käfer oder eine Assel. Dann hält er kurz inne, schaut ihnen interessiert nach, widmet sich sogleich aber wieder ganz und gar seiner Aufgabe. Schon bald ist Annas Plan umgesetzt, und der Staudamm aus gestapeltem Holz steht. Gespannt beobachten die beiden Kinder den Bachlauf. Aber statt sich aufzustauen, fließt sehr viel Wasser durch die Lücken zwischen dem Holz. Nach einer Weile reißt das Wasser sogar erste Löcher in den Damm, und einige der sauber gestapelten Stöcke treiben davon. Theo ist traurig, Anna sogar regelrecht frustriert. Nach einer Weile suchen sie gemeinsam nach neuen Möglichkeiten, den Damm zu perfektionieren. Während sie unterschiedliche Materialien ausprobieren, kommt Anna auf eine Idee: Ein paar Stöcke steckt sie aufrecht in den Sand. Davor stapelt sie nun weitere Stöcke und Äste, sodass ein stabiles Gerüst entsteht, welches sie und Theo schließlich mit Sand und Laub abdichten. Jetzt hält der Damm. Das Wasser staut sich davor zu einem breiten Pool. Die beiden sind mächtig stolz und können es kaum erwarten, ihren Eltern ihr Bauwerk zu zeigen.

Die Geschichte von Anna und Theo ist erst mal nicht besonders spektakulär. Kinder lieben es, am Wasser zu spielen und Staudämme zu bauen, egal ob auf dem Wasserspielplatz oder am Bach im Wald. Doch gerade weil sich dieses Beispiel so leicht auf jedes andere Kind übertragen lässt, eignet es sich perfekt, um die vorhin beschriebenen Grundkompetenzen an einem konkreten Beispiel nachzuvollziehen.

Denn während die Kinder am Bach einfach nur spielen, machen sie zahlreiche Erfahrungen, die ihr Gerüst an Lebenskompetenzen wachsen lassen. Anna und Theo schulen ihre **sozial-emotionale Kompetenz**, indem sie sich absprechen und gemeinsam das Projekt »Staudamm« beschließen. Während des gesamten Spiels müssen sie ihre Fähigkeit zur verbalen und nonverbalen Kommunikation miteinander einsetzen. Als Anna sich über Theos Unachtsamkeit ärgert, sind beide mit dem Gefühl Wut konfrontiert. Theo reagiert darauf mit Weinen und erfährt dank Annas Einfühlungsvermögen, was Empathie bedeutet. Am Ende erleben beide das großartige Gefühl, gemeinsam etwas geschafft zu haben, und spiegeln sich gegenseitig ihre Gefühle von Freude und Stolz.

Kognitive Kontrolle brauchen beide Kinder schon in dem Moment, als sie sich darauf einlassen, ein gemeinsames Ziel zu verfolgen. Von da an erfordert der Bau ihres Staudamms von beiden zielgerichtete Aufmerksamkeit und die entsprechende motorische Umsetzung. Theo lässt sich trotz seiner Faszination für die vorbeikrabbelnden Käfer und Asseln nicht von seinem Vorhaben abbringen. Er ist voll und ganz auf seine Aufgabe, Holz zu sammeln, konzentriert.

Sowohl die Idee, einen Staudamm am Bach zu bauen, als auch die Art und Weise der Konstruktion, verlangen den Kindern einiges an

Kreativität ab. In diesem Beispiel übernimmt Anna die kreative Führung. Durch ihren Wissens- und Erfahrungsvorsprung eröffnen sich ihr schneller neue Herangehensweisen. Durch das Zusammensein mit der älteren Anna hat Theo wiederum die Möglichkeit, von deren Kreativität zu lernen. Ohne dass er selbst auf die neue Art der Konstruktion gekommen wäre, darf er trotzdem erfahren, was kreatives Denken bewirken kann.

Und schließlich lernen beide Kinder auch aus der Erfahrung, dass der Damm bricht. Nach so viel Hin-und-her-Rennerei und sorgfältigem Aufstapeln der Stöcke ist so ein Ereignis ganz schön frustrierend und traurig. Diese Gefühle haben ihre Berechtigung, denn von jetzt auf gleich ist ein Großteil ihrer Mühe dahin. Doch statt zu verzweifeln und aufzugeben, nehmen die Kinder die Situation nach kurzer Trauer an und erarbeiten eine neue Lösung. Darin steckt die Fähigkeit zur **Resilienz**. Anna und Theo lernen, dass sie in der Lage sind, Frust und Traurigkeit zu verarbeiten, und dass es sich lohnt, mit neuer Energie weiterzumachen und eine andere Lösung zu finden. Damit haben sie nicht nur gelernt, mit einer Krise umzugehen, sondern auch, dass sie in Zukunft am besten gleich mit der zweiten Bauweise beginnen.

Natürlich könnten Theo und Anna ihre Erfahrungen mit Empathie, Frustration oder Kreativität auch auf einem Spielplatz oder beim Werkeln im Wohnzimmer machen. Um die Grundkompetenzen zu lernen, müssen deine Kinder nicht ständig in der Natur unterwegs sein. Es geht generell darum, dass wir Kinder ihre eigenen Erfahrungen machen lassen und dabei möglichst wenig von außen steuern. Trotzdem hat die Natur eine große Besonderheit, die sie einfach unvergleichlich macht: Sie ist durch und durch lebendig. Da ist Erde und Wasser, da sind Kräuter und Bäume, kleine und große Tiere, Licht und Schatten. Diese riesige Lebensvielfalt da draußen befindet sich in einem ständigen Wandel, den Kinder wahrnehmen, den sie aber niemals kontrollieren. Über alle Sinne macht sich die Natur für Kinder erfahrbar, ohne sie zu überfordern oder mit Reizen zu überfluten. Dadurch bietet sie den Kindern einen Lern- und Erfahrungsschatz, der mit keinem Spielplatz vergleichbar ist.

Noch mehr Geschenke

Neben den vier Grundkompetenzen gibt es noch viel mehr, was Kinder auf ihrem Weg ins Erwachsenenleben lernen. Hinter dem Begriff »Bildung« stecken Fähigkeiten und Wissen, die speziell in unserer Kultur als wichtig erachtet werden. Sprachen, Mathematik, Geschichte und Politik zum Beispiel. Auch dafür ist die Natur ganz nebenbei Lernraum. Außerdem fördert das Draußensein das Verantwortungsgefühl der Kinder für ihr Handeln und wirkt sich langfristig positiv auf ihre körperliche und seelische Gesundheit aus.

BILDUNG

Meistens denken wir im Zusammenhang mit Bildung an pädagogische Einrichtungen wie Schulen, Kindergärten, Sportvereine oder Musikschulen. Das sind für uns die klassischen »Orte des Lernens«. Dabei vergessen wir aber schnell, dass Kinder auch außerhalb dieser Einrichtungen ständig lernen. Vielleicht sogar auf intensivere Art und Weise.

> »Kinder spielen aus dem gleichen Grund wie Wasser fließt und Vögel fliegen.«
>
> FRED O. DONALDSON

Immer wenn Kinder spielen, lernen sie. Wir gehen sogar so weit zu sagen, dass wirklich nachhaltiges Lernen für Kinder unbedingt mit Spielen verbunden ist. Erst dann ist das Wissen mit einer Erfahrung verknüpft, und Kinder können später immer wieder darauf zurückgreifen. Natürlich lernen Kinder in der Natur nicht exakt das, was die Lehrpläne vorgeben, aber indem sie draußen eigene Erfahrungen machen, lernen sie nachhaltig. Im Umgang mit Sand, Wasser und Matsch entwickeln Kinder zum Beispiel intuitiv ein physikalisches Verständnis – ganz ohne Formeln und Gesetze. Und weil die Natur so vielfältige Erfahrungen bereithält, ist auch das Lernpotenzial unglaublich groß. In der Natur wird gezählt, experimentiert, verhandelt, untersucht, diskutiert und gefragt. Die Natur eröffnet Raum für soziale, politische, kulturelle und naturwissenschaftliche Fragen. Aktuelle Themen wie Klimaschutz, Landwirtschaft, Ernährung, Urbanisierung und die damit verbundenen politischen Diskussionen sind ganz eng mit Natur verbunden.

Ein weiterer Bildungsaspekt, der da draußen nicht zu kurz kommt, ist die Sprachentwicklung. Kinder, die gemeinsam im Wald spielen, müssen sich artikulieren, um sich darüber zu einigen, ob der Stock, den sie in den Händen haben, nun ein Zauberstab, ein Rührlöffel, ein Schwert, ein Besen oder ein Pferd ist. Eben weil die Dinge keine eindeutige Funktion haben, müssen sie sich mit den anderen Kindern austauschen, um in derselben Fantasiewelt spielen zu können. So arbeiten Kinder draußen ganz nebenbei an ihrem Ausdrucksvermögen und Wortschatz. Laut einer Studie von Dr. Peter Häfner sind Kinder, die einen Waldkindergarten besucht haben, besser auf die Schule vorbereitet als Kinder aus einem Regelkindergarten. »Sie arbeiten (…) im Unterricht besser mit, sind motivierter und konzentrierter und sie verfügen (…) über ein höheres Maß an sozialen Kompetenzen.«[10] Darüber hinaus machen sie zusätzlich Erfahrungen, die in einer menschengemachten Umgebung gar nicht möglich sind.

VERANTWORTUNGSGEFÜHL

Das Wissen, das sich Kinder draußen in der Natur aneignen, bereitet sie maßgeblich auf ihr späteres Schul- und Arbeitsleben vor. Wirklich große Bedeutung hat dieses Wissen auch, wenn es darum geht, ein Verantwortungsgefühl für nachhaltiges und ökologisches Handeln zu entwickeln. Diese Verantwortlichkeit zu leben ist eine der wichtigsten Kompetenzen unserer Zeit. Seit Generationen beeinflussen wir die Natur und das gesamte ökologische Gleichgewicht der Erde in einem Maß, in dem es noch kein Lebewesen vor uns getan hat. Das Leben unserer Kinder wird in Zukunft entscheidend von Klimaveränderungen geprägt sein. Die globale Erwärmung stellt sie vor große Herausforderungen, die sie nur dann bewältigen können, wenn sie ein Bewusstsein für ihr Handeln und dessen Folgen entwickeln. Und ebenjene Kinder, die regelmäßig Naturerfahrungen machen dürfen, die dadurch viel über die Natur und ökologische Zusammenhänge lernen, die Gelegenheit hatten, sich mit der Natur zu verbinden, sich als Teil des Ganzen zu erfahren, die sind später auch in der Lage, die nötige Verantwortung zu übernehmen. Reines Wissen über Biologie und Ökologie ohne die entsprechenden realen Naturerfahrungen ist für den Natur- und Klimaschutz hingegen völlig irrelevant. Eine Studie des spanischen Wissenschaftlers Villarroel belegt, dass Kinder Naturschutzentscheidungen aufgrund von Emotionen, Sympathie und Intuition treffen und nicht aufgrund von theoretischem Wissen.[11] Das heißt, erst wenn sie die Gelegenheit hatten, eine emotionale Verbindung zur Natur aufzubauen und sie als positiven, vertrauten Ort kennenzulernen, sind sie in der Lage, wirkliche Verantwortung für ihren Erhalt zu übernehmen.

GESUNDHEIT

Dass Kinder die Natur brauchen, um gesund groß zu werden, beweisen mittlerweile zahlreiche Erhebungen.[12] Sowohl ihre körperliche als auch ihre psychische Gesundheit profitieren ungemein von Naturerfahrungen. Aber warum ist das so?

Zunächst ist da die Tatsache, dass deine Kinder draußen praktisch dauernd in Bewegung sind und genügend Raum haben, neue Bewegungen auszuprobieren. Sie können dort rückwärts-, seitwärts- und vorwärtsgehen, hüpfen, kriechen, buddeln, klettern, rennen und schwimmen. Jeder einzelne Muskel kommt draußen in der Natur zum Einsatz. Und das ganz ohne sportlichen Anreiz. Sie bewegen sich einfach aus eigenem spielerischem Antrieb heraus. Und genau das ist es, was alle Kinder brauchen: viel Bewegung und freies Spiel. Eine Studie der WHO belegt, dass sich mittlerweile 80 Prozent der sechs- bis siebzehnjährigen Kinder und Jugendlichen in Deutschland zu wenig bewegen.[13] Das Problem liegt den Ergebnissen nach aber nicht im Medienkonsum oder daran, dass immer weniger Kinder und Jugendliche in einem Sportverein aktiv sind. Es sind schlichtweg die Alltagsbewegungen, die zu kurz kommen. Der Schulweg mit dem Fahrrad, das Bolzen und Toben am Nachmittag oder eben das Herumstreunen in der Natur. Ganz entscheidend ist dabei die Art und Weise, wie Kinder Bewegung in ihren ersten sechs Lebensjahren erfahren. Wenn sie in dieser Zeit häufig die Gelegenheit haben, ausgelassen zu toben, zu spielen und zu rennen, dann ist der Grundstein für ein bewegliches und gesundes Leben gelegt.[14] Denn körperlich aktive Menschen haben ein niedrigeres Sterblichkeitsrisiko und leiden seltener unter Herz-Kreislauf-Beschwerden oder Übergewicht.[15]

Und die Natur hat noch mehr zu bieten: Das Sonnenlicht füllt ganz nebenbei die Vitamin-D-Speicher unserer Kinder auf. Der Kontakt mit Erde, Pflanzen und Tieren bringt das Immunsystem in Schwung, er trainiert es geradezu.[16] Unter den vielfältigen Erfahrungen, die Kinder in der Natur machen, treffen sie aber auch auf Widerstände. Sie stoßen an ihre körperlichen Grenzen und werden mit ihren Ängsten konfrontiert. Traue ich mich, über den Baumstamm zu balancieren? Aus der Höhe abzuspringen? Genau diese Widerstände lassen Kinder wachsen. Sie lernen, ihre Ängste zu respektieren und gleichzeitig ihre Grenzen in dem für sie passenden Maß auszuweiten. So werden sie in ihrem Tempo immer geschickter und sicherer in ihren Bewegungen. Die Möglichkeit, Schritt für Schritt die eigenen körperlichen und psychischen Grenzen auszutesten, verleiht Kindern ein enormes Selbstvertrauen, da sie immer wieder eigene kleine Erfolgserlebnisse haben. Gleichzeitig hat es den schönen Nebeneffekt, dass sich Kinder, die viel in der Natur herumtoben, insgesamt betrachtet weniger verletzen als solche, die diese Erfahrungen nicht machen dürfen.[17]

Auch die Seele der Kleinen und Großen bekommt da draußen etwas geschenkt: Sie findet Entspannung und Erholung. Und dafür braucht es nicht mal besonders ausgedehnte Naturaufenthalte. Schon 20 Minuten im Grünen helfen gegen Stress, Unausgeglichenheit und Aggressionen und lassen uns entspannen.[18] Einige Studien zeigen sogar, dass Naturaufenthalte die beste Therapie für Kinder mit ADHS sind.[19] Die Mischung aus Gestalten-Können, Grenzen-Austesten und der Möglichkeit, sich da draußen mit anderen Lebewesen zu verbinden, bildet letztlich eine Art Schutzschild für die Psyche der Kinder, der sie ein ganzes Leben lang begleitet.

Wir könnten dir an dieser Stelle noch zahlreiche Studien auflisten, die den positiven Gesundheitseffekt von Natur für Kinder belegen. Letztlich ist die Lage aber eindeutig: Die Natur bietet einfach alles, was Kinder für ein gesundes Leben brauchen.

Wie du siehst, steckt hinter deinem Wunsch, mehr Zeit als Familie in der Natur zu verbringen, ganz großes Potenzial für die Entwicklung deiner Kinder. Herbert Renz-Polster und Gerald Hüther haben dafür einen treffenden Vergleich gefunden: »Natur ist für Kinder so essenziell wie gute Ernährung.«[20] Sie ist eben nicht nur eine nette Ergänzung im Alltag. Jeder Mensch, sollte bei dem Gedanken an die eigene Kindheit auf wilde, abenteuerliche Zeiten in der Natur zurückblicken dürfen.

WENN FAMILIEN AUSBÜXEN

Du ziehst also mit deinen Kindern los und machst ihnen das große Geschenk, draußen frei sein zu dürfen. Zusammen macht ihr Wälder und Wiesen unsicher. Vielleicht gemeinsam mit einer anderen Familie, vielleicht auch nur ihr unter euch. Irgendwann kommt ihr dann müde-glücklich, mit schmutzigen Händen und einem Bärenhunger nach Hause. Wahrscheinlich wartet am nächsten Tag ein großer Wäscheberg darauf, von dir bewältigt zu werden, aber gegenüber dem, was ihr gemeinsam von eurem Abenteuer mitnehmen konntet, ist der nur Pillepalle.

Auch wenn deine Hauptmotivation fürs Ausbüxen vielleicht der Nutzwert für deine Kinder ist, vergiss nicht, dass du dir selbst damit auch ein Geschenk machst. Die Stunden, die ihr draußen verbringt, sind nicht nur Entwicklungszeit für deine Kinder, sondern auch Zeit, die du für dich nutzen kannst. Dazu kommt die schöne Tatsache, dass ihr gemeinsam Zeit als Familie verbringt, in einem durch und durch artgerechten Rahmen.

Deine Rolle

Wenn Kinder mit anderen Kindern unterwegs sind, treten wir Erwachsenen ganz schnell in den Hintergrund und in die Beobachterrolle. Wenn wir hingegen nur ein Kind dabeihaben oder die Altersunterschiede zwischen den Kindern sehr groß sind, sind wir viel mehr involviert. Immer wieder erzählen uns Eltern einerseits von ihrem Wunsch, mehr Zeit mit ihren Kindern in der Natur zu verbringen, andererseits von ihrer Unsicherheit darüber, den Kindern nicht genug anbieten zu können. Sie befürchten, dass den Kindern zusammen mit ihnen draußen schnell die Lust vergeht, vor allem ohne andere Kinder oder ein klares Vorhaben. Wir können die Sorge gut verstehen, immerhin ist der Gedanke weit verbreitet, dass Kinder es langweilig finden, alleine unter Erwachsenen zu sein. Und auch die Aussage »Kinder wandern nicht gerne« hat sich bei vielen von uns in den Köpfen festgesetzt.

Wir möchten dich dazu ermutigen, diese Gedanken mal beiseitezuschieben und Platz zu machen für die Begeisterung, die du selbst mit dem Draußensein verbindest. Natürlich gibt es langweilige, schnurgerade Forstwege. Und ohne Frage gibt es für Kinder nichts Öderes, als stundenlang hinter Erwachsenen herzutrotten und ihren unendlichen Gesprächen zuzuhören. Aber darum geht es beim Ausbüxen auch gar nicht. Das Wichtigste ist, dass du Freude daran hast, dich gemeinsam mit deinen Kindern auf euer Abenteuer einzulassen. Dass du dich für die Bedürfnisse deiner Kinder öffnest. Wenn es dir nur darum geht, möglichst viele Kilometer zu reißen, dann ist schlechte Laune vorprogrammiert. Bist du aber bereit, auch mal das Tempo deiner Kinder anzunehmen, ihren Blick einzunehmen, eben gemeinsam mit ihnen die Natur zu entdecken, dann steht eurem gemeinsamen Erlebnis nichts mehr im Weg. Und falls deine Kinder zu Hause nur mäßig erfreut von deinen Ausbüx-Ideen sind, vergiss nicht: Begeisterung ist ansteckend, hoch ansteckend! Lass dich bei der Planung eures Abenteuers von deiner Vorfreude leiten und lade deine Kinder ein, dabei zu sein. Jede Wette, dass sie schon bald Feuer und Flamme sind. Planen müsst ihr dann auch nicht mehr als nötig: Wo soll's hingehen? Wann? Was nehmen wir mit?

Draußen darfst du dich erst mal von allen Erwartungsgedanken lösen. Du musst deinen Kindern nichts »bieten«, musst nicht jede ihrer Fragen beantworten können, und je nach Alter der Kinder darfst du sogar ein Stück Verantwortung an sie abgeben. Ist das nicht toll? Du kannst einfach gemeinsam mit deinen Kindern das

Draußensein genießen, dich an der Natur erfreuen und deine Augen für das Besondere öffnen. Sehr wahrscheinlich werden deine Kinder von selbst loslaufen, entdecken und jetzt wiederum dich mit ihrer Begeisterung anstecken. Andersherum kannst du sie auf deine Entdeckungen aufmerksam machen: einen Ameisenhügel, ein besonders schönes Spinnennetz, einen dicken Käfer oder einen knorrigen alten Baum. Und falls doch mal Langeweile aufkommt oder deine Kinder ein bisschen »Starthilfe« brauchen, wirf einen Blick auf die »Ausbüx-Ideen für Zwischendurch« in diesem Buch. Da findest du einen Haufen neuer Ideen für eigene Spiele und Vorhaben.

Gutes für dich

Auf vielfältige Art und Weise wirkt sich das Draußensein auch positiv auf dein Wohlbefinden aus. Oft ist es allein schon der räumliche Abstand von der Stadt und den Alltagsroutinen, den wir als unglaublich entspannend und erholsam empfinden. Vielleicht stresst dich noch der Gedanke daran, euer Ausbüxen organisieren zu müssen und da draußen die Verantwortung für die Kinder zu schultern. Wir gehen später noch ausführlicher darauf ein und können dir, was das angeht, ganz viel Gelassenheit mitgeben. An dieser Stelle möchten wir erst einmal hervorheben, wie gut die Natur auch dir und deiner Gesundheit tut.

»And into the forest I go, to lose my mind and find my soul.«

JOHN MUIR

All das, was, wie oben beschrieben, gut für deine Kinder ist, gilt natürlich gleichermaßen für Erwachsene. Darüber hinaus wirkt die Natur auf uns, ohne dass wir dafür etwas tun müssen. *Shinrin Yoku*, das Waldbaden, wird in Japan schon seit den Achtzigerjahren praktiziert und ist bei Millionen Japanern als Therapie sehr gefragt.[21] Inzwischen ist die heilsame Wirkung der Wälder auf die menschliche Gesundheit durch zahlreiche Studien weltweit erforscht. In Deutschland steht Peter Wohlleben mit seinen Büchern für die wohltuende Beziehung zwischen Mensch und Wald.[22]

So viel steht fest: Der Wald tut uns Menschen gut. Er sorgt nachweislich dafür, dass wir Stress abbauen, und wir werden im Grünen schneller gesund.[23] Ob das wirklich an den Botenstoffen der Bäume liegt, die wir über die Haut aufnehmen, wie Wohlleben oder japanische Wissenschaftler behaupten, ist nicht eindeutig geklärt. Sicher ist aber, dass wir uns ganz beiläufig von der Natur und ihren Reizen fesseln lassen. So sehr, dass sie uns unbemerkt von unseren Sorgen und Beschwerden ablenkt.[24] Die Natur stimuliert unsere Sinne auf eine sehr angenehme Art und Weise, die wir nicht als überfordernd, sondern als wohltuend empfinden. Wenn man bedenkt, dass die Natur aus evolutionstheoretischer Sicht unser Zuhause ist, ist diese Erkenntnis gar nicht so überraschend. Sie ist unsere *artgerechte* Umgebung. Da draußen musst du nichts leisten oder können. Die Natur ist ein wunderbarer Ort für ein liebevolles Rendezvous mit dir selbst.

Es macht etwas mit dir, wenn du zum ersten Mal unter freiem Himmel schläfst, wenn du barfuß den Waldboden unter dir spürst oder wenn du aus direkter Nähe erkennst, wie filigran und verschiedenartig die Blüten von Pflanzen sein können. Wenn du dich von der Lebendigkeit der Natur berühren lässt, Demut und Staunen erfährst, kannst du viel über dich und dein Leben lernen und mitnehmen. Die Natur rückt Dinge in ein anderes Licht und richtet den Fokus auf das Wesentliche.

Gemeinsam stressfrei sein

Lisa hat eine Verabredung. Sie ist sowieso schon spät dran, und während sie versucht, sich fertig zu machen, und im Kopf sortiert, was sie mitnehmen muss, toben ihre Kinder noch im Schlafanzug durch die Wohnung. Schon mehrmals hat sie ihnen erklärt, wie wichtig es ihr ist, dass sie sich anziehen und startklar machen. Als der Große dann aber mit dem Ball ein Glas vom Tisch schießt, das unter viel Krach in tausend Scherben zu Boden geht, platzt ihr der Kragen, und sie schreit ihn an. Noch bevor er zu weinen beginnt, bereut Lisa ihre Reaktion.

Dieses fiktive Beispiel kommt so oder so ähnlich sicher in jeder Familie einmal vor – bei Müttern wie bei Vätern. Manchmal verhalten wir uns unseren Kindern gegenüber anders, als wir es uns eigentlich wünschen. Das passiert besonders dann, wenn wir gestresst sind. Wir verfallen dann leicht in alte, nicht so bindungsfördernde Verhaltensmuster.[25] Aus diesem Grund ist es für unser Beziehungsgefüge »Familie« wichtig, dass wir uns immer wieder Momente der Entspannung gönnen. Als vorbeugende Beziehungsarbeit sozusagen. Und sobald du merkst, dass doch Stress aufkommt, und du das Gefühl hast, allem nur noch hinterherzuhecheln – genau dann ist es das Beste, für Entspannung zu sorgen. Klingt total bescheuert? Tatsächlich neigen wir dazu, uns im Stress noch mehr Stress zu machen, erhöhen damit aber nur den Druck und die Anspannung. Entspannung ist das Zauberwort für gute Kommunikation und gesunde Beziehungen.[26] Und genau die bringt uns die Natur: Wie schon im vorherigen Kapitel erwähnt, reduziert die Natur unser Stressempfinden. Wir entspannen uns da draußen ganz automatisch. Das macht Zeit in der Natur im Vergleich zu anderen Ausflugszielen wie Schwimmbad, Zoo oder Fußgängerzone besonders wertvoll für euch als Familie. Und auch sonst sind die Rahmenbedingungen draußen einfach perfekt: Es gibt keine Wäscheberge, keine Etikette, keine Eisdiele oder Pommesbude und manchmal nicht einmal Handynetz. Und die Tatsache, dass ihr in entspannter Atmosphäre gemeinsam etwas erlebt, was Kindern und Erwachsenen guttut, hat gigantisches Potenzial, eure Beziehungen zu stärken und euch als Familie wachsen zu lassen.

Eure Beziehungen stärken

Wo früher oft von »Erziehung« die Rede war, wird heute immer häufiger von »Beziehung« gesprochen. Familie ist längst nicht mehr nur ein hierarchisches Konstrukt, in dem Eltern ihre Kinder zu Moral und Folgsamkeit erziehen – was für ein Glück! Immer häufiger dürfen Kinder heute gleichwertige und geborgene Beziehungen in ihrer Familie erfahren. Sowohl zwischen ihnen und ihren Eltern als auch durch die Beziehung der Eltern zueinander. Der Familientherapeut und Autor Jesper Juul spricht in diesem Zusammenhang vom guten »Zusammenspiel in der Familie«.[27] Dieser Umgang miteinander wird sowohl von den Kindern als auch von den Eltern durch ihre jeweilige Persönlichkeit, ihre Kooperationsbereitschaft, ihre Konfliktfähigkeit, ihr Verhältnis zueinander oder auch ihre Weltanschauung beeinflusst. Die Verantwortung für das Wohlergehen der Familie liegt laut Juul aber allein bei den Eltern. Für ihn sind sie die »Leitwölfe«, die das Familienrudel anführen. Die Erwachsenen sind dafür verantwortlich, ihre eigenen Wünsche und Bedürfnisse ernst zu nehmen, eine gute Kommunikation und Empathie vorzuleben und Stresssituationen zu meistern. Wenn Eltern sich dieser Verantwortung stellen, wird Familie für alle zu einem positiven Ort, an dem Kinder die Verbundenheit erfahren dürfen, die sie für ein Leben voller Vertrauen brauchen.

Okay, so weit, so gut. Wer sich aber auf den Weg zum perfekten Zusammenspiel macht, wird schnell merken, wie verdammt anstrengend Beziehungsarbeit in der Familie sein kann. Vor allem weil uns unsere Kinder und unsere Partner gefühlsmäßig so nahestehen, spiegeln sie uns mit ihrem Verhalten unweigerlich auch unsere Unsicherheiten und lösen dadurch mitunter heftige Gefühle in uns aus. Die Psychologin und Autorin Stefanie Stahl umschreibt diese Tatsache mit dem Bild, dass »Kinder sozusagen Salz in unsere Wunden streuen«[28]. Aber auch wenn der Weg hin zu starken, funktionierenden Beziehungen innerhalb der Familie uns einiges an

Selbstreflexion und Arbeit abverlangt, sie bilden die Basis für unser Zusammenleben und Wohlbefinden.

Das Gefühl, miteinander verbunden zu sein, entsteht bei Mikroabenteuern oft schon allein dadurch, dass ihr ein gemeinsames Ziel verfolgt. Egal ob das Sammeln von Bärlauch, das Besteigen eines Gipfels oder das Durchwandern eines Bachs. Ihr als Familie habt in diesen Momenten eine Mission, etwas, das allen am Herzen liegt. Damit das auch wirklich gelingt, ist es enorm wichtig, dass du deine Kinder in die Planung eures Abenteuers mit einbeziehst. Nur so kannst du sicher sein, dass sie auch wirklich mit Freude dabei sind. Hinzu kommt die Verbundenheit, die wir empfinden, wenn wir Gefühle mit anderen Menschen teilen. Es ist ein unglaublich schönes Gefühl, aufregende Erlebnisse zu teilen und zu wissen: Meine Familie versteht mich. Die anderen fühlen gerade wie ich. Oft ergeben sich draußen in der Natur auch wirklich persönliche Gespräche. Wir spüren auf einmal den Raum, Dinge zu erzählen, und gleichzeitig fällt es uns in der Natur viel leichter zuzuhören. Wir sind nicht so abgelenkt, haben mehr Ruhe und sind gedanklich nicht immer schon drei Schritte weiter. Ungestörte Zuwendung und Anteilnahme stärken sowohl die Beziehung zu den Kindern als auch zum Partner. Natürlich gibt es auch zu Hause oder anderswo immer wieder Gelegenheiten, an euren innerfamiliären Verhältnissen zu arbeiten. Ein ausgedehntes gemeinsames Abendessen, ein Spielenachmittag oder ein Ausflug in den Hochseilgarten können sich genauso positiv auf eure Beziehung untereinander auswirken. Das Besondere beim Ausbüxen in die Natur ist, dass sie perfekt auf uns Menschen zugeschnittene Bedingungen aufweist, dass wir gleichzeitig entspannen und erleben können. In dieser Umgebung fällt es uns leichter, uns mit uns selbst im Reinen zu fühlen. Das wiederum ermöglicht es uns, mit unseren Lieben in Beziehung zu treten und ihnen offen und positiv zu begegnen.

Dabei sollten jedoch Spaß und Alberei draußen in der Natur auf keinen Fall zu kurz kommen! Poltert Hänge hinunter, fühlt euch kindlich und albern, zettelt aus dem Nichts eine Laubschlacht an oder entledigt euch an einem warmen Sommertag spontan eurer Klamotten und geht nackig baden. Genießt es, am Leben zu sein!

Loslassen

Loslassen. So oft hören wir, dass wir Dinge loslassen müssen, um glücklich zu sein. Anspannung, Erwartungen, Vorurteile, Ängste, Gedanken, Materielles, Konventionen – ach, und die Kinder natürlich! Das Gemeine an der ganzen Sache mit dem Loslassen ist, dass es so einfach klingt (los-lassen, hach!), aber oft so verdammt schwer ist. Beim Ausbüxen bieten sich dir viele tolle Gelegenheiten, das Loslassen zu üben. Auf unterschiedlichste Art und Weise.

In der Beziehung zu deinen Kindern ist Freiheit genauso wichtig wie Verbundenheit. Erst ein Gleichgewicht aus beiden Komponenten ermöglicht euch eine gesunde Eltern-Kind-Beziehung.[29] Während wir vorhin eher auf die bindungsfördernden Aspekte eurer gemeinsamen Naturerfahrungen eingegangen sind, wollen wir nun die Freiheitskomponente hervorheben. Kinder müssen nämlich nicht alleine von zu Hause losziehen, um Freiheit zu erfahren. Auch im Rahmen eures gemeinsamen Ausbüx-Abenteuers können sie diesen Drang ausleben. Wichtig ist nur, dass du ihnen den Raum dafür gibst. Wenn du zum Beispiel nach eurem Outdoorpicknick merkst, dass deine Kinder beginnen, sich ins Erforschen und Spielen zu vertiefen, dann lass sie. Trefft gemeinsam eine Absprache, wie weit sie sich vom Picknickplatz entfernen dürfen, oder macht eine Uhrzeit ab, zu der ihr euch wieder am Picknickplatz trefft. Wenn es sich für dich besser anfühlt, kannst du einem der Kinder ein Handy mitgeben. Aber dann lehn dich zurück, lies ein Buch, döse vor dich hin, tu dir was Gutes und lass los. Vertraue auf das Verantwortungsbewusstsein deiner Kinder. Indem du ihnen diese Freiheit zugestehst, machst du ihnen ein großes Geschenk, das sie in der Art zu Hause in euren vier Wänden nicht erleben könnten.

Vielleicht überkommt dich Angst bei der Vorstellung, deine Kinder unbeaufsichtigt im Wald spielen zu lassen. Was, wenn sie sich verlaufen? Wenn sich ein Kind verletzt? Werden sie sich auch wirklich nichts Giftiges in den Mund stecken? Auch hier hast du die Gelegenheit loszulassen. Sorgen sind normal, schade wäre es nur, wenn du deinen Kindern aus Angst, es könnte etwas passieren, die Möglichkeit zum freien Spiel in der Natur verwehrst. Ja, es lauern überall Gefahren. Und es ist wichtig, dass wir diese zum Wohl unserer Kinder richtig einschätzen und unsere Entscheidungen entsprechend treffen. Aus diesem Grund gehen wir im Kapitel »Outdoorwissen« auch noch mal ausführlich auf die gängigsten Gefahrenquellen draußen ein. Gleichzeitig dürfen wir dann aber auch vertrauen und die übrigen diffusen Ängste ziehen lassen.

»Ich habe bemerkt, dass meine Kinder, wenn wir uns auf ein Abenteuer begeben, tagelang, manchmal sogar Wochen später zufriedener und vergnügter wirken und mich nichts glücklicher macht, als zu hören, wie sie ihre Freunde mit Geschichten über ihre Expeditionen überhäufen.«[30]

CARLI SUMMER,
MUTTER VON ZWEI KINDERN

Die Natur ist nicht kontrollierbar. Da passieren schnell mal Dinge, die wir nicht in der Hand haben: Das Wetter schlägt um, ein Reh läuft vorbei, umgefallene Bäume versperren den Weg. In der Zivilisation ist das anders: Da gibt es Überwachungskameras, Fitnesstracker und Terminplaner. Selten kommt es vor, dass wir mal keinen Plan haben und uns treiben lassen. Wenn du mit deinen Kindern in der Natur unterwegs bist, schadet es auch nicht, einen groben Plan zu haben, es tut aber auch verdammt gut, ansonsten einfach mal draufloszugehen und die Kontrolle ein Stück weit abzugeben. Besonders mit Kindern wirst du in viele Situationen geraten, in denen Dinge anders laufen als gedacht: Die Kleine ist ausgerutscht und komplett durchnässt, die Kinder entdecken eine verlassene Hütte im Wald und wollen unbedingt eine Weile dort spielen, das Wetter hält sich nicht an die Vorhersage, und plötzlich fängt es an, wie aus Eimern zu regnen, oder ihr habt euch verlaufen. Meistens fangen genau mit solchen Ereignissen dann später die besten Ausbüx-Geschichten an, von denen ihr euch noch lange erzählen werdet. Damit euer Abenteuer allerdings nicht schon vorbei ist, bevor es richtig angefangen hat, gibt es ein paar Dinge, die du immer auf dem Plan haben solltest. An Snacks und Wasser, zum Beispiel, sollte es auf euren Touren niemals mangeln, genauso wenig an Extraklamotten. Dazu aber gleich mehr im nächsten Kapitel.

Eine andere Form des Loslassens, die du beim Ausbüxen wunderbar umsetzen kannst, ist das Sich-Lösen von Routinen. Solange wir uns in unserem Alltag in gewohnten Bahnen bewegen, fällt es uns unglaublich schwer, eingefahrene Rollen zu verlassen, uns neu zu erfinden und Gewohnheiten zu ändern. Draußen, in einer für uns alle unbekannten und neuen Umgebung sind die Bedingungen dafür um einiges einfacher. Wenn du zum Beispiel immer selbstverständlich fürs Kochen zuständig bist, darf draußen der Große mal zeigen, was er kann. Und wenn im Alltag die Erwachsenen viel Planung und Verantwortung übernehmen, kann es richtig wohltuend sein, diese Rolle unterwegs mal den Kindern zu überlassen. So könnt ihr zum Beispiel ein Ausbüx-Abenteuer starten, bei dem die Kinder Verantwortung für Navigation, die Bestimmung essbarer Wildpflanzen oder Verpflegung übernehmen. Dazu musst du deine Kinder vorher mit einbeziehen. Frage sie ruhig, ob sie sich das zutrauen, oder welche Aufgaben sie draußen gerne übernehmen würden. Meistens können Kinder sich selbst ganz gut einschätzen und gehen dann hervorragend mit der neuen Verantwortung um. Für dich und deine Partnerin ist es eine tolle Gelegenheit, Kontrolle abzugeben und die Kinder auf eine andere Art kennenzulernen. Was natürlich nicht bedeutet, dass ihr euch nicht trotzdem verlaufen dürft oder eine Pflanze noch mal nachbestimmt werden muss.

Die Natur lehrt uns auf unterschiedliche Art und Weise loszulassen. Und damit beeinflusst das Draußensein auch in diesem Bereich euer alltägliches Leben. Ihr werdet da draußen Erfahrungen zusammen machen, von denen ihr noch Tage und Wochen, ja vielleicht sogar euer ganzes Leben lang zehren werdet.

Es geht los!

JANA

Es ist Samstagmorgen, 6:35 Uhr. Ich bin todmüde und mir ist schlecht. Es ist einer der Morgen, an denen ich mal wieder total ungläubig feststelle, dass jetzt der Zeitpunkt wäre, ausgeschlafen zu sein und alle Energiespeicher aufgeladen zu haben. Tatsächlich ist mir aber viel eher danach, meinen Kopf im Kissen zu vergraben, die Zeit zurückzudrehen und das mit dem Energiespeicher auffüllen noch mal aufs Neue zu versuchen. Ich ziehe mir die Decke über den Kopf. Für einen Moment fühlt es sich so an, als wäre ich nicht mehr da. Als könnte ich einfach ewig so liegen bleiben, ohne dass es jemanden stören würde. Als würde die Welt kurz stillstehen. »Guguhhhh!«, voller Begeisterung streckt der Kleine sein Köpfchen in mein Versteck – Mist, ich bin wohl doch noch da. Dafür, dass unser Sohn diese Nacht wirklich nicht viel geschlafen hat, wirkt er erstaunlich gut gelaunt. Paddy hat von der Unruhe und dem Weinen anscheinend nicht viel mitbekommen. »Alles klar, Jana? Guck mal raus, das Wetter ist perfekt!« Oje, stimmt, heute büxen wir ja aus. Nach einigen mit Besuchen und Arbeit verplanten Wochenenden wollten wir uns heute endlich mal wieder die Zeit nehmen, den ganzen Tag im Wald zu verbringen. Die Kartoffelsuppe fürs Mittagessen steht schon im Kühlschrank, frisches Brot haben wir gestern auch gekauft. Mit einem Seufzer ziehe ich mir wieder die Decke übers Gesicht. »Geht ihr doch schon mal wickeln und Frühstück machen, ich bleib noch fünf Minuten liegen, ja?« Anscheinend spürt Paddy, dass jetzt nicht der richtige Moment ist nachzuhaken. Mit einem kurzen »Okay, dann bis gleich« verschwindet er mit dem Kleinen in Richtung Küche. Von meiner gestrigen Euphorie und Vorfreude auf den Waldausflug fehlt plötzlich jede Spur. Allein die Vorstellung, aufzustehen, Proviant und Klamotten für alle Eventualitäten zu packen, ihm durch die Wohnung hinterherzulaufen, um ihn ausbüxfertig zu machen, die Fahrräder aus dem Keller zu holen und mit ihnen aus der Stadt raus- und den steilen Anstieg zum Wald hochzufahren, macht mich fix und fertig.

»Wir könnten heute doch auch ganz entspannt in die Stadt, was meinst du?«, schlage ich Paddy beim Frühstück vor. »Echt jetzt? Willst du das wirklich?«, fragt er und blickt mich dabei leicht ungläubig an. »Mmhrmpf«, murmele ich nur und löffele weiter an meinem Müsli, während der Kleine gerade beginnt, sein Frühstück in einem Umkreis von circa einem Meter um seinen Teller herum auszubreiten.

Eigentlich kannst du jetzt gleich zu den Abenteuer-Ideen vorblättern, dir deine Kinder schnappen und loslegen. Eigentlich. Denn vielleicht geht es dir wie vielen anderen Eltern: Du weißt, wie gut es dir und deinen Kindern tun würde rauszugehen, aber im Alltag fällt dir das trotzdem oft schwer. Das heißt, der Wunsch nach mehr Draußenzeit ist da, aber tatsächlich vergehen Tage und Wochen ohne gemeinsame Naturerlebnisse. Aus Gesprächen mit Müttern und Vätern wissen wir, dass viele ihr Bedürfnis nach mehr Natur sehr beschäftigt. Aber wieso fällt es so schwer, etwas umzusetzen, das wir uns ganz offensichtlich wünschen? Warum fällt es uns so schwer, tatsächlich loszulegen? Dieses Muster findet sich bei den meisten von uns in verschiedenen Bereichen unseres Lebens wieder. Vielleicht ist es der Wunsch, regelmäßig Sport zu machen, täglich frisch zu kochen, eine neue Sprache zu lernen oder anders mit Konflikten umzugehen. All diese unerfüllten Wünsche haben gemeinsam, dass sie für uns noch nicht zur Gewohnheit geworden sind. Es sind Dinge, bei denen wir uns jedes einzelne Mal bewusst entscheiden müssen, sie zu tun. Das verlangt unserem Gehirn enorm viel Energie ab, was dazu führt, dass wir, wann immer es geht, Situationen vermeiden, in denen wir abwägen und aufwendig entscheiden müssen. An der Redewendung »Der Mensch ist ein Gewohnheitstier« ist anscheinend tatsächlich was dran. Laut Bas Verplanken, Professor für Sozialpsychologie an der University of Bath in England werden 30 bis 50 Prozent unseres täglichen Handelns von Gewohnheiten bestimmt.[31] Wenn man bedenkt, wie viel unserer Energie darüber hinaus für notwendige Alltagsentscheidungen im Job und im Familienleben draufgeht, bleibt nicht mehr so viel für die bisher unerfüllten Wünsche übrig.

Was das Ausbüxen angeht, liegt der Schlüssel also darin, dein ersehntes Naturerlebnis fest in euren Alltag zu integrieren. Das klingt vielleicht erst einmal etwas schnöde. Aber tatsächlich liegt genau darin der Unterschied: Im Idealfall wird Ausbüxen für dich und deine Familie ein Stück weit selbstverständlich. Dazu gehört auch, dass nicht jedes Erlebnis absolut bombastisch sein muss. Ihr werdet unspektakuläre, langweilige, spannende, unvergessliche, einfache und abenteuerliche Ausbüx-Momente erleben. Indem es für euch zur Gewohnheit wird, fällt es viel leichter, tatsächlich in die Natur aufzubrechen, denn dein Gehirn muss dann nur noch einen Bruchteil der Energie für den Handlungsimpuls aufwenden. Und es kommt noch besser: mit der Gewohnheit wird das Ausbüxen zum Selbstläufer, und es wird euch früher oder später immer wieder nach draußen ziehen.[32]

Die wichtigste Voraussetzung dafür ist einfach nur deine Freude. Sie bringt dir viel mehr Antrieb als noch so fundiertes Wissen über die theoretischen Vorzüge des Draußenseins. Aber auch trotz deiner Begeisterung wird es auf dem Weg zur Gewohnheit immer mal wieder zu Situationen kommen, in denen ihr zum Beispiel ins Schwimmbad fahrt, statt auszubüxen, oder in denen ihr dem spontan angekündigten Besuch eines Freundes Vorrang gebt. Auch das ist okay. Du merkst, es gibt leider nicht den einen Trick, mit dem du ab morgen wie verwandelt nur noch mit deinen Kindern durch die Wälder streifst. Tatsächlich liegt zwischen deinem Wunsch und dem regelmäßigen Ausbüxen ein Stückchen Arbeit und Selbstreflexion. Doch die Mühe lohnt sich – also: Lass uns loslegen und deinen Wunsch in die Tat umsetzen!

Wir sind am Ende dann doch noch in den Wald aufgebrochen. So richtig ernsthaft habe ich nicht versucht, Paddy davon zu überzeugen, den Tag auf der Couch und in der Stadt zu verbringen.

Eigentlich wollte ich das selbst auch gar nicht, zumal wir solche Verabredungen, den Tag im Wald zu verbringen, immer sehr ernst nehmen. Außerdem wusste ich aus Erfahrung, dass es sich genau richtig anfühlen würde, sobald wir erst einmal Waldboden unter unseren Füßen haben würden. Ausbüxen ist für uns zu einer Gewohnheit geworden, die wir kaum mehr wirklich infrage stellen. Nur manchmal wabert ein Hauch von Trägheit und Unlust an die Oberfläche. Ab und an geben wir ihm nach, aber meistens nicken wir ihm nur freundlich zu und lassen ihn vorbeiziehen.

WERDE KONKRET!

Wünsch dir was!

Du willst also öfter raus. Am besten nicht nur ab und zu, sondern regelmäßig. Aber was steckt für dich eigentlich genau hinter den Worten »öfter«, »raus« und »regelmäßig«? Wir neigen manchmal dazu, unsere Wünsche sehr allgemein zu formulieren: »Ich will häufiger Sport machen.« »Ich hätte gerne mehr Zeit für meine Kinder.« »Ich würde gerne abnehmen.« »Ich wünschte, ich wäre gelassener.« Genauso wie der Wunsch »Ich will mehr Zeit mit meinen Kindern in der Natur verbringen« verraten uns diese Aussagen sehr wenig über die konkrete Umsetzung. Wenn wir es dabei belassen und gleichzeitig hoffen, dass unser Wunsch in Erfüllung geht, werden wir wahrscheinlich nach ein paar Monaten feststellen müssen, dass wir unserem Bedürfnis kein bisschen näher gekommen sind. Und das, obwohl wir es uns doch so sehr wünschen!

»Machen ist wie wollen, nur krasser!«[33]

Um unsere Wünsche wahr werden zu lassen, müssen wir sie konkretisieren. Erst wenn wir ganz genau wissen, wie wir uns die Erfüllung des Wunsches tatsächlich vorstellen, können wir Taten folgen lassen. Es ist wie eine kleine Verwandlung, der wir unsere Wünsche unterziehen:

Aus »Ich will mehr Sport machen« wird »Ab morgen werde ich jeden Tag 15 Minuten Yoga machen, nachdem die Kinder im Bett sind.« Aus »Ich wünschte, ich wäre gelassener« wird »Wenn meine Tochter und ich das nächste Mal streiten, will ich den Impuls, laut zu werden und sie anzuschreien, einmal bewusst unterdrücken und mir danach überlegen, warum die Situation mich so wütend gemacht hat.« Und aus »Ich will mehr Zeit mit meinen Kindern in der Natur verbringen«?

Lass uns diesen Wunsch genauer unter die Lupe nehmen. Was genau steckt dahinter? Versuche, dein Ziel so konkret wie möglich zu formulieren, und schreibe es am besten auf.

Hier ein paar Beispiele zur Inspiration:

Ich möchte jeden Samstag mit meinen Kindern ein paar Stunden im Wald verbringen.

Ich möchte ein gemeinsames Abendessen pro Woche nach draußen verlegen.

Wenn es nicht regnet, will ich den Weg zur Kita von jetzt an mit meinen Kindern immer mit dem Fahrrad statt mit dem Auto fahren.

Natürlich spielt es auch eine Rolle, was sich deine Familie wünscht und ob die Bedürfnisse deines Partners und deiner Kinder mit den deinen vereinbar sind. Auf diesen wichtigen Aspekt kommen wir gleich noch mal zurück. Jetzt geht es erst einmal darum, deinen Wunsch möglichst konkret in Worte zu fassen. Das ist zum einen für deine persönliche Entscheidung wichtig, zum anderen hilft es dir später dabei, mit deiner Familie zu klären, wie und wie häufig ihr in Zukunft gemeinsam ausbüxen wollt.

Kleine Ziele setzen

Meist sind es gar nicht die äußeren Faktoren, die uns im Weg stehen. Sehr oft hindern uns unsere eigenen Ansprüche daran, tatsächlich Zeit in der Natur zu verbringen. Wenn Naturerlebnisse unbedingt auf offiziellen Wanderwegen stattfinden müssen oder es draußen sonnig und warm sein oder jede Tour ein ganz besonderes Ziel haben muss. Je höher deine Ansprüche an die Familienzeit in der Natur sind und je mehr Bedingungen erfüllt sein müssen, bevor es losgehen kann, desto unwahrscheinlicher ist es, dass dein Wunsch nach mehr Natur in Erfüllung geht.

Indem du dir hingegen kleine Ziele setzt und möglichst keine übersteigerten Erwartungen hast, ihr einfach nur gemeinsam Zeit im Grünen verbringen wollt, steigt die Wahrscheinlichkeit, dass ihr auch wirklich ausbüxt. Und irgendwo zwischen den vielen kleinen Abenteuern wirst du dich auf einmal mit deiner Familie unter den Sternen wiederfinden, in einer lauen Sommernacht, mitten in einem urigen Wald – ganz ohne Pauken und Trompeten, aber wunderschön.

Erst wenn du beginnst, regelmäßig rauszugehen, kann es für dich und deine Kinder zur Gewohnheit werden. Regelmäßigkeit ist das A und O. Sie ist viel wichtiger als das Erleben möglichst außergewöhnlicher Abenteuer. Naturerlebnisse mit großen Ansprüchen wirst du nicht regelmäßig umsetzen, dafür ist das Familienleben in der Regel zu vollgepackt. Setze dir am Anfang kleine Ziele und passe deinen Wunsch entsprechend an. Formuliere ihn so, dass du ganz sicher weißt, du kannst ihn noch diese Woche mit deinen Kindern wahr werden lassen.

Ein kleines Ziel könnte zum Beispiel sein: Jeden Samstagvormittag ausbüxen. Was ihr dann tatsächlich daraus macht, entscheidet ihr von Woche zu Woche. Mal kann es ein einfacher Ausflug in den Wald sein, mal auch nur ein in den Park verlagertes Picknick. Beim nächsten Mal dehnt ihr euer Ausbüxen auf den ganzen Samstag aus, um die Woche darauf »nur« kurz loszuziehen und Zapfen, Blüten und Blätter für den gemütlichen Basteltag im Warmen zu sammeln, während es draußen ungemütlich nasskalt ist.

Unsicherheiten und Ängste benennen

Manchmal hindern die eigenen Ängste uns daran, klar zu unseren Wünschen zu stehen. Das äußert sich darin, dass wir sie kleinreden oder immer neue Gründe finden, warum wir unserem Wunsch gerade jetzt nicht nachgehen können. Falls dich solche Gedanken beschäftigen, solltest du dich unbedingt damit auseinandersetzen. Ein paar verbreitete Unsicherheiten unter Müttern und Vätern sind beispielsweise folgende:

»Ich habe Angst, dass wir uns verlaufen könnten. Mein Orientierungssinn ist miserabel. Deswegen gehe ich lieber nur dahin, wo ich mich auch wirklich gut auskenne.«

»Die Natur ist toll, aber sie birgt auch einige Gefahren – Zecken zum Beispiel oder giftige Pflanzen. Ich kenne mich zu schlecht aus, um im Fall der Fälle richtig zu handeln.«

»Ich befürchte, dass sich meine Kinder mit mir alleine langweilen. Mir mangelt es oft an Ideen und Kreativität.«

Solche Unsicherheiten sind völlig normal, immerhin trägst du da draußen genauso die Verantwortung wie in der vermeintlich sichereren Wohnung. Häufig malen wir uns im Kopf aber Worst-Case-Szenarien aus, die völlig unrealistisch sind. Wir möchten dich deshalb ermutigen, dir deine Ängste bewusst zu machen und dich ihnen in kleinen Schritten anzunähern. Kleine Erfolge wirken motivierend und werden dir von Mal zu Mal Angst nehmen und dir beweisen, dass das Draußensein mit Kindern einfach schön ist. Du wirst lernen, es zu genießen, und merken, dass du absolut dazu in der Lage bist, mit der Verantwortung umzugehen. Was tatsächliche Gefahren angeht, ist es wichtig und hilfreich, sie einschätzen zu können und zu wissen, wie du damit umgehst. Aus dem Grund gehen wir später im Buch noch mal ausführlich auf das Thema ein.

ALLE MIT INS BOOT

Du weißt jetzt, was du willst und was dir wichtig ist. Damit ist der erste und wichtigste Schritt geschafft! Und weil dein Wunsch eng mit deinen Kindern und vielleicht auch mit deinem Partner verbunden ist, geht es im nächsten Schritt darum, dass ihr euch über eure unterschiedlichen Wünsche und Bedürfnisse austauscht. Denn so groß deine Begeisterung und Motivation für Naturerlebnisse mit deiner Familie auch sein mögen, die Entscheidung, häufiger zu solchen Abenteuern aufzubrechen, trefft ihr gemeinsam.

Was will dein*e Partner*in?

Als Familie auszubüxen, muss nicht zwingend bedeuten, dass beide Elternteile mit dabei sind. Nicht alle Lebenspartner teilen dieselben Leidenschaften, und so kann es ja durchaus sein, dass deine Frau oder dein Mann gar nichts am Draußensein findet. In anderen Familien wiederum arbeitet ein Elternteil vielleicht im Schichtdienst oder regelmäßig am Wochenende oder nachts und fällt aus diesen Gründen aus der Ausbüx-Planung raus.

Wie steht dein Partner zu der Idee, ab jetzt mehr Zeit mit den Kindern in der Natur zu verbringen? Solltet ihr beide die Leidenschaft für Naturabenteuer teilen, ist der Antrieb, wirklich loszuziehen mit Sicherheit noch etwas größer. Wir persönlich empfinden diese Erlebnisse jedes Mal als unglaublich wertvolle Familienzeit, ziehen daraus aber gleichzeitig auch viel Energie für unsere Paarbeziehung.

Wenn deine Partnerin allerdings bisher noch gar nichts von deinem Wunsch weiß, ihr euch in euren Vorstellungen uneinig seid oder unausgesprochene Erwartungen zwischen euch im Raum stehen, nehmt euch unbedingt die Zeit und sprecht darüber. Egal, was dabei rauskommt, es lohnt sich. Außerdem verleiht es dir ein Stück mehr Klarheit, bevor du weitere Pläne machst und die Kinder mit ins Boot holst.

Die Kinder mitnehmen

Damit eure Abenteuer in der Natur für alle zu einem positiven Erlebnis werden, ist es wichtig, deine Kinder an der Planung teilhaben zu lassen und das Draußensein auch nach ihren Wünschen und Vorstellungen zu gestalten. Manchmal kommt es vor, dass wir im Rausch der eigenen Begeisterung ganz vergessen, unsere Kinder mit einzubeziehen. Draußen sind wir dann ein bisschen verdattert darüber, dass sie nicht gleich freudig losrennen und die erstbeste Böschung hochklettern. Stattdessen hören wir vielleicht schon nach ein paar Metern das berühmte »Wann sind wir endlich dahaaa«-Mantra.

Eine Freundin schilderte uns dazu einmal folgendes Dilemma: »Ich würde so gerne öfter mit den Kindern in den Wald gehen, aber obwohl wir uns immer große Mühe geben, abenteuerliche Routen auszusuchen, haben sie einfach keine Lust zu wandern. Nach 100 Metern fangen sie an zu quengeln und wollen wieder zurück. Ich weiß einfach nicht, wie ich sie motivieren kann.« Dass sie mit diesem Problem nicht alleine ist, zeigt die enorme Google-Trefferquote zu der Suche »Kinder zum Wandern motivieren«: sage und schreibe sechs Millionen Einträge gibt es dazu!

Damit dir das nicht passiert, nimm deine Kinder von Anfang an mit! Erzähl ihnen von deiner Idee, lass sie fühlen, dass sie ihre Gedanken dazu äußern, ihre Wünsche einbringen können. Zeig ihnen, dass du sie ernst nimmst und ihr eure Naturerlebnisse gemeinsam gestaltet. Sie sollten niemals als Pflicht empfunden werden. Erst dann könnt ihr draußen auftanken und richtig in die Natur eintauchen.

Mach dir in dem Zusammenhang auch noch mal bewusst, wie unterschiedlich Kinder und Erwachsene das Draußensein erleben. Wir Großen haben draußen in der Natur oft ein bestimmtes Ziel vor Augen. Das kann ein Gipfel sein, das Zurücklegen einer bestimmten Strecke oder die Aussicht, am Ende des Tages ein leckeres Essen in einer gemütlichen Hütte zu schlemmen. Diese Ziele motivieren uns dazu, steile Anstiege zu bewältigen, das Gewicht des Rucksacks auf unseren Schultern anzunehmen und die »Ich-kann-nicht-mehr!«-Gedanken auch wieder ziehen zu lassen. Je älter die Kinder sind, desto eher sind sie ebenfalls dazu in der Lage, aber besonders jüngere Kinder ticken da anders. Für sie ist buchstäblich der Weg das Ziel. Sie lassen sich zwar auch gerne von einem aufregenden Ziel begeistern, viel wichtiger ist dann aber, dass sie ihre Neugier und ihren Forscherdrang auf dem Weg dahin ausleben dürfen. Reines Wandern um der Strecke willen geht an ihren Bedürfnissen vorbei.

Neben den individuellen Vorlieben jedes einzelnen Kindes (für den Kleinen ist das Spielen am Wasser ein Highlight, die Große begeistert sich vor allem für Felsen und Höhlen) gibt es auch Bedürfnisse, die sich aus den verschiedenen Stufen der kindlichen Entwicklung[34] ableiten. Im Folgenden haben wir die Aspekte zusammengefasst, die eine besondere Bedeutung fürs Ausbüxen haben:

SÄUGLINGSALTER (1. LEBENSJAHR)

Dein Baby braucht vor allem Schlaf, Nahrung, Wärme und Körperkontakt. Diesen Bedürfnissen kannst du auch draußen leicht nachkommen. Beim Ablegen in der Natur musst du dir noch keine großen Gedanken um eine kindersichere Umgebung machen, da das Baby noch nicht oder nur wenig mobil ist.

KLEINKINDALTER (1–3 JAHRE)

Dein Kind kann jetzt laufen, springen, und viel Bewegung an der frischen Luft tut ihm richtig gut. Es nimmt sich jetzt auch als Persönlichkeit wahr und kann seine Wünsche und Bedürfnisse deutlich äußern. Trotzdem liegt die Ausbüx-Planung noch voll bei dir. Beziehe dabei trotzdem schon die Bedürfnisse deines Kindes mit ein und erzähle ihm von eurem Vorhaben. Zur Einstimmung kannst du zum Beispiel ein Zelt im Wohnzimmer aufschlagen oder gemeinsam mit deinem Kind Bücher über Naturabenteuer anschauen. Kleinere Strecken kann dein Kind jetzt schon selbst laufen, will aber zum größten Teil noch getragen werden.[35]

FRÜHE KINDHEIT (4–6 JAHRE)

Spielen hat für dein Kind nun große Bedeutung. Im Spiel mit anderen Kindern sammelt es Erfahrungen und lernt unglaublich viel. Das Ausbüxen mit anderen Familien oder Kindern bekommt einen besonderen Wert. Denken und Handeln deines Kindes stecken in der »magischen Phase«[36]: In seiner kindlichen Vorstellung ist alles möglich, Schönes wie Schreckliches. Es ist die Phase, in der Waldgeister und Feen »wirklich« sind – eine wunderschöne Gelegenheit, dich von deinem Kind in seine Welt entführen zu lassen, und gleichzeitig eine große Verantwortung, dieser kindlichen Realität sensibel zu begegnen. Frage dein Kind nach seinen Wünschen für eure Abenteuer. Vielleicht kommen darin auch fantastische Wesen wie Prinzessinnen und Kobolde vor. Wenn du Lust hast, nimm auch diese kleinen Impulse auf und starte eine Expedition in den Wald der lustigen Baumgeister. Dein Kind liebt Bewegung aller Art und testet immer wieder seine Grenzen aus, sei es beim Klettern, Springen oder Fahrradfahren. Außerdem kann dein Kind jetzt schon fünf bis zehn Kilometer selbst wandern (mit vielen Pausen natürlich).

MITTLERE KINDHEIT (7–10 JAHRE)

Dein Kind geht jetzt zur Schule, und damit ist ein Großteil des Alltags verplant. Es kann seine Emotionen sehr gut ausdrücken, und Gemeinschaft spielt eine große Rolle. Dieses Alter ist perfekt für Naturabenteuer, da sich die Kinder gerne vertiefen und sich für vieles begeistern können. Auch wenn dein Kind schon viel über die Natur weiß und besonders wissbegierig ist: Macht euch beim Ausbüxen frei von allen Leistungsgedanken. Natürlich werdet ihr draußen auch einiges lernen, eure gemeinsame Zeit und Freude stehen aber immer an erster Stelle. Spätestens jetzt kannst du dein Kind richtig ins Packen, ins Austüfteln neuer Ausbüx-Rezepte oder in die Routenplanung mit einbeziehen. Ist dein Kind total verrückt nach Pferden? Wie wärs dann mit einer kleinen Wanderung vorbei an der nächsten Pferdekoppel inklusive Mittagessen draußen vom Gaskocher? Im Durchschnitt kann dein Kind jetzt schon Strecken von zehn bis fünfzehn Kilometern zurücklegen.

SPÄTE KINDHEIT (11–14 JAHRE)

Dein Kind kommt in die Pubertät, und mit den körperlichen und hormonellen Veränderungen empfindet es eine ungeheure Bandbreite an Emotionen. Phasen der Abgrenzung, um die eigene Unabhängigkeit zu erfahren, und Phasen, in denen es einfach nur »Kind« sein will, wechseln sich ab. Es kann sein, dass bei deinem Kind das Interesse für Natur und gemeinsame Draußenabenteuer nachlässt oder sie plötzlich als unbequem empfunden werden. Umso wichtiger ist es, jetzt nichts zu erzwingen. Überlegt gemeinsam, was euch allen Spaß machen würde, und passt eure Pläne dementsprechend an. Wenn dein Kind sich zum Beispiel gerne mit Smartphone und Technik beschäftigt, kann es sich bestimmt dafür begeistern, ein Geocache in eurer Nähe aufzuspüren. Umgekehrt darf dein Kind unterwegs auch mal schlechte Laune bekommen, ohne dass du gleich etwas dagegen tun musst. Wenn Freundinnen oder Freunde mit dabei sind, hebt das die Stimmung aber ganz sicher. In diesem Alter können Kinder nun in der Regel schon richtig weit wandern (20 Kilometer und mehr), ganz entscheidend ist aber natürlich ihre Motivation.

JUGEND (15–18 JAHRE)

In diesem Alter hat dein Kind ein gutes Stück mehr Unabhängigkeit erlangt und übernimmt mehr und mehr Verantwortung für die eigene Freizeitgestaltung. Dass ihr Wochenenden und Urlaube gemeinsam verbringt, ist jetzt nicht mehr selbstverständlich. Stelle es deinem Kind frei, ob es weiterhin mit dir ausbüxen will. Auch wenn eure gemeinsamen Naturerlebnisse seltener werden, sind sie gerade jetzt besonders wertvoll: Sie ermöglichen euch, ganz bewusst Zeit miteinander zu verbringen, ohne Ablenkung und in einem Rahmen, der euch vielleicht schon seit Jahren verbindet. Es ist eine schöne Gelegenheit, gemeinsame »Traditionen« zu beginnen, zum Beispiel eine Vater-Tochter-Fahrradtour einmal im Jahr oder eine Übernachtung im Freien in den Weihnachtsferien.

Wie du siehst, ist das Alter deiner Kinder entscheidend dafür, inwiefern sie am Ausbüxen teilhaben und es mitgestalten. Und auch wenn die Bedeutung der Natur im Alltag für dich über die Jahre gleich groß bleibt, bei deinen Kindern kann ihr Stellenwert ganz schön schwanken. Indem du sie und ihre Bedürfnisse jedoch zu jeder Zeit ernst nimmst, schaffst du gute Voraussetzungen dafür, dass ihr da draußen viele Jahre lang unvergessliche Abenteuer erlebt und die Natur für euch immer eine gemeinsame Basis bleibt. Du kennst deine Kinder am allerbesten. Du spürst, wie viel Verantwortung sie gerade übernehmen können und welches Abenteuer am besten zu euch und euren jeweiligen Interessen passt. Wenn du dich darauf besinnst, kann gar nichts mehr schiefgehen, und ihr werdet eine großartige Zeit da draußen haben.

Eine Entscheidung treffen

»Gewohnheiten basieren meist auf Entscheidungen, die wir einmal bewusst getroffen haben«[37], sagt der Professor für Sozialpsychologie Bas Verplanken. Wenn du dir in diesem Zusammenhang mal andere Beispiele in Erinnerung rufst, kannst du das wahrscheinlich bestätigen. Uns geht es zumindest so. Egal, ob es die bewusste Entscheidung war, mit Stoffwindeln zu wickeln, oder die, in der Stadt kein Auto mehr zu benutzen. Ab dem Moment, an dem wir entschieden hatten, wurden Stoffwindeln und Fahrradanhänger nach und nach zu einer Gewohnheit für uns und die Momente, in denen wir doch mit dem Autoschlüssel in der Hand spielten, immer seltener.

Wenn du die Entscheidung nicht alleine, sondern gemeinsam mit deinem Partner und deinen Kindern triffst, ist sie besonders kraftvoll. Das setzt voraus, dass ihr euch vorab über eure jeweiligen Wünsche und Bedürfnisse ausgetauscht habt. Eure gemeinsame Entscheidung wirkt dann nämlich wie ein Bekenntnis vor euch selbst und vor den anderen Familienmitgliedern, mit dem ihr euch versichert: »Die Zeit mit euch in der Natur ist mir wichtig, und ich will dazu beitragen, dass wir in Zukunft viel davon erleben.« Deshalb: trefft gemeinsam eine Entscheidung mit einem ganz konkreten Rahmen. Verabredet euch zum Beispiel ganz offiziell jeden Samstagvormittag zum Ausbüxen. Oder jeden ersten Sonntag im Monat. Was auch immer für euch passt. Je regelmäßiger ihr eure Verabredung wählt, desto einfacher ist es, sie zur Gewohnheit werden zu lassen. Tragt euch den Termin ruhig in den Familienkalender ein. So bekommt die Naturzeit einen festen Platz in eurem Leben, und beim Blick in den Kalender könnt ihr die Vorfreude darauf genießen.

Für den Fall, dass den Papa am geplanten Ausbüx-Tag dann urplötzlich die Unlust packt und er vorschlägt, stattdessen in der Stadt ein Eis essen zu gehen, können Mama und Sohn ihn liebevoll daran erinnern, wie wichtig ihnen das Ausbüxen ist, und darauf vertrauen, dass er spätestens mit dem Einatmen frischer Waldluft genauso dabei ist wie sie.

Scheitern gibt's nicht

Bei aller Begeisterung und Überzeugung für eure Entscheidung kann trotzdem der Tag kommen, an dem ihr plötzlich feststellt, dass ihr schon seit drei Wochen nicht mehr zusammen im Wald wart. Und das, obwohl ihr euch fest vorgenommen hattet, jeden Samstagvormittag rauszugehen. Tja, so was kommt vor und zeigt lediglich, dass wir alle nur Menschen sind und das Leben nicht immer hundertprozentig so läuft, wie wir es planen. Schüttelt euch einmal, erinnert euch gegenseitig an euren Wunsch, es anders zu machen, und büxt einfach am nächsten Samstag wieder aus.

ZEIT FINDEN

Einen wichtigen Aspekt haben wir bisher außen vor gelassen, obwohl er dir vielleicht schon seit einigen Seiten im Kopf herumschwirrt: »Woher bloß soll ich die Zeit nehmen für diese regelmäßigen Ausbüxereien?« Unserer Erfahrung nach ist die vermeintlich fehlende Zeit für viele Eltern eine der größten Hürden. Denn mit Kindern wird Zeit auf einmal zur Mangelware. Wie oft ertappen wir uns dabei, nur noch damit beschäftigt zu sein, irgendwie den Alltag zu bewältigen? Manchmal erinnern wir uns daran, wie unglaublich viel Zeit wir hatten, als noch keine Kinder in unserem Leben waren. Da hatten wir Zeit für alles Mögliche: Wir haben ausgeschlafen, uns mit Freunden spontan zum Kaffeetrinken verabredet, uns heillos verquatscht, viel mehr Zeit für Freunde, Sex und Natur gehabt. Und anscheinend sind wir mit diesem Gefühl nicht alleine. Der Familienbericht NRW besagt, dass die Mehrheit der Eltern Zeitmangel als größtes Problem in der Familie empfindet.[38] Erst weit danach folgen Sorgen um Geld, Kinderbetreuung und Wohnen. Gleichzeitig wünschen sich rund drei Viertel der Eltern in Deutschland mehr Zeit für ihre Familie.[39]

Dabei ist es die Arbeit, die am meisten Zeit in Anspruch nimmt. Laut einer Umfrage des Statistischen Bundesamtes sind in 60 Prozent der Familien wieder beide Eltern berufstätig, sobald das jüngste Kind zwei Jahre alt ist – die Mütter dann meist in Teilzeit.[40] Nur zum Vergleich: 2008 war das bei nur 44 Prozent der Paarfamilien der Fall. Unserer Meinung nach ist diese Entwicklung ein deutliches Zeichen dafür, das sich in Sachen Gleichberechtigung einiges tut. Und tatsächlich wünschen sich die meisten Eltern eine partnerschaftliche

Aufteilung der Kinderbetreuung.[41] Auch wenn das im Alltag häufig noch schwer umsetzbar ist – in den Köpfen vieler Eltern herrscht der Anspruch, für Job und Kinder gleichermaßen da zu sein. Das kann ganz schön stressig sein!

Wenn auch du den Zeitmangel als dein größtes Problem in Sachen Natur- und Draußenzeit ausmachen kannst, weißt du jetzt immerhin, dass du damit ganz und gar nicht alleine bist. So wie dir geht es vielen Eltern. Doch so schwer ist es gar nicht – die Zeit für Naturerlebnisse ist da! Du musst sie nur finden.

Auf der Suche nach Zeit

Eine wichtige Info zu all den Statistiken rund ums Thema »Zeitmangel und Stress in Familien« haben wir dir noch vorenthalten. Fragt man Eltern nämlich nach der Hauptursache für ihren Stress, erfährt man, dass meist die eigenen Ansprüche dahinterstecken, eng verbunden mit dem Gefühl, einem gewissen gesellschaftlichen Druck zu unterliegen. Kinderbetreuung, Beruf und Haushalt werden erst im Anschluss genannt.[42] Wir persönlich können uns in diesem Ergebnis ziemlich gut wiederfinden. Häufig ertappen wir uns selbst dabei, eine gute Freundin sein zu müssen, dem Kleinen möglichst frisch gekochtes, abwechslungsreiches Bio-Essen anbieten zu wollen und gleichzeitig im Job jederzeit voll anwesend und leistungsstark zu sein.

In dieser Erkenntnis steckt eine nicht zu unterschätzende Kraft: Jetzt haben wir die Möglichkeit, die Dinge, denen wir unsere Zeit schenken, neu zu sortieren. Das ist nicht immer ganz einfach, denn erst mal müssen wir uns der Dinge bewusst werden, die uns wirklich wichtig sind, und sie von denen differenzieren, die wir aus einem unbewussten Anspruchsdenken heraus tun.

Wenn wir es auf ein simples Wörtchen runterbrechen, geht es letztendlich um nichts anderes als um Prioritäten. Das Wort mag dir erst einmal übel aufstoßen, verbinden wir damit doch häufig so negativ behaftete Assoziationen wie »Selbstoptimierung« und »Zielerreichung«. Daher noch einmal anders formuliert: Welche Dinge haben in deinem und im Leben deiner Kinder die größte Bedeutung? Stell dir dazu mal folgende zwei Fragen:

1. Womit verbringst du unter der Woche die meiste Zeit? Womit verbringen deine Kinder die meiste Zeit?
2. Wie wichtig ist dir das, womit du viel Zeit verbringst? Wie wichtig ist dir und deinen Kindern das, womit sie die meiste Zeit verbringen?

Besonders bei der zweiten Frage lohnt es sich, dir für die Antwort ein wenig Zeit zu nehmen. Zu den schon genannten eigenen Ansprüchen gesellen sich nicht selten die Erwartungen, die wir von außen auferlegt bekommen. Die lauten zum Beispiel: »Meine Tochter erwartet, dass ich sie jeden Tag zur Schule fahre«, »Meine Chefin erwartet, dass ich Überstunden mache« oder »Kinder sollten ein Musikinstrument lernen.« Die Sache mit derlei Erwartungen ist, dass sie sich meist unglaublich echt anfühlen, tatsächlich aber nur selten etwas mit der Realität zu tun haben. Erinnere dich noch mal daran, dass du erst einmal gar nichts musst und auch deine Kinder nur sehr wenig wirklich müssen. Wir vergessen manchmal, dass wir frei in unseren Entscheidungen sind. Versuche herauszufinden, in welchen Bereichen du nicht aus deiner eigenen Überzeugung oder der deiner Kinder heraus handelst, sondern aus dem Drang, scheinbare Erwartungen von außen zu erfüllen. Es ist eine gute Gelegenheit, dich auf das Wesentliche zu besinnen und deine wertvolle Zeit ganz bewusst aufzuteilen. Und auf diesem Weg entsteht ganz nebenbei mehr Zeit für gemeinsame Naturabenteuer.

> »Es gibt nichts Gutes, außer man tut es.«[43]
>
> ERICH KÄSTNER

Zusammenfassend kann man sagen, dass es auf der Suche nach mehr Zeit um nichts anderes geht als um deine und um eure Priorisierung. Du bist kein Opfer deines Alltags. Bis auf ein paar wenige Ausnahmen hast du die große Freiheit, gemeinsam mit deiner Familie zu entscheiden, wie und wo ihr eure Freizeit verbringt. Damit liegt es in eurer Verantwortung, ob ihr die Zeit für mehr Natur nutzen möchtet oder nicht. Wenn dir nach dem Lesen dieses Kapitels bewusst wird: »Mir ist es einfach wichtig, samstags zu putzen und die Wocheneinkäufe zu erledigen« oder »Auch von Freitag bis Sonntag ist es mir sehr wichtig, dass die Kinder spätestens um acht ins Bett gehen«, dann ist das völlig okay. Dann fehlt euch diese Zeit zwar tatsächlich zum Ausbüxen, gleichzeitig hast du aber ganz bewusst die Entscheidung getroffen, dass dir etwas anderes wichtiger ist.

Sport, Entspannung, Freunde und Familie, Kochen oder Förderung der Kinder spielen für dich bestimmt in irgendeiner Art und Weise eine Rolle im Alltag. In euren Mikroabenteuern kannst du all diese Dinge finden, wenn du beginnst, eingefahrene Routinen neu zu denken. Und auch so entsteht auf einmal mehr Raum für gemeinsame Naturzeit.

Allein dadurch, dass Mikroabenteuer unweigerlich mit **Bewegung** verbunden sind, kannst du sie zum Beispiel nutzen, um dich mit deiner Familie so richtig auszupowern: eine Partie Frisbee auf einer Waldlichtung, Klettern und Kraxeln am Fels oder eine Streckenwanderung mit gusseiserner Pfanne im Gepäck – sportlich sind euch keine Grenzen gesetzt. Auf die **Entspannung** sind wir im ersten Kapitel schon ausführlicher eingegangen. Das Wissen darum, dass die Natur euch alle entspannen lässt, kannst du ganz bewusst einsetzten. Zum Beispiel indem du jeden Freitagnachmittag mit deinen Kindern losziehst, weil du genau weißt, dass dann alle total geschafft von der Woche sind. Und auch wenn wir es gewohnt sind, **Freunde und Verwandte** zu Hause oder auf ein Käffchen in der Stadt zu treffen: Verlagere die Zeit mit ihnen doch mal in die Natur. Für das Treffen mit deiner Freundin packst du den Kuchen in den Rucksack, und an den Kaffee vom Gaskocher kommt sowieso kein Café der Welt ran. Mit Oma und Opa verlegt ihr das Picknick vom Waldboden auf eine feste Picknickbank oder ihr trefft sie im Anschluss an euer Abenteuer im Waldcafé. Dadurch tust du ihnen und deiner Familie so viel Gutes.

Wie du die verschiedenen Bedürfnisse innerhalb deiner Familie genau kombinierst, ist natürlich ganz individuell. Anhand der Beispiele wollen wir dir einfach zeigen, wie viele verschiedene Wege es gibt, mehr Natur mit deinen Kindern zu erleben. Mikroabenteuer sind dafür gemacht, sich in den Alltag einzufügen – auch in den von Familien. Der Schlüssel für mehr Natur in deinem Leben liegt vor allem darin, die Augen für die vielen Möglichkeiten zu öffnen, die sich dir bieten.

TUT EUCH ZUSAMMEN!

Das leckere Picknick draußen mit Freunden zu teilen, sich in gute Gespräche über Gott und die Welt zu vertiefen, während deine Kinder mit anderen Kindern vorweglaufen und gemeinsam neue, wilde Ideen aushecken – klingt gut, oder? Noch besser als Ausbüxen mit Partner und Kindern ist für viele Eltern die Vorstellung, zusammen mit einer oder mehreren Familien auszubüxen. Ist ja auch durchaus sinnvoll: Kinder wie Erwachsene haben Gleichgesinnte zum Spielen und Quatschen, das Picknick wird bunter und die Ideen verrückter. Feste Verabredungen und ein soziales Umfeld, das sich ebenfalls gerne in der Natur aufhält, machen es uns außerdem leichter rauszugehen. Sätze wie »Ach, jetzt fängt es an zu regnen, sollen wir nicht doch lieber …« kommen gar nicht erst auf, schließlich gibt es da jemanden, der auf euch wartet. Leider fehlt es unserer Erfahrung nach vielen Eltern genau an diesen gleichgesinnten Menschen.

Vor diesem Hintergrund haben wir Anfang 2020 die »Ausgebüxt-Familie Trier« gegründet – eine solidarisch finanzierte Gruppe von acht Familien mit Kindern zwischen einem und sechs Jahren, die sich mit uns jeden Monat zu einem Waldabenteuertag in der Region trifft. Mal ganz abgesehen davon, dass wir für die Gruppe einen Tag in der Natur organisieren, der sich voll an den Bedürfnissen der Familien orientiert, beobachten wir auch eine ganz starke, positive Dynamik der Gruppe selbst. Die geteilte Leidenschaft für die Natur und die gemeinsamen Erlebnisse draußen schaffen eine starke Verbindung zwischen den Familien. Aus einer Gruppe ist mit der Zeit eine Gemeinschaft geworden. Und inzwischen ist die Nachfrage nach weiteren Gruppen so groß, dass wir eine Warteliste führen.

Wir wollen dich ermutigen, ebenfalls Menschen zu finden, die Lust darauf haben, ab und an mit euch auszubüxen. Das soll nicht bedeuten, dass ihr eure Ausbüxereien davon abhängig machen sollt, ob andere Eltern und Kinder mit dabei sind oder nicht. Aber bei aller Freude, die ihr als Familie draußen haben werdet, tut es hin und wieder einfach gut, die Abenteuer und auch die Verantwortung mit anderen Menschen zu teilen.

Freunde und Verwandte ohne Kinder

Stefanie Schindler vom Reise- und Wanderblog *a daily travel mate* gibt in ihrem augenzwinkernden Artikel »Anleitung für einen möglichst stressigen Wandertag mit Kleinkind« unter anderem den »Tipp«, dass man mit kinderlosen Freunden wandern gehen sollte, wenn man es sich richtig schwer machen will.[44] Das ist bei ihr natürlich absichtlich stark überspitzt und pauschalisiert, tatsächlich kann es in der Kombination eher mal passieren, dass unterschiedliche Erwartungen an das gemeinsame Naturabenteuer aufeinandertreffen. Damit euer Erlebnis nicht in Stress ausartet, sollten deine Freunde und Verwandte sehen und verstehen, dass eine Tour mit Kindern nicht vergleichbar mit einer Tour unter Erwachsenen ist. Die Bedürfnisse deiner Kinder müssen Gehör finden, auch wenn sie in der Minderheit sind. Ihr braucht viel mehr Pausen, und vielleicht kullern nach einem Sturz auch mal ein paar Tränchen. Solche Dinge vorab zu klären, bewahrt nicht nur deine Freunde vor falschen Erwartungen, es hilft besonders dir dabei, in den entsprechenden Situationen gelassen zu bleiben und dich mit der nötigen Ruhe deinen Kindern zuzuwenden. Unter diesen Bedingungen werdet ihr mit euren Freunden und Verwandten eine tolle Zeit in der Natur verbringen. Da draußen habt ihr den Raum, gemeinsam etwas Aufregendes zu erleben, euch aufeinander einzulassen und eure Leidenschaft für die Natur zu teilen.

Die Großeltern

Du und deine Kinder, ihr könnt euch glücklich schätzen, wenn Oma und Opa die nötige Fitness haben und nah genug bei euch wohnen, um hin und wieder mit euch auszubüxen. Mit ihnen werdet ihr noch einmal ganz andere Abenteuer erleben, denn die sollten nicht mehr nur kind- sondern auch großelterngerecht sein. Das könnte so aussehen, dass ihr euch zum gemeinsamen Abend mit Stockbrot vom Lagerfeuer trefft oder auf einer Wiese selbst gebastelte Drachen steigen lasst. Wie sich eure Zeit in der Natur entwickelt, hängt viel von der Persönlichkeit und den Interessen deiner Eltern oder Schwiegereltern ab. Kann Oma den Kindern erklären, welche Pflanzen und Pilze essbar sind? Zeigt Opa noch mal, wie man Pfeil und Bogen baut und welches Holz man dazu am besten benutzt? Oder gibt es beim Picknick wieder den leckeren Streuselkuchen? Falls die Großeltern den Kindern fast vergessenes Wissen über die Natur mitgeben können, ist das natürlich besonders wertvoll. Es ist sozusagen das i-Tüpfelchen. Darauf kommt es aber nicht an. Das Schöne am Ausbüxen mit Oma und Opa ist, dass ihr entspannt Zeit miteinander verbringt. Unserer Erfahrung nach fällt es den Großeltern im Freien auch leichter, sich von den Kindern in ihre Welt entführen zu lassen.

Befreundete Familien

Das Nonplusultra: gemeinsam mit befreundeten Familien ausbüxen! Am besten mit denen, deren Kinder ungefähr im gleichen Alter sind wie der eigene Nachwuchs. Für viele Eltern ist das die perfekte Konstellation. Vor allem die Tatsache, dass die eigenen neben den Geschwistern auch andere Kinder um sich herum haben, mit denen sie spielen können, verleiht vielen Eltern eine unglaubliche Gelassenheit. Noch dazu verbringen sie Zeit mit Freunden, können sich ausgiebig unterhalten und zugleich die Zeit in der großen Gruppe genießen. Ein großer Vorteil ist, dass andere Eltern meist mit ähnlichen Herausforderungen und Situationen konfrontiert sind. Dieses geteilte Verständnis schafft eine gute Basis dafür, dass sich Eltern beim Ausbüxen entspannen und allen Druck und alle Erwartungsgedanken loslassen können. Leider kommt jedoch erfahrungsgemäß bei Verabredungen mit anderen Familien eher mal was dazwischen. Das Kind hat Fieber, die Mama hat nachts kein Auge zugetan, oder die ganze Bande liegt plötzlich mit Magen-Darm-Infekt flach. Sei auf spontane Absagen vorbereitet und nicht enttäuscht, wenn es vielleicht sogar mehrere Male hintereinander nicht mit einem Treffen im Wald klappt. Irgendwann wird der Tag kommen, an dem alle Kinder gesund und alle Erwachsenen ausgeschlafen sind.

Gruppenangebote

Eine einfache, dafür aber eventuell kostspieligere Möglichkeit, die Natur mit anderen Familien zu erleben, ist, auf kommerzielle Angebote zurückzugreifen. Viele Nationalparks bieten regelmäßig spezielle Familien-Führungen an, die auf die Bedürfnisse von Kindern ausgerichtet sind. Außerdem gibt es deutschlandweit Wildniscamps und Kräuterwanderungen, die sich gezielt an Familien richten und bei denen du Gleichgesinnte triffst. Im Internet findest du besonders von Frühling bis Herbst einiges an Angeboten in deiner Nähe. Und auch wenn ihr solche Erlebnisse sicher nicht jede Woche buchen werdet, manchmal tut es einfach gut zu wissen, dass es das Angebot gibt. So kannst du darauf zurückgreifen, wenn dir und deiner Familie wirklich danach ist.

TIPPS FÜRS AUSBÜXEN

So, jetzt aber ran an den Speck! Du hast dich intensiv damit beschäftigt, was du dir für dich und deine Familie wünschst und in welcher Form du die Natur gerne in deinen Familienalltag integrieren willst. Womöglich hast du dabei einiges an Gedanken, Gesprächen und Reflexionen durchlaufen. Das ist jetzt geschafft! Jetzt wird's konkret und wir legen gleich mal los mit **14 Tipps** fürs Ausbüxen mit Kindern. Bei einigen haben wir uns vom berühmten Mikroabenteurer Alastair Humphreys inspirieren lassen:[45]

1. Erwähne das Wörtchen »Abenteuer«, sorge für leckeres Essen, Matsch oder Feuer und lockere die sonst geltenden Regeln, und deine Kinder werden begeistert sein!
2. Denk daran, dass es für Kinder keine Rolle spielt, ob der Berg, den ihr erklimmt, 300 oder 2000 Meter hoch ist. Oder ob der Bach, den ihr barfuß durchwandert, 500 Meter oder 500 Kilometer von eurem Zuhause entfernt liegt. Abenteuer sind überall!
3. Es gibt drei Zustände, in denen du deine Kinder nicht erleben willst: 1. müde, 2. kalt und 3. hungrig. Pack deshalb immer genügend Proviant ein und plane eure Route so, dass ihr zur Not abkürzen könnt.
4. Zieh deine Kinder so an, dass sie sich nach Lust und Laune schmutzig machen können. Das bringt Entspannung für alle.

5. Kinder lieben Ausrüstung! Vom Kocher über Karten, einen eigenen Rucksack, Fernglas, Schnitzmesser und Kompass: Mit derlei Kleinigkeiten kannst du die Augen deiner Kinder zum Leuchten bringen.
6. Mache einen Plan A und einen Plan B, und sei darauf vorbereitet, dass am Ende doch alles ganz anders kommt.
7. Beziehe die Kinder in die Ausbüx-Planung mit ein. Setzt euch gemeinsam um eine ausgebreitete Karte herum und besprecht euer Vorhaben. Oder schreibt gemeinsam eine Packliste.
8. Sei spontan! Deine Kinder haben im März Lust auf eine Kanutour? Warum nicht, auf geht's!
9. Plane unbedingt genügend Zeit für freies Rumstreunen und Spielen an einem Ort ein.
10. Versteife dich nicht auf ein bestimmtes Ziel. Sobald es nur darum geht, Strecke zu machen, wird sogar der abenteuerlichste Wald langweilig.
11. Wenn deine Kinder draußen wissensdurstig sind, erkläre ihnen, was du weißt, und recherchiert gemeinsam, was ihr noch nicht wisst. Mach das Ausbüxen für deine Kinder und dich aber nicht zu einem pädagogischen Förderprogramm.
12. Traue deinen Kindern was zu! Lass sie zum Beispiel schnitzen, navigieren oder frei und unbeaufsichtigt den Wald unsicher machen.
13. Packt euch Tüten ein, um unterwegs Müll aufzusammeln.
14. Habt Spaß da draußen!

Basisausrüstung

PATRICK

»Ich weiß nicht, wie das funktionieren soll, Jana. Die Schlafsäcke alleine wiegen schon fast fünf Kilo, dazu kommen drei Isomatten, das Tarp, Wasser und Essen für mehrere Tage. Da kommen auf jeden Fall weit über zwanzig Kilo zusammen.« Wir sitzen in der Küche unserer Wohnung, der Kleine schläft selig im Zimmer nebenan, und wir zerbrechen uns den Kopf darüber, wie wir eine gemeinsame mehrtägige Tour durch die Eifel möglich machen können. Trekkingtouren sind unsere große Leidenschaft. Einfach alles Notwendige in den Rucksack packen und raus in die Natur. Am liebsten starten wir direkt vor der Haustür und sind dann für ein paar Tage nur draußen. Geschlafen wird mitten in der Natur unter dem Sternenzelt. Für uns ist das pure Freiheit. Ganz einfach, preiswert und nah.

Und jetzt? Jetzt sind wir zu dritt, und es kommt uns ganz und gar nicht mehr einfach vor. »Depots«, schlägt Jana irgendwann vor. »Wir legen Depots an. Ordentlich verpackte Plastiktüten mit jeweils zwei bis drei Kilo Essen. Und die verstecken wir entweder vorher im Wald oder wir klingeln bei Leuten, die auf dem Weg wohnen, und fragen, ob sie es aufbewahren können, bis wir bei ihnen vorbeikommen.« Die Idee gefällt mir in der Tat ganz gut. Hat irgendwie was von einer Expedition. Ohne das Essen wären unsere Rucksäcke so viel leichter, wir würden ziemlich sicher unter 20 Kilo bleiben – das trauen wir uns zu. Der Nachteil wäre aber natürlich, dass wir erst mal mit dem Auto durch die Gegend gurken müssten, und das wiederum widerspricht unserem Verständnis vom Ausbüxen. Außerdem müssten wir es schaffen, die Vorratsplätze jeweils zum geplanten Zeitpunkt zu erreichen. Gerade das scheint uns mit Kind im Gepäck schwer zu planen, und ehrlich gesagt ist auch die Vorstellung, mit einer hungrigen Jana unterwegs zu sein und im schlechtesten Fall noch mehrere Stunden zum Depot zu brauchen ein Grund, warum wir diese Idee schnell wieder verwerfen.

Einfach loslegen, darum geht's beim Ausbüxen. Ob ihr die richtige Ausrüstung habt, ist erst mal zweitrangig – für den Start braucht es in erster Linie Freude und Lust am Entdecken. Mit der Zeit werdet ihr vielleicht spüren, dass das ein oder andere Ausrüstungsteil noch fehlt oder ausgetauscht werden könnte. Die Kinderschuhe saugen sich beim Spielen im Bach immer gleich mit Wasser voll? Der Stadtkinderwagen eignet sich so gar nicht für den Wald und muss ständig über Wurzeln und Äste gewuchtet werden? Das Tragetuch hängt beim Binden immer wieder im Matsch? Wenn du einfach drauflosgehst und ausprobierst, bekommst du am schnellsten eine konkrete Vorstellung davon, welche Ausrüstung am besten zu euch passt und auf welche Umstände sie zugeschnitten sein sollte. Dann kannst du ganz gezielt das besorgen, was du wirklich brauchst.

In diesem Kapitel geht es um leichte und funktionale Kinderkleidung sowie um Hilfsmittel für den Transport von Kind und Gepäck. Letzteres ist vor allem bei Übernachtungen oder Trekkingtouren ein bisschen knifflig und hat auch uns schon ausgiebig beschäftigt. Außerdem haben wir dir einiges an Abenteuerausrüstung zusammengestellt, die ihr auf euren Touren immer dabeihaben solltet, einfach weil sie jede Wanderung in null Komma nichts zu einem Abenteuer macht. Mehr zur speziellen Ausrüstung fürs Schlafen und Kochen im Freien findest du etwas weiter hinten in den entsprechenden Kapiteln.

Ganz allgemein gilt für alle Ausrüstungsgegenstände: In der Regel brauchst du viel weniger, als du denkst und dir die Werbung suggerieren mag. Wir kennen viele Menschen, die aus Sorge, nicht die passende Ausrüstung zu besitzen, gar nicht erst losgehen. Dabei gibt es etliche Abenteuer, für die ihr überhaupt keine besondere Ausrüstung braucht. Und ganz ehrlich: Selbst wenn eure Ausrüstung unterwegs tatsächlich mal an ihre Grenzen stößt und ihr nass bis auf die Unterhose nach Hause kommt, habt ihr zum einen was gelernt und vor allem was zu erzählen.

Bezüglich unseres Gepäckproblems für unsere erste Trekkingtour mit Kind haben wir uns schließlich Hilfe bei unserer Online-Community gesucht. Wir bekamen jede Menge Zuschriften und Kommentare von wanderbegeisterten Eltern, von denen uns viele empfohlen haben, einen Fahrradanhänger als Kinderwagen mitzunehmen. Unsere geplante Strecke wäre dafür allerdings viel zu schmal und steil gewesen. Doch dann brachte uns eine Mama auf das perfekte Gerät: Sie pries uns fürs Trekking mit der Familie den einrädrigen Wanderanhänger Monowalker *an, der sehr geländetauglich und robust sein sollte.*
Und genau so einen besorgten wir uns schließlich, packten unsere 35 Kilo darauf und starteten unsere Tour. Und was soll ich sagen – es war großartig. Wir hatten einen wunderschönen Wanderurlaub und schliefen eine Woche lang jede Nacht zu dritt unter den Sternen. Wir wählten unser Tempo und die Pausen so, wie es sich für uns und den Kleinen gut anfühlte, und waren dadurch viel langsamer als erwartet. Gott sei Dank hatten wir keine Depots angelegt.

KLEIDUNG

Nichts macht das Draußensein mit Kindern so unnötig kompliziert wie Klamotten, die nicht dreckig oder nass werden dürfen. Ganz egal ob kunterbunt, kariert, schraffiert, durchlöchert oder verfärbt: Die Kleidung deiner Kinder muss für draußen gemacht sein, in ihr wird in Pfützen gehüpft, im Matsch gebuddelt und auf Bäume gekraxelt. Für all das brauchen sie nicht unbedingt spezielle Funktionskleidung. Vieles, was eh schon im Schrank liegt, eignet sich super für Outdoorabenteuer.

Bequem und robust sollte die Kleidung sein. Vor allem Po, Knie und Ellenbogen werden draußen ordentlich beansprucht. Außerdem sollte sie zuverlässig warm und trocken halten. Das ist besonders dann wichtig, wenn Kinder schwitzen. Manche Materialien saugen die Feuchtigkeit nur auf, statt sie nach außen zu leiten, und dann wird es schnell unangenehm kalt auf der Haut. Das alles unter einen Hut zu bringen ist gar nicht so schwer, wie es klingt. Wenn du die Funktion der verschiedenen Kleidungsschichten und -materialien kennst, weißt du, wofür es sich lohnt, Geld in die Hand zu nehmen, und wo du sparen kannst. Durchforste erst einmal euren Kleiderschrank gezielt nach passenden Klamotten, bevor du mit einem viel geschulteren Blick die Dinge besorgst, die euch dann noch fehlen. Bei den folgenden Empfehlungen beziehen wir uns weiterhin auf Outdoorkleidung für Kinder, das meiste kannst du aber genauso auf Erwachsene anwenden.

Das richtige Material

Neben der Art und Weise, wie du Kleidung kombinierst, macht das Material einen großen Unterschied. **Baumwolle** ist für Outdoorzwecke zum Beispiel nicht so gut geeignet. Sie fühlt sich zwar sehr angenehm an, kann aber schlecht Feuchtigkeit ableiten. Sobald deine Kinder anfangen zu schwitzen oder vom Regen oder Pfützenhüpfen nass werden, saugt Baumwolle sich voll, wird schwer und wärmt nicht mehr. Dasselbe gilt übrigens auch für Jeanshosen. **Synthetikstoffe** dagegen geben die Feuchtigkeit ab und trocknen schneller. Dadurch fühlt sich selbst ein feuchtes T-Shirt nicht richtig kalt an. Sie müffeln zwar etwas schneller, aber das ist an der frischen Luft auch kein großes Problem. Die natürliche Alternative zu Synthetik ist **Schurwolle**. Besonders die vom Merinoschaf ist für Outdoorkleidung sehr beliebt. Sie bildet kaum Gerüche, leitet Schweiß und andere Feuchtigkeit sehr gut vom Körper ab und ist dazu sowohl in der Herstellung als auch bei der Wäsche die umweltfreundliche Variante. Kleidung aus Schurwolle lässt sich außerdem viel leichter reparieren als solche aus Synthetik.

Basis Zwiebel-Ausstattung

Vielleicht hast du schon mal vom »Zwiebelprinzip« gehört, welches die Grundlage für sinnvolle Outdoorbekleidung bildet. Dabei verzichtet man zum Beispiel auf eine dicke Winterjacke und trägt stattdessen viele dünne Schichten übereinander. In Bezug auf deine Kinder hat das gleich mehrere Vorteile: Zum einen können sie jedes einzelne Teil vielseitiger nutzen, als wenn sie es nur für eine bestimmte Gelegenheit anziehen würden. Zum anderen kannst du ihre Kleidung flexibel anpassen, wenn sie zum Beispiel bei einem Anstieg kurzzeitig stark schwitzen oder plötzlich Wind aufkommt. Einfach eine Schicht an- oder ausziehen und fertig. Ein netter

Nebeneffekt ist, dass es leichter ist, alle Lücken zu schließen, durch die ansonsten der Wind reinpfeifen könnte.

Die Unterwäsche bildet dabei die **Basisschicht**. Sie hält uns warm und sorgt für ein angenehmes Klima auf der Haut. Bei ihr ist Atmungsaktivität besonders wichtig. Darüber kommen eine oder mehrere **Isolationsschichten**, die dafür sorgen, dass die Wärme am Körper bleibt. Sie sollten möglichst leicht sein und auch bei Feuchtigkeit nicht ihre Funktion verlieren. Zum Schluss kommt noch eine robuste **Schutzschicht**, die auch Wind und Regen abhält.

Mit dieser Basisausstattung seid ihr für alle Eventualitäten gerüstet und bleibt auch im Winter und bei Regen muckelig warm. An milden und heißen Tagen lässt du die meisten Schichten einfach weg und nutzt nur die leichteren, dünnen Kleidungsstücke. Dadurch hast du viele wiederverwendbare Stücke. Es gibt auch sogenannte 3-in-1-Jacken, die immer aus zwei Schichten bestehen: einer wärmenden Innenjacke und einer regenfesten Außenjacke. Du kannst sie entweder verbinden und zusammen benutzen oder jedes Teil einzeln. Der Vorteil hier ist, dass beide schon so aufeinander abgestimmt sind, dass sie übereinanderpassen.

Kleidungsstücke, mit denen deine Kinder das ganze Jahr über gut ausgerüstet sind, sind beispielsweise folgende:

- **Lange Unterwäsche**
  Am besten eignen sich Leggins aus Kunstfaser oder Merinowolle. Strumpfhosen sind weniger praktisch, weil bei nassen Füßen nicht einfach nur die Socken getauscht werden können.
- **Atmungsaktive Funktionssocken**
  Sie sollten so lang sein, dass sie über die Hose gezogen werden können. So halten sie im Winter schön warm und versperren im Sommer den Zecken den Weg.

- **T-Shirt**
  Ein langärmeliges Shirt hält im Winter warm und schützt im Sommer vor Zecken und Sonne.
- **Fleecehose**
  Sie dient als Zusatzisolation an sehr kalten Tagen. Die Größe sollte so gewählt sein, dass sie zwischen Unterhose und Funktionshose passt.
- **Zwei warme Fleece- oder Wollwalkjacken**
  Gerne mit Kapuze, sie sollten aber so geschnitten sein, dass sie übereinander getragen werden können.
- **Funktionshose**
  Die Hose sollte bequem und robust sein, eventuell mit Verstärkung an Knien und Popo. Außerdem sind Hosen mit vielen Taschen draußen sehr praktisch.
- **Matschhose**
  Ein Modell ohne Latz erleichtert das Pipimachen.
- **Regenjacke**
  Sie sollte wasserdicht und atmungsaktiv sein. Jacken, die lediglich »wasserabweisend« sind, reichen nicht aus.
- **Dünne Fleecehandschuhe**
  Für Kinder bis drei Jahre sind Fäustlinge gut geeignet.
- **Buddelhandschuhe**
  Sie sollten wasserdicht sein und über das dünne Paar passen.

Spezielle Winterkleidung wie Daunenjacke oder Skihose ist nicht unbedingt nötig. Die brauchst du nur, falls die Winter bei euch tendenziell sehr kalt und verschneit sind. Achte bei allen Kleidungsstücken darauf, dass deine Kinder sie auch selbst problemlos an- und ausziehen können. So eignen sich Druckknöpfe und Klettverschlüsse beispielsweise weitaus besser als Schnüre und Bänder.

Fürs Köpfchen

Kopfbedeckungen schützen deine Kinder vor Sonne, leichtem Regen und kalten Ohren. Je nach Witterung solltest du auf jeden Fall die passende Mütze dabeihaben:

- einen **Sonnenhut** mit Rundum-UV-Schutz und Kinnband (damit er bei Wind nicht wegfliegt)
- eine **Mütze** aus Wolle oder Fleece, die auch die Ohren bedeckt
- ein **Schlauchtuch** (Buff)

Ein Sonnenhut ist ein unvergleichlich effektiver Schutz gegen Sonnenbrand und Sonnenstich. Besonders Letztere können bei Kindern sehr unangenehme Folgen wie Fieber, Schwindel, Übelkeit und Kopfschmerzen haben.[46] Auch mit Kopfbedeckung sollten deine Kinder aber nicht in der prallen Mittagssonne spielen, denn die starke UV-Strahlung ist völlig unabhängig vom Hauttyp höchst ungesund und gefährlich.

An kalten Tagen und besonders auch bei Übernachtungen im Freien darf eine kuschelig warme Mütze nicht fehlen. Die lässt sich auch super mit einem Schlauchtuch, nach der bekanntesten Marke auch Buff genannt, kombinieren. Diese Tücher sind klein und leicht, sie trocknen schnell und sind sehr vielseitig. Deine Kinder können ihren Buff je nach Wetter als Schal, Mundschutz oder sogar als Sturmhaube verwenden.

Manche Kinder mögen es ehrlicherweise einfach nicht, etwas auf dem Kopf zu tragen. Kaum hast du ihnen ihre Mütze oder ihren Hut aufgezogen, ziehen sie das gute Stück wieder ab. In dem Fall hilft es manchmal, die zukünftige Lieblingsmütze gemeinsam mit ihnen auszusuchen oder selbst eine Kopfbedeckung zu tragen.

Für die Füße

Schuhe gehören zu den Kleidungsstücken, von denen du wahrscheinlich mehrere Modelle brauchst, um für jede Jahreszeit gerüstet zu sein. Minimalschuhe, auch bekannt als Barfußschuhe, sind besonders bequem und leicht. Sie haben eine dünne, flexible Sohle, die den Untergrund auf angenehme Art spürbar macht. Wasserdichte Wanderschuhe sind meist recht starr und schwer. Dafür haben sie aber ein griffiges Profil und garantieren selbst bei Bachüberquerungen und im tiefsten Winter trockene Füße. Generell gilt: Lieber eine halbe Größe zu groß als zu klein auswählen, denn die Füße rutschen beim Bergabgehen immer ein Stück nach vorne und brauchen dafür genügend Platz. In vielen Fachgeschäften kann man das Gehen bei starkem Gefälle simulieren. Und auch sonst lohnt es sich, beim Kauf von Outdoorschuhen kompetente Beratung in Anspruch zu nehmen.

Statt spezielle Winterschuhe zu kaufen, kannst du in der kalten Jahreszeit als Zusatzisolation eine Einlage aus Schafwolle in die Schuhe legen und dazu dicke Wollsocken anziehen. Achte nur darauf, dass die Kinderfüße dann noch genügend Platz im Schuh haben. Wenn du deinen Kindern Winterschuhe besorgst, sind solche mit herausnehmbarem Innenschuh sehr praktisch. Den kannst du abends auf die Heizung legen und die Schuhe sind am nächsten Tag wieder trocken und einsatzbereit.

Weil es in geschlossenen Schuhen im Sommer schnell zu heiß wird, empfehlen wir euch zusätzlich noch wasserfeste Outdoorsandalen. Darin haben Kinderfüße einen sehr guten Halt und die Schuhe sind im Gegensatz zu Wanderschuhen perfekt geeignet für Ausflüge an und ins Wasser. Mit ihnen können deine Kinder durch steinige Bäche laufen, ohne sich auf jeden Schritt konzentrieren zu müssen. Da sie mit Sandalen nicht mehr so gut gegen Zecken geschützt sind, ist gründliches Absuchen besonders wichtig.

Babys richtig einpacken

Dir wird draußen bei körperlicher Betätigung schnell ganz schön warm. Ein Baby dagegen verbringt die meiste Zeit sitzend oder liegend, und noch dazu ist die Thermoregulation, also die Fähigkeit, die eigene Körpertemperatur zu steuern, bei ihm noch nicht voll ausgeprägt. Babys können weder Zittern noch in großem Maß schwitzen.[47] Ein Großteil der Temperatursteuerung muss also von außen kommen, weshalb die Kleidung weder zu warm noch zu kalt sein sollte. Das hat auch Vorteile: Wegen des geringen Schwitzens musst du dir um Atmungsaktivität und Feuchtigkeitsableitung noch nicht so viele Gedanken machen. Setze ansonsten aufs Zwiebelprinzip und ziehe je nach Temperatur eine Schicht an oder aus. Als letzte Schicht sind Overalls gut geeignet. Zwar ist das Wickeln dadurch etwas umständlicher, aber wegen der fehlenden Kältebrücken halten sie wärmer als zwei separate Teile. Zudem sind sie leicht und schränken die Bewegung nicht ein.

Um zu wissen, ob deinem Baby angenehm warm ist, kannst du gelegentlich im Nacken fühlen. Dort sollte es weder kühl noch schwitzig sein. Mach dir aber nicht zu viele Sorgen, dass dein Kind überhitzen oder unterkühlen könnte. Vertraue ein Stück weit auch auf dein Gefühl, und packe einfach immer ein Jäckchen zusätzlich ein.

Nachhaltigkeit

Hinter Outdoor- und Sportbekleidung steckt ein großer Industriezweig. Im Laden bekommst du schnell den Eindruck, dass du viele spezielle Teile kaufen musst, bevor es losgehen kann. Das reißt aber nicht nur ein ordentliches Loch in deinen Geldbeutel – auch der Ressourcenaufwand dafür ist enorm. Alles, was dort zum Verkauf hängt, muss hergestellt, transportiert und im Idealfall auch anschließend wieder recycelt werden. Dabei gibt es unzählige Möglichkeiten, wie du Kleidung nachhaltig nutzen kannst:

LÄNGER BENUTZEN

Besitzt ihr Kleidungsstücke, die zwar nicht speziell für Outdooraktivitäten gedacht sind, aber trotzdem okay sein könnten? Dann probiert sie aus, bevor ihr etwas Neues kauft. Vielleicht tut's der olle Pulli ja viel besser als das teure Markenteil. Und hey, schön aussehen muss da draußen niemand. Auch was schon zerschlissen ist oder Flecken hat, hält draußen unter Umständen wunderbar warm.

REPARIEREN

Kleinere Löcher oder kaputte Reißverschlüsse kannst du meistens ganz einfach reparieren. Wenn du selbst nicht die Zeit dafür findest, haben vielleicht die Oma oder der Patenonkel Freude daran. Manche Outdoormarken wie *Vaude* oder *Patagonia* teilen sogar spezielle Reparaturanleitungen im Internet, um die Lebensdauer ihrer Produkte zu verlängern. Ansonsten gibt es in vielen Orten Repair Cafés, in denen man sich gegenseitig beim Ausbessern, Flicken und Kleben hilft und dabei noch nette Menschen trifft. Das Schöne am Reparieren ist, dass die Lieblingshose dann noch viel länger getragen werden kann. Und du gibst deinen Kindern auf diesem Weg ganz nebenbei mit, wie schön es ist, Dinge wertzuschätzen und ihnen ein zweites oder drittes Leben zu schenken.

LEIHEN

Besonders für spezielle Ausrüstungsteile, die deine Kinder nicht regelmäßig brauchen, oder auch für Kleider, aus denen sie schnell herauswachsen, ist Ausleihen die wohl nachhaltigste Option. Die naheliegende Anlaufstelle dafür ist dein Bekanntenkreis, es gibt aber auch im Internet Anbieter, die sich darauf spezialisiert haben. Dort kannst du wie in einem Onlineshop »einkaufen« und schickst die Teile wieder zurück, sobald du sie nicht mehr benötigst. Eine Suche nach »Kinderkleidung mieten« bringt dich direkt zu den einschlägigen Internetseiten.

GEBRAUCHT KAUFEN

Gebrauchte Kleidung ist nicht nur viel ressourcensparender, sondern auch um einiges günstiger als neu hergestellte, da sowohl die Produktion als auch oft der Transport wegfallen. Gleichzeitig sind eventuell vorhandene Schadstoffe schon ausgewaschen, wenn deine Kinder die Klamotten zum ersten Mal tragen. Neben dem, was Freunde und Bekannte abgeben können, sind Secondhandläden und Onlineplattformen gute Anlaufstellen.

NEU KAUFEN

Etwas Neues muss her? Dann achte auf einen Hersteller, dem bei der Produktion faire Arbeitsbedingungen und Nachhaltigkeit wichtig sind. Besonders im Outdoorbereich gehen inzwischen viele Firmen sehr sensibel mit dem Thema um und verbessern ihre Herstellung entsprechend, so zum Beispiel *Vaude, Wildling* oder *Elkline*. Ein guter Anhaltspunkt für faire und umweltfreundliche Produkte sind zum Beispiel die Siegel *bluesign* und *Fair Wear Foundation*. Es lohnt sich also durchaus, beim Neukauf von Kleidung ein bisschen mehr für eine gute Marke auszugeben. In der Regel sind die Produkte auch so verarbeitet, dass ihr viele Jahre lang Freude daran habt.

KINDERTRANSPORT

Erst wenn die Wege holprig und matschig werden, fängt Ausbüxen so richtig an. Denn gerade die kleinen, steilen Wege und Streifzüge durchs Unterholz machen besonders Spaß. Wenn deine Kinder noch nicht den ganzen Weg selbst laufen können, geraten Kinderwagen, die eigentlich für die Stadt konzipiert sind, schnell an ihre Grenzen. Beim Tragen am Körper dagegen, kannst du dich zwar in jedem Gelände frei bewegen, musst dafür aber das zusätzliche Gewicht schultern. Grundsätzlich hast du folgende Transportmittel mit ihren jeweiligen Vor- und Nachteilen zur Auswahl:

Im Wagen

Neben den Standard-City-Kinderwagen gibt es inzwischen auch eine große Auswahl an geländegängigen Modellen, die speziell für den Einsatz in der Natur gebaut sind. Sie haben meist größere Räder und rollen damit recht sanft über Wurzeln und Steine. Einen Durchmesser von 16 Zoll sollten sie mindestens haben. Dazu kommt noch eine wichtige Sicherheitsvorkehrung: Vor allem wenn ihr auch in steilem Gelände unterwegs seid, sollte der Kinderwagen mit einer Schleifbremse ausgestattet sein. Ansonsten kann es bergab sehr gefährlich werden. Manche Modelle haben sogar ein an der Bremse sitzendes Band, das du mit einem Ende an deinem Körper befestigen kannst. Im Fall des Falles wird der Wagen so automatisch gebremst und du kannst sicher und komfortabel unterwegs sein, ohne selbst viel am Körper tragen zu müssen.

In der Kategorie der Wald-Kinderwagen kommen drei Varianten infrage: sogenannte **Jogger**, ursprünglich zum Laufen gedacht, **Fahrradanhänger**, die zum Kinderwagen umgebaut werden können, und der Outdoorkinderwagen **Hike Kid**. Weil Jogger immer drei große Räder haben, sind sie auch gut fürs Waldwandern geeignet. Fahrradanhänger sind im Vergleich etwas schwerer, haben aber den großen Vorteil, dass ihr damit ganz leicht eine kombinierte Rad-Wander-Tour unternehmen könnt und der Wagen gleichzeitig auch viel Raum für Gepäck bietet. Der *Hike Kid* ist ein Kinderwagen, der vom Hersteller speziell für sehr unwegsames und steiles Gelände entwickelt wurde. Er hat nur zwei große Räder und wird über zwei lange Teleskopgriffe je nach Terrain gezogen oder geschoben. Das Kind sitzt dabei bequem in einer Art Hängematte direkt über der Achse. Durch den veränderten Schwerpunkt fährt sich der Wagen sehr angenehm, und du spürst das Gewicht deines Kindes kaum. Generell lohnt es sich bei der Anschaffung eines Kinderwagens einen Blick auf den Gebrauchtmarkt zu werfen, sie auszuleihen oder zu mieten.

Aber auch der sportlichste Kinderwagen stößt irgendwann an seine Grenze. Wenn ihr sehr schmale Bergpfade geht oder in extrem unwegsamem und steinigem Gelände unterwegs seid, bleibt das Tragen die einzige Möglichkeit, dein Kind sicher zu transportieren.

Am Körper

Nach unseren Erfahrungen lieben es die meisten Kinder, getragen zu werden. Grundsätzlich hast du dabei zwei Optionen zur Auswahl: Mit einem Tragetuch oder einer Tragehilfe hältst du dein Kind in Rücken- oder Bauchtrageweise ganz dicht am Körper, eine Kraxe schulterst du ähnlich wie einen Tourenrucksack. Dein Kind sitzt dabei leicht erhöht in einem festen Tragegestell.

TRAGETUCH UND TRAGEHILFE

Im Gegensatz zu Kinderwagen oder Kraxe sind Tragetuch und Tragehilfe unschlagbar leicht und lassen sich sehr einfach verstauen, wenn sie gerade nicht gebraucht werden. Außerdem hast du mit einem Tragetuch oder einer Tragehilfe permanenten Körperkontakt mit deinem Kind und spürst unmittelbar, wie es ihm gerade geht, auch wenn du es auf dem Rücken trägst. Das ist im Sommer allerdings einer ihrer Nachteile: Wenn du ins Schwitzen kommst, wird es schnell unangenehm nass zwischen euch.

Ein **Tuch** ist durch seine Elastizität perfekt an dein Kind angepasst. Außerdem verteilt der aufgefächerte Stoff an deinen Schultern die Last sehr angenehm und du kannst darüber noch sehr bequem einen Rucksack tragen. Tragetücher sind allerdings sehr lang – vier Meter und mehr – und hängen deshalb beim Binden schnell auf dem Boden. Bei Nässe und Matsch musst du dich etwas akrobatisch verrenken, um es nicht komplett einzusauen. Generell erfordert das Binden etwas Zeit und muss geübt werden.

Eine **Tragehilfe** lässt sich dagegen sehr schnell anlegen und auf den Tragenden einstellen. Das gilt vor allem für Full-Buckle-Modelle, die ausschließlich durch Clips und Schnallen angelegt werden. Dein Kind muss in der Trage die sogenannte »Anhock-Spreizhaltung« einnehmen können. Dazu sollte der Sitzsteg der Tragehilfe individuell verstellbar sein und sich an die Größe deines Kindes anpassen. So »wächst« die Trage mit, und auch ein älteres Kind kann darin noch gut transportiert werden. Sobald dein Baby sein Köpfchen selbst halten kann, kannst du anfangen, es auf dem Rücken zu tragen.[48] Diese Trageweise ist mit zunehmendem Alter und Gewicht deines Kindes viel angenehmer als die vor dem Bauch. Auch Wandern in unwegsamem Gelände fühlt sich damit sehr einfach und frei an.

Achte beim Kauf einer Tragehilfe darauf, dass du darüber bequem einen kleinen Rucksack oder eine Hüfttasche tragen kannst.

KRAXE

Eine Kraxe ähnelt im Aussehen einem großen Tourenrucksack. Der Vorteil im Vergleich zur Stofftrage liegt vor allem darin, dass das Kind eine bessere Sicht hat und gleichzeitig durch ein aufmontiertes Regen- und Sonnendach geschützt ist. Für kleine Babys sind sie noch nicht geeignet, erst wenn Kinder frei sitzen können, dürfen sie in die Kraxe.

Höhenverstellbare Fußbügel geben Kindern auch in der Kraxe die Möglichkeit, die Anhock-Spreizhaltung einzunehmen. Außerdem haben gute Tragen eine gepolsterte Lehne und eine Kinnablage vorne, sodass die Kleinen bequem darin schlafen können. Falls du dich mit deiner Partnerin beim Tragen abwechselst, kaufe ein Modell, bei dem die Rückenlänge einfach verstellt werden kann. Die meisten Kraxen haben auch zusätzlichen Stauraum für Wasser, Wickelkram und Ersatzklamotten, und weil das Tragesystem auf gute Luftzirkulation optimiert ist, hält sich das Schwitzen im Sommer im erträglichen Rahmen.

Der Nachteil einer Kraxe im Vergleich zu Tragetuch und Tragehilfe ist ihr Eigengewicht und der weiter vom Körper entfernte Schwerpunkt. Mit circa drei Kilo Leergewicht musst du mindestens rechnen. Wenn dann noch Kind und Gepäck dazukommen, bist du sehr schnell bei 20 Kilo. Dafür braucht es schon ein bisschen Fitness. Dazu bewirkt der veränderte Schwerpunkt, dass sie sich, ähnlich wie ein Tourenrucksack, schwerer anfühlen und mehr Gewicht auf deinen Schultern lastet.

Noch ein Tipp zum Abschluss: Wenn du dein Kind in anspruchsvollerem Gelände am Körper trägst, machen Wanderstöcke einen großen Unterschied. Du bist damit nicht nur trittsicherer, auch deine Knie werden deutlich entlastet. Denn du darfst nicht vergessen: Das Gewicht deines Kindes drückt bergab zusätzlich auf deine Gelenke.

GEPÄCKTRANSPORT

Wenn ihr als Familie draußen unterwegs seid, kommt schnell jede Menge Zeug zusammen: Essen, Wasser, Wechselklamotten und für eine Übernachtung noch einiges mehr. Deshalb ist die Frage nach dem Gepäcktransport entscheidend. Je nach Qualität der Ausrüstung wird er zur Qual oder eben zur Nebensache. Es lohnt sich durchaus, hier ein bisschen Geld zu investieren, denn in der Regel kannst du die Ausrüstung dann auch viele Jahre lang benutzen.

Tourenrucksack

Früher haben wir immer allen Freunden geraten, sich keinen zu großen Rucksack zuzulegen. Mit Kindern gilt eher das Gegenteil: Nur nicht zu klein kaufen. Gerade wenn ihr auch mal draußen übernachten wollt, die Kleinen noch nichts selbst tragen können oder in Zukunft vielleicht noch weitere Kinder hinzukommen. Achte beim Rucksack auf ein komfortables Tragesystem und eine robuste Verarbeitung. Außerdem sollte er außen über genügend Gurte und Schlaufen verfügen, um Dinge wie zum Beispiel Isomatten oder Wanderstöcke zu befestigen. Wenn die Regenhülle nicht schon im Rucksack integriert ist, lohnt es sich, gleich eine passende dazuzukaufen. Welches Rucksackmodell das Richtige für dich und deine Ansprüche ist, findest du am besten durch Ausprobieren und Beratung im Fachgeschäft heraus.

Wanderanhänger

Wanderanhänger werden auch Pilgerwagen genannt und sind aus dem Wunsch heraus entstanden, viel Gepäck bequem transportieren zu können, ohne dabei zu viel Last auf den Schultern zu tragen. Hier schnallst du dir eine Art Geschirr an und befestigst daran den Wagen, der an eine Sackkarre erinnert. Diese Anhänger können zum Teil mehr als 30 Kilogramm transportieren. Viel mehr also, als du auf den Schultern haben möchtest. Gleichzeitig sind sie auf längere Wanderungen und anspruchsvolles Gelände ausgelegt. Vor allem Modelle mit nur einem Reifen können auch schmale Pfade gut bewältigen. Wichtig ist dabei allerdings, dass eine gute Bremse eingebaut ist, um bergab nicht von hinten angeschoben zu werden. Für die größtmögliche Geländetauglichkeit sollten die Reifen auch hier möglichst groß und breit sein.

Wanderanhänger sind ein Nischenprodukt, deshalb ist die Auswahl eher klein. Das einzige in Deutschland erhältliche Einrad-Modell heißt *Monowalker* und wird im Schwarzwald produziert. Mit ihm haben wir unsere Eifel-Trekkingtour bestritten und waren sehr zufrieden. Der Wanderanhänger kann bis zu 50 Kilogramm Gepäck laden, ist extrem robust und geländetauglich und wider Erwarten wirklich angenehm zu ziehen. Diese ausgefuchste Qualität hat allerdings auch ihren Preis: Die einfachste Ausführung kostet etwa 1200 Euro. Besonders dann, wenn du mit deinen Kindern regelmäßig anspruchsvolle Abenteuer erlebst, kann der *Monowalker* jedoch eine lohnende Investition sein. Falls du ihn nur wochenweise brauchst oder ihn einmal testen möchtest, ist es möglich, ihn direkt beim Hersteller zu mieten.

Bollerwagen

Eine weitere gute Möglichkeit, euer Gepäck und die Kinder zu transportieren, sind klassische Bollerwagen. Alle Modelle haben vier Räder, ein mehr oder weniger robustes Gestell und werden über eine Deichsel mit der Hand gezogen. Sie können meist deutlich mehr als 50 Kilogramm transportieren und sind teilweise explizit für den Kindertransport zugelassen. Damit eignen sie sich hervorragend für kurze, einfache Strecken mit viel Gepäck. Der Bollerwagen sollte für den Waldeinsatz möglichst breite, luftgefüllte Reifen und eine Feststellbremse haben. Wenn er dann noch zusammenklappbar ist, lässt er sich auch leicht im Zug oder Auto mitnehmen. Der Hersteller *Rambler* stellt außerdem spezielle Outdoorbollerwagen mit Trommelbremse her, die sich besonders gut für hügeliges Gelände eignen. Eine Einschränkung gilt aber für alle Modelle: Bollerwagen haben einen kleineren Reifendurchmesser als Outdoorkinderwagen oder Wanderanhänger und fahren sich dadurch deutlich holpriger.

Kinderrucksack

Die meisten Kinder lieben es, draußen mit ihrem eigenen Rucksack unterwegs zu sein, ganz wie die Großen. Er sollte einen Brustgurt haben, um auch mit vielen Oberteilen noch gut auf den Schultern zu sitzen. Außerdem müssen die Schnallen altersgerecht sein. Dein Kind sollte sie also selbst öffnen und schließen können. Daneben ist eine Regenhülle Pflicht, denn nass werden kann's immer mal. Wie viel rein darf, ist individuell und hängt von Alter, Gewicht und Fitness des Kindes ab. Der DAV empfiehlt Kindergartenkindern ein maximales Tragegewicht von einem Kilogramm, Grundschulkindern drei Kilogramm, Neun- bis Zwölfjährigen maximal fünf Kilogramm und Teenagern bis zu sieben Kilogramm.[49] Packe im Zweifelsfall aber lieber etwas weniger rein.

Outdoorwissen

PATRICK

»Paddy!« Vielleicht ist es die Art, auf die Jana meinen Namen sagt und mich dabei anstupst. Vielleicht habe ich das Geräusch aber auch selbst schon im Schlaf gehört. Auf jeden Fall bin ich innerhalb einer halben Sekunde hellwach und sitze aufrecht im Schlafsack. Ich knipse die Stirnlampe an und blicke in Janas ängstliches Gesicht. Da höre ich es zum ersten Mal bewusst: ein Knurren, tief, lang gezogen und bedrohlich. Es geht durch Mark und Bein. »Was ist das?« Jana schaut mich unsicher an. »Keine Ahnung«, entgegne ich und sehe mich instinktiv nach einem Stock um. Wir liegen irgendwo in Luxemburg im Wald, mitten in einem wunderschönen Gebiet mit zahlreichen Höhlen und Felsen. Zum Abendessen gab es selbst gemachte Spätzle auf einem Aussichtspunkt mit Blick gen Sonnenuntergang. Danach hatten wir uns ein schönes Plätzchen im Laub gesucht und uns unter freiem Himmel gemütlich schlafen gelegt. Und jetzt? Sitzen wir beide mit pochenden Herzen in unseren Schlafsäcken und lassen die Lichtkegel der Lampen durch die Bäume streifen. Doch das Dunkel des Waldes schluckt sie nach wenigen Metern. Und dann wieder dieses Knurren. In meiner Fantasie gehört es zu einem Wolf, der gleich auf uns zustürmen wird. Was zum Teufel ist das? Wir blicken uns an. In Janas Augen erkenne ich, wie sehr auch sie damit beschäftigt ist, nicht in Panik zu verfallen. Wie gerne würde ich ihr jetzt sagen, dass alles gut ist. Doch ich finde keine beruhigenden Worte, zu groß ist die eigene Angst. So verharren wir eine gefühlte Ewigkeit wie gelähmt in unseren Schlafsäcken, bis das unheimliche Geräusch sich endlich entfernt und schließlich ganz verstummt. Es bleibt still. An Schlaf ist trotzdem erst mal nicht mehr zu denken. Während ich auf dem Rücken liegend in die dunklen Baumkronen blicke, versuche ich mir ins Gedächtnis zu rufen, was ich über den Wolf weiß. Ernüchtert stelle ich fest, dass das ganz schön wenig ist. Außer dass er sich aktuell wieder in Deutschland ausbreitet und Rotkäppchens Oma auf dem Gewissen hat, weiß ich fast nichts

über das Tier. Allein die Tatsache, dass auch nach einer halben Stunde alles still bleibt, lässt schließlich die Müdigkeit siegen, und begleitet von immer noch kreisenden Gedanken schlafe ich wieder ein.

Je nach Situation und Abenteuer ist es gar nicht so einfach, den Mut aufzubringen und tatsächlich mit deinen Kindern loszuziehen. Schließlich tragen wir Eltern ja die Verantwortung. Unsere Aufgabe ist es, Gefahren richtig einzuschätzen und für ausreichend Sicherheit zu sorgen. Wie hoch sollte ich mein Kind klettern lassen? Wird meinem Baby nicht zu kalt, wenn ich es draußen wickeln muss? Kommt es vor, dass Wildschweine nachts schlafende Menschen angreifen? … Oder Wölfe?

Was die körperlichen Fähigkeiten deiner Kinder angeht, reicht es, wenn du dich auf dein Gefühl und deine Erfahrung als Mama oder Papa besinnst. Für andere Dinge, wie zum Beispiel die Planung eurer Ausbüx-Route oder das Einschätzen von Gefahren, brauchst du Outdoorerfahrung und -wissen. Wir hätten ganz entspannt sein können, hätten wir gewusst, dass die Wahrscheinlichkeit, in Deutschland oder Luxemburg einem Wolf zu begegnen, fast bei null liegt und dass, selbst wenn es dazu kommt, Wölfe sich nicht grundlos aggressiv verhalten. Und wenn wir dann noch gewusst hätten, dass es Dachse sind, die so unheimlich knurren können, hätten wir gar nicht in Panik verfallen müssen. Das reine Wissen macht in solchen Fällen den Unterschied zwischen Angst und Gelassenheit. In diesem Kapitel geht es deshalb um alles, was du an praktischem Wissen brauchst, um mit deinen Kindern entspannt, verantwortungsvoll und sicher draußen unterwegs zu sein.

DRAUSSEN MIT DEN GANZ KLEINEN

Wir haben schnell herausgefunden, dass es unserem Sohn ungemein guttut, in der Natur zu sein. Allerdings spürten wir auch sehr schnell, dass es wichtig ist, nichts zu erzwingen. Auch wenn wir eine noch so schöne Vorstellung davon hatten, nach einer Wanderetappe gemütlich in einer Hütte mit Kaffee und Kuchen zu stillen: Dem Baby ist das herzlich egal. Manchmal hat es eben schon zwei Kilometer vor der Hütte Milchhunger. In solchen Fällen ist es sehr entspannend, wenn du weißt, wie du es dir auch mit Baby draußen gemütlich machen kannst oder wie du Milch unterwegs erwärmst.

Stillen

Nachdem wir den Dreh raushatten, wurde unser Sohn überall gestillt. Zu jeder Jahreszeit, bei jedem Wetter und an vielen verschiedenen Orten: auf verschneiten Baumstämmen, in Cafés, auf nassen Bänken, in der Trage und in Bus und Bahn. Vor allem das Stillen im Winter hat es aber ganz schön in sich. Daher gibt's im Folgenden ein paar hilfreiche Tipps, die das Stillen draußen auch in der kalten Jahreszeit angenehm machen:

1. **Sitzunterlage mitnehmen**
   Beim Stillen solltest du bequem und warm sitzen. Packe dir deshalb immer eine leichte Sitzunterlage ein. Die kannst du entweder im Outdoorladen kaufen, oder du schneidest dir aus einer alten Schaumisomatte selbst eine zu. Das gekürzte

Reststück kannst du dann gleich als Kinder-Schlafunterlage benutzen.

2. **Schichten tragen**
Denk schon vorher bei allen Kleidungsstücken daran, dass dein Baby einen einfachen Zugang zur Brust haben sollte, ohne dass Wind reinzieht. Das heißt, du brauchst stillkompatible BHs und Tops, aber auch Pullis und Jacken, die du mit Reißverschluss oder Knöpfen weit genug öffnen kannst. Deinen Hals kannst du mit einem Schal auch bei längeren Sitzungen schön warmhalten. Manche Mamas benutzen draußen zusätzlich gerne einen Stillschal oder ein Stilltuch als Windschutz.

3. **Stillen in der Trage**
Wusstest du, dass du auch in der Trage (und sogar im Tuch) stillen kannst? Mit ein bisschen Übung bekommst du das sogar während des Gehens hin. Unterwegs hat es den unschlagbaren Vorteil, dass du dir keinen Sitzplatz suchen musst und außerdem muckelig warm bleibst. Ob und wie das funktioniert, hängt aber von dem konkreten Modell ab. Lass dich also am besten vor dem Kauf beraten.

4. **Zeit lassen**
Was sowieso fürs Draußensein mit Kindern gilt, ist beim Stillen besonders wichtig: Hetze dich nicht. Nimm dir auch draußen die Zeit und Privatsphäre, die du brauchst, um dich wohlzufühlen. Das gilt besonders dann, wenn du in einer Gruppe unterwegs bist.

Flaschenkost

MILCHPULVER ZUBEREITEN

Milchfläschchen kannst du draußen einfach und frisch zubereiten, indem du eine Thermoskanne mit heißem Wasser und ein Gefäß mit dem abgefüllten Milchpulver mitnimmst. Zusätzlich brauchst du noch eine Flasche mit kaltem Wasser. Wenn dein Baby dann Hunger bekommt, mischst du das heiße mit dem kalten Wasser bis zur gewünschten Temperatur in der Babyflasche und rührst dann darin das Pulver an.

Anders als oft empfohlen, muss das kalte Wasser zumindest in Deutschland nicht abgekocht werden. Die Leitungswasserqualität ist hier sehr gut und das Wasser so keimarm,[50] dass du dir wirklich keine Gedanken machen musst. Achte nur darauf, deine Wasserflasche regelmäßig zu reinigen. Vor allem im Bereich der Dichtungen können sich schon mal Keime ansiedeln. Und wenn ihr so lange unterwegs seid, dass dein Baby mehrmals trinken möchte, kannst du entweder mehrere Babyfläschchen mitnehmen oder sie unterwegs reinigen. Auch dabei reicht es laut den Empfehlungen des *Deutschen Ärzteblatts*, wenn du normales Leitungswasser benutzt.[51] Auch wenn es für Österreich und die Schweiz keine offiziellen Empfehlungen zur Verwendung von Leitungswasser gibt, ist die Qualität des Trinkwassers dort vergleichbar mit der in Deutschland.[52]

MUTTERMILCH AUFWÄRMEN

Um Muttermilch unterwegs aufzuwärmen, brauchst du idealerweise einen Isolierbehälter mit weitem Hals. Sie werden eigentlich hergestellt, um Speisen warmzuhalten. Fülle die Milch in ein Fläschchen und stelle es in den mit kochendem Wasser gefüllten Isolierbehälter. Darin lässt du die Milch für ein bis drei Minuten aufwärmen. Prüfe zwischendurch aber immer mal wieder die Temperatur. Wenn du gefrorene Milch dabeihast, nimm das Tütchen aus dem Rucksack, bevor der große Hunger kommt, und wärme es an deinem Körper, bis die Milch flüssig ist. So kannst du sie wieder problemlos in ein Fläschchen füllen und sie wie beschrieben aufwärmen.

Bei Tagestouren solltest du die gefrorenen Milchtütchen so transportieren, dass sie möglichst lange kühl bleiben. Dazu kannst du sie zum Beispiel auch zwischen die Reservekleidung im Rucksack legen. Solange ein Teil der Milch noch gefroren ist, ist sie ungeöffnet 24 Stunden haltbar.[53] Aufgetaute Milch solltest du sicherheitshalber innerhalb von drei Stunden verbrauchen.[54]

Draußen wickeln

Für uns war schon früh klar, dass wir auch mit Baby viel draußen unterwegs sein möchten. Deshalb wurde unser Kleiner trotz Winterwetter auch schon im Alter von wenigen Wochen im Freien gewickelt. Unsere Sorge, dass ihm dabei zu kalt werden könnte, stellte sich ziemlich schnell als unbegründet heraus. Das lag zum einen sicherlich an seinem üppigen Babyspeck, wir haben aber auch immer auf eine warme Wickelunterlage und wickelfreundliche Kleidung geachtet.

Als Unterlage empfehlen wir dir eine faltbare Schaum-Isomatte. Die hält zuverlässig warm und ist dabei weich und leicht. Darauf legst du ein einfaches Mull- oder Moltontuch. Beim Wickeln selbst solltest du deinem Baby so wenig Kleidung wie möglich ausziehen. Ältere Babys und Kleinkinder kannst du auch im Stehen wickeln und brauchst dann gar keine Unterlage mehr.

Bei eisigen Temperaturen und starkem Wind kann es sein, dass sich partout kein passender Ort zum Wickeln findet. Indem du im Voraus etwas mehr Wundschutzcreme aufträgst, ist der Popo auch dann geschützt, wenn es bis zum nächsten Wickeln etwas länger dauert.

Mittagsschlaf

Natürlich kann dein Kleines seinen Mittagsschlaf auch draußen wunderbar in der Trage, Kraxe oder im Kinderwagen verbringen. Besonders schön ist es aber auch, ein Lager in der Natur zu errichten. Dort kannst du dich zum Einschlafen entweder mit deinem Kind einkuscheln oder du legst es dort ab, sobald es in der Trage eingeschlafen ist. So ein Mittagslager ist eine wunderbare Gelegenheit, gemeinsam an der frischen Luft zu dösen und zu entspannen.

Sucht euch eine geschützte und gemütliche Stelle, die euch gut gefällt. Das kann entweder ein Felsüberhang sein oder ein Platz, an dem ihr selbst noch ein Tarp aufbaut. (Mehr zur Schlafplatzwahl kannst du im Kapitel »Unter den Sternen« erfahren.) Bei absoluter Schönwettergarantie könnt ihr natürlich auch einfach unter freiem Himmel liegen. Nehmt als Unterlage einfach eure normalen Isomatten mit und breitet die Schlafsäcke darauf aus. So ein Outdoormittagsschlaf kann in der kalten Jahreszeit auch ein toller Ersatz für Übernachtungen im Freien sein, denn ihr habt die gleichen Abenteuer der Platzsuche und des Lageraufbaus, ohne die klirrend kalten Temperaturen und lange Dunkelheit.

HYGIENE

Spielende Kinder machen sich draußen zwangsläufig schmutzig. Und ein Kind mit schwarzen Fingernägeln und Matschspuren im Gesicht ist der beste Beleg dafür, dass du ihm ein wunderschönes Erlebnis ermöglicht hast – du kannst es also durchaus als Kompliment werten! Viele Studien belegen außerdem: Dreck ist gesund! Kinder, die häufig mit Dreck in Berührung kommen, entwickeln seltener Allergien und Asthma als eher keimfrei aufwachsende Kinder.[55] Trotzdem gibt es natürlich eine Grenze. Zu viele Keime können krank machen, und deshalb ist ein gewisses Maß an Hygiene durchaus wichtig. Aber wie lässt sich die draußen, ganz ohne Bad und Dusche, umsetzen?

Das A und O: Saubere Hände

Weil unsere Hände die häufigsten Überträger von Krankheitserregern sind, ist es auch draußen wichtig, sie regelmäßig zu waschen.[56] Klares Wasser beseitigt dabei schon einen Großteil der Bakterien, die sich auf der Haut tummeln.[57] Outdoorseife reinigt zwar noch besser, du solltest sie aber nur über saugfähiger Erde benutzen und nicht direkt am Bach. Falls das Wasser knapp ist, kannst du notfalls auch Desinfektionsgel benutzen. Zusätzlich zum Händewaschen ist es nicht notwendig.

Draußen aufs Klo gehen

»Mama, ich muss mal!« Diesen Satz wirst du nicht nur dann hören, wenn gerade eine Toilette in Reichweite ist. Also stattdessen: Ab in die Büsche! Das große Geschäft muss immer in einem Loch vergraben werden. Dadurch verhinderst du, dass Bakterien, Viren oder Parasiten ins Wasser gelangen oder von Tieren aufgenommen werden. Achte aber auch beim Pipimachen darauf, dass du keine Spuren hinterlässt. Falls du Papier benutzt, nimm es mit zum nächsten Abfalleimer. So trägst du dazu bei, dass weniger Müll herumliegt und nicht jeder gleich sieht, was du dort gemacht hast.

Der Platz fürs Geschäft sollte etwa 50 Meter von Seen, Bächen und eurem Lager entfernt liegen. Am besten eignet sich eine Stelle, an der die Erde locker ist. Sie ist ein Hinweis dafür, dass Kot dort relativ schnell verrottet. Außerdem kannst du in solchen Böden viel besser ein Loch graben.

Für das Graben selbst kannst du entweder eine kleine Handschaufel einpacken oder du suchst einen stabilen Stock vor Ort. Das Loch sollte 15 bis 20 Zentimeter tief sein, damit der Inhalt nicht gleich wieder von Tieren ausgegraben wird. Deinen Kindern wird es bestimmt Spaß machen, beim Buddeln zu helfen. Wenn es losgehen kann, die Hose nur bis zu den Knien herunterziehen und in eine ganz tiefe Hocke gehen. Diese Haltung ist die einfachste und bequemste – auch wenn es für uns Mitteleuropäer erst mal etwas ungewohnt ist. Mit ein bisschen Übung fühlt sich die Position sehr natürlich und angenehm an. Für Kinder kann es allerdings anfangs etwas schwierig sein, dabei die Balance zu halten, mit etwas Hilfe klappt es aber bestimmt ganz schnell.

Das Toilettenpapier kommt einfach mit ins Loch rein. Feuchtes Papier ist allerdings in der Natur ein No-Go, denn das verrottet sehr langsam. Falls du doch welches benutzt, gehört es auf jeden Fall in den Müllbeutel. Eine andere Möglichkeit zum Säubern ist Wasser. Nimm einfach eine Flasche mit in die Büsche. Mit der rechten Hand kippst du es langsam von oben über dem Po aus und mit der linken übernimmst du die mechanische Reinigung. Auch das ist in vielen Ländern der Erde normal und führt zu einem viel saubereren Ergebnis als Papier. Das Händewaschen ist danach natürlich besonders wichtig. Wenn du gerade mal kein Klopapier zur Hand hast oder du besonders umweltfreundlich aufs Klo gehen möchtest, kannst du auch Blätter zum Abputzen benutzen.

Falls es dir wegen der Temperatur oder der Beschaffenheit des Bodens nicht gelingt, ein Loch zu graben, gilt nur eins: alles Mitnehmen. Hierfür legst du am besten eine Plastiktüte auf die Erde und verrichtest dein Geschäft darauf. Anschließend sorgst du dafür, dass die Tüte gut verschlossen ist und wirfst sie bei der nächsten Gelegenheit in den Müll.

Du siehst, wenn du ein paar Regeln beachtest, ist so eine Outdoorsitzung eine saubere Sache. Im Grunde haben es die meisten Generationen vor uns so gemacht. Außerdem ist es eine gute Gelegenheit, deinen Kindern zu erklären, wie Ausscheidungen in der Natur von kleinen Lebewesen zersetzt und wieder zu Erde werden. Also gehe spielerisch damit um und binde die Kleinen mit ein.

Binden, Tampons & Mooncup

Wenn du ein Mann bist, darfst du diesen Absatz gerne überspringen, außer natürlich du möchtest ein paar hilfreiche Tipps für deine Frau oder Tochter abgreifen.

Die Vorstellung, während der Periode draußen in der Natur zu sein (womöglich auch noch mehrere Tage am Stück), hält so manche Frau davon ab, in dieser Zeit Mikroabenteuer zu erleben. Klar, es gibt bestimmt Angenehmeres, als mit fiesen Unterleibskrämpfen über Stock und Stein zu hüpfen. Abgesehen davon ist es für viele Frauen auch schwer vorstellbar, wie das Wechseln von Tampons oder einer Menstruationstasse draußen, ohne Toilettensitz, funktionieren soll. Doch im Grunde ist das ganz einfach: Such dir ein ungestörtes Plätzchen und gehe tief in die Hocke. Vielleicht hilft es dir, dich dabei mit einer Hand an einem Baum festzuhalten. Sowohl das Tampon als auch die Mooncup lassen sich in dieser Position ganz leicht einführen.

Bei der Menstruationstasse handelt es sich um einen kleinen Silikonbecher, der wie ein Tampon eingeführt wird, das Blut aber auffängt, statt es aufzusaugen. Sie kann mehr Blut aufnehmen als Tampons und muss deshalb nicht so oft gewechselt werden. Außerdem sind Menstruationstassen gesünder für die Scheidenflora, fühlen sich angenehm an und sind viel umweltschonender als Tampons und Binden. Du produzierst damit keinen Müll und kommst unterwegs nie in die blöde Situation, keinen neuen Tampon oder keine frische Binde mehr dabeizuhaben. Das Einführen und Entfernen erfordert ein bisschen Übung, und auch der direkte Kontakt mit Blut scheint vielleicht erst einmal gewöhnungsbedürftig. Nach eigener Erfahrung lohnt es sich aber wirklich sehr, so einen Cup mal auszuprobieren. Am besten du gewöhnst dich zu Hause in Ruhe daran, bevor du ihn draußen benutzt. Beim Wechseln kippst du das Blut dann in ein kleines gebuddeltes Loch, das du danach wieder zudeckst. Einmal am Tag solltest du deine Menstruationstasse gründlich mit Wasser abwaschen, ansonsten reicht es, sie mit Toilettenpapier auszuwischen.

Hygiene bei Übernachtungstouren

Falls ihr ein Wochenende oder länger draußen verbringen wollt, gilt erst mal: Ein bisschen schmutzig werden schadet überhaupt nichts. Zu häufiges Waschen ist sogar eher schädlich für unsere Haut, weil dadurch deren Schutzmantel angegriffen wird. Also lasst euch ruhig darauf ein, ein wenig zu stinken.

Falls du das Bedürfnis hast, dich komplett zu waschen, ist es am einfachsten, in einen See oder Bach zu springen. Das ist ein herrlich ursprüngliches Erlebnis für dich und deine Kinder und macht außerdem einen Heidenspaß. Wenn du schon mal im Sommer in einem Gebirgsbach gebadet hast, weiß du, dass du dich danach wie neu geboren fühlst. Falls kein Gewässer in der Nähe ist, kannst du eine normale Trinkflasche oder einen Becher als improvisierte Dusche nutzen. Mit ein bisschen Übung kommst du auch mit wenig Wasser zurecht. Im Winter ist es dagegen am praktikabelsten, sich auf das Waschen von Achseln und Intimbereich zu konzentrieren, sonst wird's schnell saukalt. Als Waschlappen sind schnell trocknende Mikrofasertücher gut geeignet. Die gibt es entweder beim Geschäft für Outdoorbekleidung oder als Spültücher im Drogeriemarkt. Wenn du es gerne noch sauberer hättest und hartgesotten bist, kannst du dich im Winter auch mit Schnee sauberreiben. Lass die anderen währenddessen aber schon mal Feuer machen!

WASSERVERSORGUNG UNTERWEGS

Zu Hause kommt das Wasser aus der Leitung, draußen wird es auf einmal zum kostbaren Gut. Deshalb ist es wichtig, dass du dir vorher schon Gedanken machst, wie viel ihr braucht, wofür ihr es benutzen möchtet und wie ihr es transportiert. Auf Übernachtungstouren kommt noch die Frage hinzu, wo ihr euer Wasser zwischendurch wieder nachfüllen könnt.

Bei Tagestouren

Die benötigte Wassermenge kann je nach Dauer eures Abenteuers, nach Jahreszeit und Kochplänen sehr stark variieren. Wir rechnen als Basis immer mit zwei Litern pro Person und Tag. Für ein Kleinkind sollte ein Liter am Tag reichen. Dazu kommt dann eventuell noch Wasser, das ihr zum Kochen benutzt. Packe lieber zu viel als zu wenig ein: Beim Heimkommen noch einen Rest in der Flasche zu haben, ist trotz des Extragewichts viel entspannter, als unterwegs knausern zu müssen. Wichtig ist auch, nicht total dehydriert zu starten. Trinkt deshalb zu Hause besser noch ein Glas Wasser, um die Reservoirs aufzufüllen. Diese Flüssigkeit habt ihr schon mal im Körper und müsst sie nicht mehr schleppen.

Legt unterwegs regelmäßig Trinkpausen ein. Wenn deine Kinder schon einen Rucksack tragen, dann packe ihnen auch eine eigene kleine Trinkflasche ein. Das spart Gewicht für dich, und ihnen wird das Wasser daraus noch viel besser schmecken. Eine gute Alternative zu vielen einzelnen Wasserflaschen ist ein großer Wasserbeutel.

Diese robusten Wasserträger gibt es BPA- und PVC-frei mit bis zu zehn Liter Fassungsvolumen. Sie lassen sich platzsparend im Rucksack verstauen, und über die praktische Aufhängung kannst du das Wasser einfach dosieren und abzapfen.

Bei Übernachtungstouren

Bei einer mehrtägigen Tour braucht ihr das Wasser nicht nur zum Trinken, Kochen und Händewaschen, sondern auch fürs Spülen und für die Katzenwäsche. Da kann schnell eine ganze Menge zusammenkommen. Wir kalkulieren deshalb meistens so, dass wir zwischendurch immer wieder nachfüllen, und planen die Route entsprechend.

Das Einfachste ist mit Sicherheit, an einem Haus zu klingeln und nach Wasser zu fragen. Die meisten Menschen freuen sich unserer Erfahrung nach über die unerwartete Begegnung. Nicht selten wurden uns gleich noch ein Apfel, eine Dusche oder sogar ein Lager für die Nacht angeboten. So lernt man nette Menschen kennen und hat gleichzeitig weniger zu tragen.

Wasser könnt ihr in Deutschland auch draußen finden. Wir empfehlen euch aber, generell nicht ungefiltert aus Bächen und Quellen zu trinken. Durch lokale Besonderheiten kann die Wasserqualität einfach zu sehr variieren. Falls ihr im Notfall doch Wasser aus der freien Natur braucht, stelle mit einem Blick auf die Karte sicher, dass sich oberhalb keine Häuser oder landwirtschaftlichen Flächen befinden. Entnimm das Wasser möglichst nah der Quelle und achte darauf, dass es klar und geruchsfrei ist. Zur Sicherheit solltest du trotzdem noch eine Chlortablette hineinwerfen, um eventuell vorhandene Keime abzutöten. Im Laden findest du solche Entkeimungstabletten unter dem Namen Micropur Forte.

FEUER MACHEN

Wenn die Flammen lodern und es knackt und knistert, dann wird die Welt plötzlich ganz klein. Eben flogen noch Gedanken und To-dos durch den Kopf, jetzt wirken sie auf einmal völlig unwichtig. »Was muss noch für den Kindergeburtstag eingekauft werden?« »Wann ist noch mal der Termin für den Elternabend?« – alles ganz egal. Das Feuer reduziert aufs Wesentliche. Aufs Hier und Jetzt.

Und es bringt euch als Familie zusammen. Schon auf die Kleinsten haben die Flammen eine magische Anziehungskraft. Sie verbinden uns mit den Menschen, die neben uns sitzen, wie ein unsichtbares Band. Wahrscheinlich liegt diese Faszination schon in unseren Genen. Und am Feuer schmeckt auch alles gleich viel besser – egal ob Stockbrot oder Tee.

Eine geeignete Stelle finden

In Deutschland ist es erst einmal grundsätzlich verboten, im Wald Feuer zu machen. Erlaubt ist es nur an offiziell ausgewiesenen Feuerstellen. Ob und wo es welche in deiner Gegend gibt, erfährst du entweder durch eine Suche im Internet oder durch direktes Nachfragen bei der Stadt- oder Gemeindeverwaltung. Manche Feuerstellen kannst du einfach so nutzen, bei anderen musst du dich vorher anmelden.

Es gibt aber noch eine weitere Möglichkeit: Die Forstämter und Waldbesitzer dürfen euch eine besondere Genehmigung erteilen. Dazu rufst du am besten direkt dort an. Das Amt will dann wahrscheinlich wissen, wer ihr seid und wann ihr das Feuer machen wollt, um euch dann mit etwas Glück das Okay zu geben. Bei der Gelegenheit kannst du, wenn du möchtest, gleich anmerken, dass es schön wäre, wenn es eine offizielle Feuerstelle für jedermann gäbe. Je mehr Menschen den Wunsch äußern, desto wahrscheinlicher kommen die Ämter ihm auch nach.

Zu guter Letzt hast du immer die Möglichkeit, eine Feuerstelle auf einem Camping- oder Trekkingplatz zu nutzen. Dort zahlst du zwar meistens eine Gebühr, aber dafür ist die Übernachtung inklusive.

Die Rechtslage in Österreich ist ähnlich wie in Deutschland. Hier darfst du im Wald nur Feuer machen, wenn du einen offiziellen Grillplatz benutzt oder die Eigentümerin es dir erlaubt. Ganz anders in der Schweiz: Feuer in der Natur sind grundsätzlich nicht verboten. Es gibt allerdings Einschränkungen auf Gemeinde- oder Kantonsebene. Du solltest dich also nach den lokalen Bestimmungen erkundigen. Unter www.schweizerfeuerstellen.ch findest du außerdem eine umfangreiche Liste mit öffentlichen Grillplätzen, die frei genutzt werden dürfen.

Waldbrandgefahr

Selbst wenn du eine legale Möglichkeit gefunden hast, ein Feuer zu entfachen, ist es wichtig, dass du dich über die Waldbrandgefahr informierst. Die ist leider in den letzten Jahren durch lange Dürreperioden und heiße Sommer auch bei uns in Mitteleuropa gestiegen. Problematisch sind dabei vor allem unvollständig gelöschte Feuer und der Funkenflug. Der Deutsche Wetterdienst stellt online eine täglich aktualisierte Deutschlandkarte bereit, auf der du die Gefahrenstufe deiner Region einsehen kannst.* Entsprechende Karten

* https://www.dwd.de/DE/leistungen/waldbrandgef/waldbrandgef.html

gibt es auch für Österreich* und die Schweiz**. Solange die Gefahr gering bis mittelgroß ist und du eine legale Feuerstelle gefunden hast, kann's losgehen. Wenn das Risiko jedoch höher eingestuft ist, verschiebe dein Vorhaben lieber, bis wieder Regen gefallen ist.

Ein Lagerfeuer entzünden

So ein Lagerfeuer erfordert einiges an Vorbereitung, da können auch die Kinder kräftig mit anpacken und dabei einiges lernen: Was braucht es überhaupt, damit das Feuer entstehen kann? Warum brennen manche Dinge gut und andere nicht? Und wie können etwaige Gefahren gebannt werden?

1. **Zunder finden**
   Um ein Feuer zu entzünden, braucht ihr Zunder, also leicht brennbares Material. Das könnt ihr schon auf dem Weg zu eurer Feuerstelle gemeinsam sammeln. Unser absoluter Favorit ist Birkenrinde: Die findet sich fast überall in Deutschland und brennt wirklich unglaublich gut. Haltet Ausschau nach jungen Bäumen, bei denen die hauchdünnen äußeren Schichten fast schon von selbst abblättern und sammelt davon eine Kinderhand voll. Ihr braucht dafür kein Messer. Es ist wichtig, dass ihr beim Sammeln die Rinde des Baumes nicht verletzt, sonst kann es schnell lebensgefährlich für ihn werden. Alternativ eignen sich dünne, trockene Fichtenzweige, die ihr direkt mit dem Feuerzeug anzündet.

* https://www.zamg.ac.at/cms/de/wetter/wetter-oesterreich/waldbrand
** https://www.waldbrandgefahr.ch

2. **Die Feuerstelle sichern**

Falls ihr keinen fest angelegten Platz nutzt, müsst ihr ein paar Vorbereitungen treffen, um die Umgebung zu schützen: Ein paar Funken können immer fliegen – deshalb achtet darauf, dass sich im Radius von etwa drei Metern um die Feuerstelle kein trockenes Pflanzenmaterial befindet. Außerdem sollte der Untergrund feuerfest und stabil sein, damit sich der Brand nicht über den Boden verbreiten kann. Deshalb müssen auch Blätter weggeräumt werden. Wenn möglich hebt ein kleines Loch aus, um eurem Feuer ein bisschen Windschutz zu bieten. Hinterher könnt ihr das Loch dann direkt mit dem ausgehobenen Material zudecken. Wenn ihr das Gras oder die Erde unversehrt lassen wollt, könnt ihr eine mobile Feuerschale benutzen. Die gibt es in faltbaren Ausführungen, die prima in den Rucksack passen.

3. **Trockenes Holz sammeln**

Egal, wie das Wetter ist: Wenn du dich ein bisschen umschaust, findest du immer brennbares Material. Totes Holz, das in Bäumen hängt, ist meist trockener als das auf dem Boden. Trockenes Holz erkennst du gut am deutlichen hellen Knacken, wenn du es brichst. Sammelt Holz in vielen verschiedenen Größen. Von sehr feinem Reisig, das du zum Beispiel im unteren Bereich von Fichten findest, bis hin zu größeren und dickeren Ästen. Benutzt an einem selbst angelegten Platz aber höchstens daumendicke Zweige, an einer befestigten Feuerstelle dürfen die größten Stücke auch armdick sein.

4. **Vorbereiten**

Bevor es wirklich losgeht, müsst ihr nun noch dafür sorgen, dass euer Feuer auch weiterbrennt, sobald es angezündet ist. Ist der Boden sehr nass? Dann baut als unterste Schicht einen »Fußboden« aus kleinen Stöckchen. Darauf legt ihr euren Zunder und darüber ein komprimiertes Bündel aus Reisig.

In Reichweite stapelt ihr etwa bleistiftdicke Ästchen, die ihr schnell nachlegen könnt.

5. **Anfeuern**

Zündet den Zunder an, und beobachtet wie sich das Reisig entzündet. Sobald es zuverlässig brennt, legt ihr die bereitgelegten Ästchen behutsam nach. Ganz wichtig ist hierbei die Geduld. Nicht zu eilig und zu viele Ästchen auf einmal nachlegen, sonst riskiert ihr, das Flämmchen zu ersticken. Am besten am Anfang Ästchen für Ästchen nachlegen und dabei erst nach und nach zu dickeren Stücken greifen.

6. **Genießen**

Herzlichen Glückwunsch – ihr habt erfolgreich Feuer gemacht. Auch wenn es verlockend ist: Lasst die ganz dicken Holzstücke liegen, und haltet euer Feuer klein. Je größer das Feuer ist, umso schwerer und aufwendiger ist es zu kontrollieren und zu löschen. Jetzt aber ran an den Speck – beziehungsweise den Stockbrotteig!

7. **Löschen**

Jedes Feuer muss unbedingt restlos gelöscht werden, bevor ihr aufbrecht. Dazu gießt ihr so viel Wasser auf die Glut wie notwendig. Weil das schnell mal mehrere Liter sein können, denkt daran, extra Wasser dafür einzuplanen. Das Feuerlöschen kannst du gar nicht genau genug nehmen. Es ist die wichtigste Maßnahme gegen Waldbrand, denn Glutherde können sich auch unterirdisch weiterverbreiten oder vom Wind wieder entfacht werden.

8. **Spuren beseitigen**

Vor allem wenn ihr die Feuerstelle selbst angelegt habt, hinterlasst sie möglichst so, dass keine Spuren zurückbleiben. Deckt die Asche mit Erde und Blättern ab und verteilt unverbranntes Feuerholz im Wald.

Manchmal kann es sein, dass es euch trotz aller Mühen einfach nicht gelingt, überhaupt etwas dauerhaft zum Brennen zu bringen – auch das kommt vor und ist ganz normal. Für die Kinder steckt darin eine weitere wichtige Lektion: Wir können nicht alles kontrollieren.

Sicherheit am Feuer

Damit deine Kinder von klein auf den sicheren Umgang mit Feuer lernen, ist es gut, wenn ihr gemeinsam ein paar Regeln vereinbart. Erkläre ihnen, dass Feuer gefährlich ist und warum es wichtig ist, sich verantwortlich zu verhalten. Dazu gehört, Abstand zu halten und nichts Brennendes aus dem Feuer herauszuziehen. Vereinbart außerdem klar, wer Holz nachlegen oder umschichten darf. Am Anfang werden das eher die Erwachsenen sein, aber irgendwann werden auch deine Kinder so firm im Umgang mit Feuer sein, dass sie selbst anpacken können.

Daneben gibt es ein paar allgemeine **Regeln**, die helfen, dass euer Feuer sicher ist:

- Das Feuer sollte immer so klein wie möglich gehalten werden.
- Das Feuer darf nie unbeaufsichtigt sein.
- Lange, offene Haare zusammenbinden.
- Keine weite, flatternde Kleidung in Feuernähe tragen.
- Immer eine Flasche Wasser für den Notfall griffbereit haben.
- Das Feuer muss vorm Weggehen vollständig gelöscht sein.

GEFAHREN

Ob Borreliose, Wildschweinattacken oder Vergiftungen – im Wald gibt es so einiges, was uns Eltern Angst machen kann. Die vermeintlichen von den realen Gefahren zu unterscheiden ist da oft gar nicht so leicht. Gerade deshalb ist es hilfreich, mal einen Blick auf die Fakten zu werfen. Die sagen generell: Im Wald ist es sehr sicher, viel sicherer als der Schulweg der meisten Kinder. Was übrig bleibt, ist eine Handvoll tatsächlicher Risiken, und die kannst du klein halten, indem du lernst, die Gefahren richtig einzuschätzen und entsprechend damit umzugehen.

Zecken

Aus unseren Gesprächen mit dem Team des Waldkindergartens Trier wissen wir, dass die Angst vor Zecken viele Eltern umtreibt. Etwas Hintergrundwissen über die Tiere macht aber schon den Unterschied zwischen Panik und verantwortungsvollem Umgang.

Zecken kommen überall dort vor, wo es Pflanzen gibt: im Wald, auf Wiesen, aber auch in Gärten und Parks. Sie lassen sich niemals von oben fallen, sondern werden von Grashalmen oder Büschen abgestreift. Auch im feucht-warmen Laub lauern die kleinen Blutsauger. Häufig warten sie in einer Höhe von zehn bis fünfzig Zentimetern über dem Boden auf ein vorbeikommendes Tier oder einen Menschen.[58]

Die Aktivität der Zecken beginnt in Deutschland normalerweise im März und endet im Oktober. Die durch die Klimaerwärmung immer häufiger auftretenden milden Winter sorgen allerdings dafür, dass sie mittlerweile auch mal das ganze Jahr über aktiv sein können.[59]

Damit die Zecken in aller Ruhe Blut saugen können, benötigen sie einen möglichst geschützten Ort und dünne Haut. Sie stechen daher nicht direkt zu, sondern laufen oft eine Stunde oder länger auf der Suche nach einer passenden Einstichstelle auf unserem Körper umher. Besonders beliebte Stellen sind Haaransatz, Hals, Achselhöhlen, Ellenbeuge, Bauchnabel, Leistenbeuge, Genitalbereich, die Falte hinter den Ohren und die Kniekehle.[60] Das Blutsaugen an sich wäre für uns gar nicht so schlimm. Was Zecken aber so gefährlich macht, ist die Tatsache, dass sie Krankheiten übertragen können. In Deutschland sind das vor allem Borreliose und FSME.

Borreliose ist eine Bakterieninfektion, die unbehandelt zu starken Beschwerden führen kann. Je nach Region können bis zu 30 Prozent der Zecken diese Bakterien in sich tragen.[61] Das Gute ist aber, dass sie in der Regel erst mehr als zwölf Stunden nach dem Stich übertragen wird.[62] Das heißt: Durch regelmäßiges Absuchen seid ihr so gut wie sicher davor. Bei einem Stich solltest du die Einstichstelle in den folgenden Wochen beobachten. Bildet sich ein roter Ring, die sogenannte Wanderröte, dann ab zum Arzt. Das gilt auch, wenn es zu Muskel- und Gelenkschmerzen, Fieber oder andauernder Rötung und Schwellung der Einstichstelle kommt. In diesem Stadium kann Borreliose gut mit Antibiotika behandelt werden. Sie ist zwar eine weitverbreitete und ernst zu nehmende Krankheit, zu den gefürchteten Nerven- und Gelenkschäden kommt es aber sehr selten.

FSME hingegen ist eine Viruserkrankung. Sie ist regional sehr unterschiedlich verbreitet und tritt vor allem im Süden Deutschlands, in der Schweiz und in Teilen Österreichs auf. Anders als Borrelien werden die Viren schon kurz nach dem Zeckenstich übertragen. Erkrankungen sind aber selten: Pro Jahr trifft es nur 40 Kinder in Deutschland, und auch bei diesen ist der Verlauf in den meisten Fällen ohne oder nur mit milden Symptomen verbunden.[63] Falls ihr in einem Risikogebiet wohnt, kann es sinnvoll sein, euch dagegen impfen lassen. Dazu lasst ihr euch am besten von eurem Kinderarzt beraten.

Allgemein gilt: Jede Zecke sollte immer sofort entfernt werden. Nimm dazu eine Pinzette oder Zeckenzange und fasse den Kopf der Zecke nahe an der Haut an. Ziehe sie dann langsam und möglichst senkrecht heraus, ohne den Körper zu zerquetschen. Auf keinen Fall vor dem Entfernen mit Klebstoff oder Öl beträufeln, wie es manchmal irrtümlich verbreitet wird, denn damit reizt du das Tier nur unnötig. Wenn du kein Hilfsmittel zum Entfernen dabeihast, nimm stattdessen die Fingernägel. Hauptsache die Zecke ist so schnell wie möglich draußen. Falls der Stechrüssel in der Haut zurückgeblieben ist, ist das nicht schlimm. Er wird nach einiger Zeit, ähnlich wie ein Splitter, von selbst abgestoßen.[64]

Die beste Vorsorge ist natürlich, den Stich von vornherein komplett zu verhindern. Lange und helle Klamotten helfen dabei, die Tiere schon zu entdecken, während sie noch herumkrabbeln. Wenn du sichergehen willst, stecke die Hosenbeine in die Socken und trage Schuhe mit einem hohen Schaft. Überdies gibt es spezielle Sprays, die Zecken abhalten. Achte hier aber auf kinderverträgliche Varianten. Eine gute Alternative zu chemischen Repellents ist Kokosöl: Seine Wirkung ist zwar etwas schwächer, die Verträglichkeit dafür viel besser.[65]

Du musst keine übertriebene Angst vor Zecken haben. Das Risiko, dass deine Kinder dadurch an FSME erkranken, ist gegenüber anderen Gefahren des Alltags vernachlässigbar, und vor Borreliose schützt du deine Kinder am besten, indem du sie zu Hause gründlich nach Zecken absuchst, diese sauber entfernst und die Einstichstelle ein paar Wochen lang beobachtest.

Fuchsbandwurm

»Finger weg von den Beeren, sonst kriegst du den Fuchsbandwurm!« Das wurde dir vielleicht, wie vielen von uns, als Kind eingetrichtert. Aber obwohl es ihn wirklich gibt, spielt es für eine Infektion keine Rolle, ob du Waldbeeren, Pilze oder Kräuter isst.

Der Fuchsbandwurm ist ein Parasit, der im Körper von Füchsen wohnt. Seine Eier werden mit dem Kot ausgeschieden. Darüber können sich andere Tiere und in Einzelfällen auch Menschen infizieren. Die Krankheit verläuft meistens erst mal zehn bis fünfzehn Jahre unentdeckt, kann aber beim Ausbruch zu schweren organischen Schäden führen.[66]

Allerdings tritt der Fuchsbandwurm sehr selten auf. 2018 wurden dem Robert-Koch-Institut gerade mal 27 Neu-Infektionen in Deutschland gemeldet.[67] Zum Vergleich: 250 Menschen werden jährlich in Deutschland vom Blitz getroffen. Und tatsächlich gibt es keinen Zusammenhang zwischen dem Essen von Waldbeeren und Pilzen und einer Infektion.[68] Da uns die Angst vor dem Fuchsbandwurm schon von klein auf mitgegeben wurde, mag dir das unglaublich erscheinen, aber es gibt wirklich keine Hinweise auf diesen Übertragungsweg. Häufungen gibt es nur bei Jägern und Menschen mit jagdfreudigen Hunden.

Wenn ihr also Beeren im Wald entdeckt, dann freut euch daran, und nascht, bis die Münder rot sind. Das führt zwar dazu, dass ihr kaum von der Stelle kommen werdet, aber um den Fuchsbandwurm müsst ihr euch keine Gedanken machen.

Wölfe

Eine wilde Bestie, die gerne Großmütter verschlingt? In Märchen und Erzählungen kommt der Wolf meist nicht so gut weg. Ob kleine Mädchen mit roten Kapuzen, sieben Geißlein oder drei kleine

Schweinchen – immer muss er als Bösewicht herhalten. Diese unbegründete Wolfsangst war unter anderem ein Grund dafür, dass er im 19. Jahrhundert bei uns komplett ausgerottet wurde.

Mittlerweile steht der Wolf unter Artenschutz und kehrt langsam wieder zu uns zurück. Dass ihr tatsächlich einen zu Gesicht bekommt, ist jedoch äußerst unwahrscheinlich, denn Wölfe sind sehr scheue Tiere. Die Chance, einem Wolf zu begegnen, ist fast so gering wie die auf einen Sechser im Lotto. Von einem wild lebenden Wolf geht demnach genau genommen keine Gefahr für Menschen aus. Selbst in historischen Aufzeichnungen ist von angreifenden Wölfen extrem selten die Rede und wenn doch, nur in Verbindung mit sehr besonderen Umständen, wie zum Beispiel extremem Beutetiermangel. Wild lebende Wölfe sollten aber auf keinen Fall von Menschen angelockt oder angefüttert werden. Dadurch kann sich ihre Vorsicht dem Menschen gegenüber verringern, und aggressives Verhalten ist dann nicht mehr auszuschließen.[69]

Wildschweine

Wildschweine haben es in sich: Sie werden bis zu 150 Kilogramm schwer, die Männchen haben rasiermesserscharfe Hauer, und mittlerweile lassen sich die Rotten auch schon mal im Stadtgebiet blicken. Der Tierfilmer und Autor Andreas Kieling erzählte bei Terra X im ZDF: »Die allerschwerste Verletzung hatte ich in Deutschland, von einem Wildschweinkeiler.«[70]

Aber obwohl sie es körperlich locker mit uns aufnehmen könnten, brauchst du auch vor ihnen keine Angst zu haben. Nur wenn sich die Tiere plötzlich bedroht fühlen, können sie für uns gefährlich werden. Wildschweine in freier Wildbahn sind sehr scheue Tiere und suchen das Weite, sobald sie uns Menschen wahrnehmen. Sie können uns zwar nicht besonders gut sehen – dafür hören und riechen sie uns aber schon von Weitem. Das heißt, auch die Wahrscheinlichkeit, eine Rotte mit Frischlingen zu überraschen, ist sehr, sehr gering. Wenn du allerdings einen Hund dabeihast, sollte er zu seiner eigenen Sicherheit im Wald immer angeleint sein, damit er die Tiere nicht aufschreckt.[71] Wenn du nach dem Essen auch noch alle Speisereste wegpackst, bist du auf der sicheren Seite.

Und falls du doch einmal plötzlich einem Wildschwein gegenüberstehen solltest, bleib unbedingt ruhig und ziehe dich langsam zurück. Die Tiere werden kein Interesse an einer Konfrontation haben und weiter ihrer Wege gehen. Genieße einfach den Anblick dieser imposanten Kreaturen.

Jetzt fragst du dich vielleicht, wie es kommt, dass ein Tierexperte wie Andreas Kieling solch eine gefährliche Situation mit einem Wildschweinkeiler erlebt hat? Ganz einfach: Er hat sich der Gefahr bewusst ausgesetzt, um als weltweit Erster den Kampf brünstiger Keiler aus der Nähe zu filmen. In diese Situation wirst du sicher niemals kommen.

Eichenprozessionsspinner

Der Eichenprozessionsspinner ist ein Nachtfalter, der sich wegen der Klimaerwärmung auch in Deutschland immer mehr ausbreitet. Die Tiere leben vor allem in Eichenwäldern und sind an sich nicht gefährlich. Die Raupen des Falters haben es allerdings in sich: In den Monaten Mai und Juni wachsen ihnen giftige Haare, die bei uns zu allergischen Reaktionen führen können – von juckendem Hautausschlag bis hin zu Atemproblemen. Die Gifthaare sammeln sich auch in den großen Nestern der Raupen am Stamm der Bäume.

Gefährlich ist vor allem die direkte Berührung der Raupen oder Nester. Weil die Brennhaare aber auch mit dem Wind mehrere Meter weit fliegen können, ist es vor allem im Mai und Juni wichtig, dass du dir der Gefahr bewusst bist und dich von befallenen Bäumen fernhältst. Bei größeren bekannten Vorkommen des Eichenprozessionsspinners warnen dich die Forstämter in der Regel mit Schildern oder Absperrungen.

Gewitter und Sturm

Bei Sturm kann es äußerst ungemütlich im Wald werden – wirf deshalb vor eurem Ausflug unbedingt einen Blick auf die Wettervorhersage. Sobald Böen von mehr als 60 Kilometer pro Stunde gemeldet sind, solltest du lieber an einen Ort ausbüxen, an dem es keine Bäume gibt. Ab dieser Geschwindigkeit können laut dem Deutschen Wetterdienst einzelne Äste abbrechen.[72] Auch nach einem Sturm können übrigens noch abgebrochene Äste in den Baumkronen hängen. Schau deshalb unbedingt auch in den Wochen nach einem schweren Sturm immer wieder nach oben und mache einen Bogen um Waldstücke, in denen du totes Holz im Geäst hängen siehst. Häufig reicht eine leichte Böe aus, um sie zu lösen.

Bei Gewitter solltest du dich mit deiner Familie auf keinen Fall im Wald aufhalten. Wenn ihr von einem Unwetter überrascht werdet, solltet ihr den Wald zügig verlassen und einen sicheren Ort aufsuchen. Das kann euer Auto sein oder auch Gebäude und Felsvorsprünge. Um herauszufinden, wie weit das Gewitter von euch entfernt ist, zähle die Sekunden zwischen Blitz und Donner und teile sie durch drei. Das Ergebnis ist die Entfernung in Kilometern.

$$\textit{Entfernung in km} = \frac{\text{Abstand Blitz und Donner in Sekunden}}{3}$$

Gefährlich wird es, wenn sich das Gewitter auf weniger als drei Kilometer nähert. Solltet ihr keine Möglichkeit haben, den Wald sicher zu verlassen, und weit und breit keinen sicheren Unterschlupf entdecken, sucht euch eine Mulde und geht dort in die Hocke. Die Füße haltet ihr eng beieinander und die Hände weg vom Boden. So bietet ihr dem Blitz die kleinstmögliche Angriffsfläche. Haltet dabei untereinander einen Mindestabstand von drei Metern und bleibt circa 30 Meter vom nächsten Baum, Mast oder Turm entfernt. Zum Glück ist die Wahrscheinlichkeit sehr gering, dass du mit deinen Kindern jemals in so eine brenzlige Situation kommen wirst.

Klettern

Vor einiger Zeit haben wir für einen Vormittag im Waldkindergarten hospitiert. Uns hat interessiert, wie der Alltag mit Kindern im Wald aussieht und welchen Umgang die Erzieher mit den praktischen Herausforderungen pflegen. Besonders beeindruckt haben uns zwei Kinder, die versuchten, auf einen Baum zu klettern. Es gab keine tief ansetzenden Äste, an die sie sich hätten hängen können, sondern nur einen lianenartig herabhängenden dicken Zweig. Doch irgendwie schafften es beide, sich nur mit dessen Hilfe hochzuhangeln. Sie zogen und kämpften sich millimeterweise vorwärts und standen schließlich in gut zwei Meter Höhe in der Baumkrone. Wir waren ehrlich fasziniert, denn wir, zwei langjährige Kletterer, hätten das mit Sicherheit nicht geschafft.

»Habt ihr keine Angst, dass sie runterfallen?«, fragten wir Rike, eine der Erzieherinnen. »Nein«, sagte sie. Die Kinder könnten sehr gut einschätzen, was sie können und was nicht. Ein Kind, das so klettere, habe in der Vergangenheit schon viele Versuche gehabt und jede Menge Erfahrungen gesammelt. Wichtig sei, niemals einem Kind zu helfen auf einen Baum zu klettern. Es müsse es alleine schaffen, dann ist es auch sicher, und nur dann kommt es wieder alleine herunter. Genau so sieht es übrigens auch Herbert Renz-Polster. In seinem Buch *Wie Kinder heute wachsen* beschreibt er, wie Kinder ihre körperlichen Grenzen immer weiter, Stück für Stück, austesten. Das sei »gleichzeitig ihr größter Schutz – sie nehmen die nächste Höhe ja nur in Angriff, wenn sie das etwas niedrigere Mäuerchen geschafft haben.«[73]

Vertraue also deinen Kindern, sie werden sich beim Klettern immer nur in kleinen Schritten ihrer Grenze nähern. Dadurch werden sie immer sicherer und kompetenter darin. Achte nur darauf, dass unterhalb keine gefährlichen Objekte liegen, und weise sie darauf hin, vorsichtig zu sein, wenn es zum Beispiel feucht und rutschig ist. Dann darfst du dich zurücklehnen und staunen, wie geschickt deine Kinder sind, wenn du sie lässt.

Giftige Pflanzen und Pilze

Was wäre das einfach, wenn giftige Pflanzen so etwas wie ein universelles Erkennungsmerkmal hätten, grell-»giftige« Farben zum Beispiel oder einheitliche Blätter. Leider ist dem nicht so, und um giftige von ungiftigen Pflanzen zu unterscheiden, musst du wirklich genau hinschauen. Neben den sehr giftigen Vertretern wie Eibe, Maiglöckchen oder Knollenblätterpilz gibt es bei uns noch viele andere Arten, die immerhin für eine ordentliche Magenverstimmung oder Kopfschmerzen sorgen. Deshalb ist es wichtig, dass du deinen Kindern von Anfang an beibringst, nichts im Wald zu essen, was sie dir vorher nicht gezeigt haben. Auf diese Art handhaben es in der Regel auch die Waldkindergärten. Wenn deine Kinder dir etwas zeigen, das sie für essbar halten, dann sprecht gemeinsam darüber. Woran haben sie zum Beispiel den Sauerklee erkannt? Kannst du ihre Einschätzung bestätigen? So werden sie mit der Zeit immer sicherer und erkennen irgendwann selbst, was genießbar ist und wovon sie lieber die Finger lassen sollten.

ROUTENPLANUNG

Auch wenn es bei Mikroabenteuern nicht primär um das Erreichen eines Ziels oder das Zurücklegen einer bestimmten Strecke geht, werdet ihr für die meisten Abenteuer zumindest ein paar Kilometer zurücklegen. Damit du dich und deine Kinder nicht überforderst und genügend Zeit und Puste für freies Spielen bleibt, solltest du bei der Routenplanung ein paar Dinge beachten.

Länge der Strecke

Wie weit deine Kinder laufen können, ist zum einen vom Alter abhängig. Als grober Anhaltspunkt dienen die Angaben des deutschen Wanderverbands, der etwa eineinhalb Kilometer pro Lebensjahr vorgibt. Steigungen von 100 Metern (bergauf oder bergab) werden als ein Kilometer Strecke eingerechnet. Ein Vierjähriger schafft demnach also circa sechs Kilometer in flachem Gelände oder vier Kilometer mit 200 Höhenmetern. Weil neben dem Alter aber natürlich auch die Fitness, Ausrüstung und Motivation deiner Kinder eine große Rolle spielen, rechne für den Anfang mal mit einem Kilometer pro Lebensjahr.

Mit Kindern, die noch in der Trage oder Kraxe sitzen, kannst du natürlich noch etwas mehr Entfernung zurücklegen – schließlich bist du nicht von ihrem Tempo abhängig. Denke aber daran, dass auch dann regelmäßige Pausen notwendig sind, damit sich dein Kind ein bisschen bewegen kann. Nach unserer Erfahrung solltest du dir im Mittelgebirge nicht mehr als zehn bis fünfzehn Kilometer Tagesstrecke vornehmen und genügend Zeit einplanen. Wenn ihr euch am Ende doch noch nicht genügend ausgepowert habt, könnt ihr immer noch eine Extrarunde dranhängen.

Eigenschaften der Strecke

Um eine passende Tour zu finden, lass dich zum Beispiel von Apps wie Outdooractive oder Komoot inspirieren. Darin kannst du speziell nach familienfreundlichen Wanderungen suchen oder Kriterien für die Strecke festlegen (zum Beispiel Schwierigkeit, Wegbeschaffenheit, Dauer). Generell wirst du beim Wandern mit Kindern mehr Freude haben, wenn du diese Dinge beherzigst:

- **Mit Kindern planen**
  Schau dir mit deinen Kindern die Karte an und überlegt gemeinsam, wo es hingehen soll. Vielleicht haben die Kids diesmal besonders viel Lust auf Felsen oder Wasser. Indem du sie mit in die Planung einbeziehst, ist ihre Motivation garantiert.
- **Ein Hoch auf den Rundweg**
  Umkehren und denselben Weg zurückzugehen, den ihr gekommen seid, fühlt sich einfach nicht so gut an wie eine Rundwanderung. Das Gute daran ist auch, dass sie sich meistens sehr einfach abkürzen lässt.
- **Steigungen am Anfang**
  Falls es bei eurem Vorhaben einen Anstieg gibt, dann sollte er am Anfang liegen. Wenn du die Wahl hast, dann lege den Ausgangspunkt eurer Tour deshalb eher ins Tal als in die Höhe.

- **Große Pause in der zweiten Hälfte**
  Wenn ihr eine Rundwanderung macht, wählt die Richtung so, dass ihr den Platz für die große Pause erst etwas nach der Hälfte erreicht. Wenn eure Bäuche nämlich vollgefuttert sind, tut es gut zu wissen, dass mehr als die Hälfte der Strecke schon geschafft ist.

- **Abkürzungen einplanen**
  Ein Plan ist gut, ein Plan B noch besser. Wie euer Ausbüxen wird, weiß vorher niemand so genau. Vielleicht regnet es in Strömen, vielleicht trefft ihr jemanden, oder vielleicht entdeckt ihr unterwegs einfach zu viele spannende Dinge, die euch aufhalten. Da ist es großartig, vorher schon mal nach Abkürzungen geschaut zu haben.

- **Spannende Zwischenziele einbauen**
  Besonders toll für Kinder sind Strecken, die viele verschiedene Besonderheiten haben. Das kann ein Bach sein, eine Kuhweide, eine Höhle, eine Burg oder ein Tümpel. In fast jeder Gegend finden sich solche kleinen Zwischenziele. Gestalte die Route so, dass sie daran vorbeiführt.

- **Schmale Pfade, statt breiter Wege**
  Je steiniger, schmaler und kraxeliger die Route ist, umso mehr Spaß haben deine Kinder. Breite Forstwege sind ihnen dagegen viel zu langweilig. Sie lieben die Herausforderung, einen steilen, felsigen Pfad zu erklettern, sich den Weg über einen Bach zu suchen oder mutig durch rutschiges Laub bergab zu laufen.

REGELN FÜR NACHHALTIGES AUSBÜXEN

Es gibt ein paar generelle Outdoorregeln, die auch für Mikroabenteuer mit Kindern gelten. Sie schaffen die Basis dafür, respektvoll und sicher draußen unterwegs zu sein. Gleichzeitig dürfen wir die Natur aber auch als ein Teil unseres Zuhauses betrachten. Wir sind nicht dafür gemacht, nur in der Zivilisation zu leben und den Wald lediglich als Museum zu betrachten, streng auf den Wegen zu bleiben und keinerlei Spuren zu hinterlassen. Wir selbst und vor allem unsere Kinder müssen die Natur mit allen Sinnen erfahren können, um wirklich zu lernen und zu wachsen. Dazu gehört es auch, querfeldein zu gehen, Tiere und Pflanzen zu erforschen und auch mal einen frischen Ast abzubrechen. Wichtig ist nur, dass wir uns unserer Auswirkungen bewusst sind und verantwortungsvoll damit umgehen.

1. Respektiere Schutzgebiete, in denen das Übernachten, das Verlassen der Wege oder Pflücken von Pflanzen verboten ist.
2. Gehe respektvoll mit anderen Menschen um, die du draußen in der Natur triffst, egal ob Wanderer, Jäger, Förster oder Mountainbiker.
3. Der Wald ist das Zuhause unzähliger Tiere. Manche von ihnen ruhen tagsüber, andere nachts. Störe sie nicht mehr als nötig.
4. Nimm sämtlichen Müll wieder mit nach Hause.
5. Mache Feuer nur an sicheren Orten und halte es so klein, dass du es jederzeit löschen kannst.
6. Informiere dich über geschützte Pilze und Pflanzen.

Unter den Sternen

JANA

»Suchen wir dann auch einen Piratenschatz?« Trotz der Dämmerung sehe ich das Leuchten in Johanns Augen. In seiner Frage schwingen Erregung und Vorfreude auf eine Art mit, wie es sie nur bei Kindern gibt. Der Fünfjährige ist Teil der Ausgebüxt-Familie und wird heute Nacht zum ersten Mal mit seinen Eltern und seinem Bruder mitten im Wald übernachten. Sieben Familien sind wir insgesamt: Neun Kinder und elf Erwachsene. Es ist ein warmer Julitag und jetzt, da die Sonne untergeht, beginnen wir das helle Surren der ersten Stechmücken zu hören. Während Johann mir stolz seine Taschenlampe zeigt, beobachte ich Paddy, der gerade unseren Sohn ein wenig abseits der Gruppe in den Schlaf trägt. »Gehen wir jetzt los?« Die Kinder können es kaum erwarten, zur geplanten Nachtwanderung aufzubrechen. »Es ist noch zu hell. Für eine echte Nachtwanderung muss es noch ein bisschen dunkler sein.« Während ich antworte, wünsche ich mir gleichzeitig, das Licht ausknipsen zu können. Schließlich ist es schon halb zehn, zu Hause wären die meisten Kinder um diese Zeit schon am Schlummern. 15 Minuten später geht es dann aber endlich los: Paddy und die Familien machen sich auf den Weg durch den dunklen Wald – und auf die Suche nach dem Piratenschatz. Ich bleibe bei unserem Kleinen, der inzwischen tief und fest schläft. Auf einmal wird es ganz ruhig. Während ich von unserem Doppelschlafsack aus meinen Blick über unser Familienlager schweifen lasse, überkommt mich ein Gefühl von Geborgenheit. So oft haben wir nun schon zu dritt im Wald übernachtet, und es war jedes Mal wunderschön. Aber das Wissen, heute Nacht über das Erlebnis mit vielen anderen Kindern und Eltern verbunden zu sein, ist wirklich besonders. Dieses Gefühl können auch die vielen Stechmücken nicht trüben. Eine Stunde ist vergangen, als ich die Nachtwanderer zurückkehren höre. Irgendwie hatte ich damit gerechnet, dass die Kinder aufgeregt erzählend ins Lager stürmen. Stattdessen sind sie ganz ruhig. Ich sehe, wie ihre Silhouetten nach und nach unter den auf-

gespannten Tarps verschwinden. Hier und da raschelt ein Schlafsack, schließlich erlischt auch die letzte Taschenlampe. Meine Neugier, ob sie den Piratenschatz gefunden haben, werde ich wohl erst morgen stillen können.

Laufen, Springen, Klettern, Erforschen – all diese Dinge machen das Ausbüxen am Tag spannend und erlebnisreich. Abends und nachts ist es anders: Der Wald wird ruhig, wir werden müde, die Stimmung ändert sich. Mit der Dämmerung verwandeln sich Geräusche, Farben und Gerüche. Vieles von dem, was uns tagsüber vertraut ist, wird von Neuem und Ungewohntem abgelöst. Fremdartige Laute erfüllen den Wald, die bunten Pflanzen und Tiere werden zu schwarz-grauen Schatten. Mit der untergehenden Sonne beginnt die Zeit, in der unsere Sinne unsicher und hilflos werden und in der unsere Vorstellungskraft und Fantasie, aber auch unsere Ängste erwachen. Damit wir inmitten der Natur ohne den Schutz eines Zeltes einschlafen können, müssen wir loslassen. Unsere Ängste und unsere Anspannung. Bei keinem anderen Abenteuer werden wir derart auf uns selbst zurückgeworfen und dazu eingeladen, uns der Natur voll und ganz hinzugeben. Das Schlafen unter freiem Himmel ist eine wundervolle Erfahrung. Und fast schon magisch ist der Morgen danach. Er fühlt sich völlig anders an als ein Morgen, an dem du in deinem Bett aufwachst. Das Gefühl von Hingabe und Loslassen noch in sich zu tragen, ist unbeschreiblich. Genauso wie das Gefühl, dieses Erlebnis mit lieben Menschen zu teilen.

» Nature is not a place to visit. It is home. «[74]

GARY SNYDER

Die aufregendsten Nächte im Freien haben wir wohl im August 2018 erlebt: Einen Monat lang waren wir quer durch Deutschland unterwegs und haben jede der 30 Nächte unter freiem Himmel verbracht. Mit dabei war damals auch schon unser erstes Kind, allerdings nur lässig abhängend und noch wohl gepolstert in Janas Bauch. Es war eine Reise mit wunderschönen Nächten an

Orten, die unterschiedlicher kaum sein könnten: von den steilen Felsen der Schwäbischen Alb, den Ufern der Isar und der Elbe bis hin zum Containerhafen in Hamburg. Wir wollten einfach zeigen: Draußen zu schlafen lohnt sich überall!

Wenn du mit deiner Familie Lust auf das Abenteuer »Draußenschlafen« hast, gestaltet es so, wie es für euch passt. Vielleicht zieht es euch gleich in den Wald, vielleicht fangt ihr aber auch erst mal auf dem Balkon an. Wie gesagt, jede Übernachtung ist etwas Besonderes, und es gibt nicht *das* eine Erlebnis, auf das ihr hinfiebern müsst. Wir wissen aber auch, wie viele Fragen zusammen mit dem Wunsch auftauchen und wie unglaublich entspannend es sein kann, sich draußen nicht mehr damit beschäftigen zu müssen. Deshalb geht es in diesem Kapitel um alles Wichtige rund ums Thema, damit ihr für euch eine wunderschöne Erfahrung daraus machen könnt.

AUSRÜSTUNG

Schlafsack, Isomatte und vielleicht ein Tarp, das sind die wichtigsten Ausrüstungsteile für eine Übernachtung unter freiem Himmel. Besonders wenn ihr nur von Frühling bis Herbst draußen schlafen möchtet, ist es nicht aufwendig oder teuer, die passende Ausrüstung zu finden. Wenn ihr schon ein bisschen was an Ausrüstung zu Hause habt, du dir aber nicht sicher bist, ob sie für eine Nacht unter freiem Himmel ausreicht, empfehlen wir euch eine Probeübernachtung auf dem Balkon oder im Garten. Danach weißt du sicher, was euch eventuell noch fehlt.

Schlafsack

Der Schlafsack ist das wichtigste Ausrüstungsteil beim Draußenschlafen. Er bildet eine Isolationsschicht um den Körper, die dich die ganze Nacht hindurch angenehm warmhält. Im Gegensatz zu normalen Bettdecken sind Schlafsäcke so verarbeitet, dass sie rundum vor Kälte schützen und sehr klein verpackt werden können. Deshalb reicht zwar für eine Gartenübernachtung im Sommer eure Bettwäsche, sobald es aber nachts etwas kühler wird oder ihr eure Ausrüstung transportieren müsst, kommt ihr nicht um einen Schlafsack herum. Generell unterscheiden sich die Modelle in folgenden Eigenschaften:

SCHNITT

Schlafsäcke gibt es in zwei Schnittformen zu kaufen. Zum einen die rechteckigen **Deckenschlafsäcke**. Sie sind bequemer, weil du darin viel Bewegungsfreiheit hast. Außerdem ergeben sie eine normale Decke, wenn der Reißverschluss komplett geöffnet ist. Bei der anderen Machart, den **Mumienschlafsäcken**, ist das Material eher körperbetont geschnitten. Dadurch ist weniger Stoff notwendig, was Gewicht spart. Sie halten auch wärmer, weil innen weniger Luftraum aufgewärmt werden muss. Wenn du nicht nur im Hochsommer draußen schlafen möchtest, sind sie die bessere Wahl.

Die Luftmenge ist auch der Grund, warum ein Schlafsack für Erwachsene nicht zu groß sein sollte. Bei Kindern, die noch wachsen, ist das etwas anders. Es gibt zwar spezielle Kinderschlafsäcke, aber du kannst auch einen normal großen nehmen und den unteren Teil mit einem Gürtel zubinden. Dadurch wird der Schlafraum kleiner und die Kleinen können nicht zu tief reinrutschen.

MATERIAL

Wenn es um das Material der Füllung geht, hast du auch wieder zwei Optionen: **Kunstfaser** ist preiswert und robust. **Daune** hält dagegen zwar bei gleichem Gewicht wesentlich wärmer, ist aber auch teurer und empfindlicher. Wenn es nass wird, verklumpen die kleinen Federn im schlimmsten Fall und halten nicht mehr warm. Aus diesem Grund muss so ein Schlafsack auch morgens immer aufgehängt und getrocknet werden. Gerade mit Kindern ist ein Kunstfaserschlafsack deshalb sinnvoller. Da darf's auch mal draufregnen!

TEMPERATURANGABEN

Je nach Geschlecht, Gewicht und Alter kann das Temperaturempfinden im Schlafsack sehr unterschiedlich ausfallen. Als Orientierungshilfe haben mittlerweile fast alle Schlafsäcke genormte Temperaturangaben. Die wichtigste Angabe ist dabei die sogenannte **Komforttemperatur.** Sie gibt an, bis zu welcher Temperatur eine Durchschnittsfrau, bekleidet mit Mütze und Unterwäsche, gerade noch komfortabel schläft. Weil wir aber eben nicht alle irgendwelchen Normen entsprechen, solltest du den Schlafsack so auswählen, dass du noch etwa fünf Grad Puffer hast. Möchtest du also ab acht Grad draußen schlafen, dann sollte die Komforttemperatur bei drei Grad liegen. Dieses Sicherheitspolster ist wichtig, damit auch deine Kinder nicht frieren. Den Reißverschluss aufmachen, wenn's zu warm ist, kannst du immer noch. Die Angabe zur **Extremtemperatur** ist leider ziemlich irreführend. Nicht selten gibt sie Temperaturen von minus 20 Grad oder kälter an. Du kannst sie getrost ignorieren, denn bei dieser Temperatur geht es nur noch ums nackte Überleben.

SCHLAFSÄCKE KOPPELN

Eine gemütliche Schlafvariante mit Kindern ist ein Doppelschlafsack. Dabei verbindest du einfach zwei normale Schlafsäcke über die Reißverschlüsse zu einem großen. Darin fühlen sich auch Babys wohl, weil sie die ganze Nacht über wunderbar mit Mama oder Papa kuscheln können. Wenn die Kinder dann in einen eigenen Schlafsack umziehen, können die Eltern gemeinsam in den Doppelschlafsack hineinschlüpfen. Das Koppeln ist mit so gut wie allen Modellen möglich – du musst nur darauf achten, dass ein Schlafsack den Reißverschluss links hat und der andere rechts. Das ist normalerweise auf der Verpackung mit einem großen L oder R angegeben. Es gibt mittlerweile auch Modelle mit zwei Reißverschlüssen, die dann sowohl rechts als auch links erweitert werden können. Damit könnt ihr euch draußen ein unbegrenzt großes Familienbett bauen. Denkt nur daran, dass durch die größere Öffnung die Temperaturangaben dann nicht mehr stimmen. Also unbedingt erst mal bei wärmeren Bedingungen ausprobieren.

Unser Tipp

Besorge für die ganze Familie Drei-Jahreszeiten-Schlafsäcke mit einer Komforttemperatur zwischen null und drei Grad. Kunstfasern sind dabei wegen ihrer Unempfindlichkeit besser fürs Ausbüxen mit Kindern geeignet als Daune. Solche Modelle gibt es schon ab 70 Euro zu kaufen.
Wenn die Schlafsäcke koppelbar sind, kannst du sie noch flexibler benutzen. Oft geht das sogar auch, wenn sie von verschiedenen Herstellern sind. Es lohnt sich also auszuprobieren, ob du dein vorhandenes Modell mit einem Neuen verbinden kannst.

Isomatte

Auch wenn es noch so sommerlich warm ist, beim Schlafen im Freien geht nichts ohne eine Isomatte. Selbst im Hochsommer kühlt der Boden so stark aus, dass du dir gehörig den Po abfrieren kannst. Da hilft selbst der wärmste Schlafsack nichts. Im Laden gibt es grundsätzlich drei Arten zur Auswahl: Schaumstoffmatten, selbstaufblasende Isomatten und Trekkingluftmatratzen. Für welche du dich entscheidest, hängt von euren Bedürfnissen und den geplanten Abenteuern ab. Am wichtigsten ist, dass jedes Familienmitglied bequem liegt und das Gewicht der Matte noch angenehm zu transportieren ist.

SCHAUMMATTEN

Schaummatten stellen die einfachste und preiswerteste Variante dar. Sie bestehen aus aufgeschäumtem, circa ein bis zwei Zentimeter dickem Kunststoff und können zum Transport gerollt oder gefaltet werden. Im Vergleich zu anderen Isomatten sind sie sehr robust und wenn ein Ästchen ein Loch durchdrückt oder das Taschenmesser darauf fällt, macht das gar nichts. Auch das Gewicht ist fast unschlagbar: Die meisten wiegen unter 400 Gramm und kosten nur sehr wenig. Die Preise beginnen bereits bei 20 Euro für einfache Ausführungen, ein hochpreisiges Markenmodell von *Therm-a-Rest* oder *Exped* kostet aber auch nur etwa 50 Euro. Klingt perfekt, oder? Wo ist also der Nachteil? Nun, man liegt auf ihnen ziemlich hart – und wenn mal eine Wurzel oder ein Steinchen darunter liegt, ist das gleich spürbar. Viele Menschen haben deshalb keine Lust darauf. Uns selbst macht es allerdings nichts, wir schlafen auch auf diesen Matten sehr gut. Wie das bei dir und deiner Familie ist, müsst ihr einfach testen. Ein weiterer Nachteil von Schaum ist auch das Packmaß. Weil das Material beim Zusammenlegen nicht kleiner wird, kann man sie sinnvollerweise nur außen am Rucksack befestigen. Das kann in der Bahn nervig sein, wenn man Gefahr läuft, andere Fahrgäste anzurempeln – auf dem Wanderweg ist es aber meistens egal und macht keinen Unterschied. Als kleinen Bonus kann man diese Isomatten als Einzige auch selbst auf die richtige Größe zurechtschneiden. So könnt ihr eine superleichte Kindermatte herstellen.

SELBSTAUFBLASENDE ISOMATTEN

Selbstaufblasende Isomatten sind dicker als Schaummatten und damit auch wesentlich bequemer. Sie saugen sich bis zu einem gewissen Maß von selbst mit Luft voll, den letzten Rest pustest du dann noch mit dem Mund hinein. Es gibt sie in Stärken von drei bis zehn Zentimetern zu kaufen. Wirklich sinnvoll sind allerdings nur die circa ein Kilogramm schweren Matten mit einer Dicke von vier bis fünf Zentimetern. Dünnere Matten haben keinen echten Bequemlichkeitsvorteil, und dickere Matten sind in der Regel viel zu schwer, um sie zusätzlich zur restlichen Ausrüstung zu tragen.

Im Gegensatz zu Schaummatten besteht hier immer die Gefahr, dass die Hülle ein Loch abbekommt und du morgens auf den Boden abgesackt bist. Das ist allerdings nicht so schlimm, wie es klingt, denn die Matte hält auch leer immer noch warm und kann mit dem mitgelieferten Flickzeug schnell repariert werden. Dazu muss man sagen, dass gerade Markenmodelle wirklich robust sind. Wir haben eine *Therm-a-Rest*-Matte, die schon fast 20 Jahre alt ist und trotz hartem Einsatz noch nie ein Loch hatte. Mit sehr günstigen Varianten haben wir allerdings gegenteilige Erfahrungen gemacht. Es scheint sich also zu lohnen, in eine hochwertige Matte zu investieren. Dafür musst du mit Ausgaben um die 100 Euro rechnen.

TREKKINGLUFTMATRATZE

Die neueste Variante auf dem Markt ist die sogenannte Trekkingluftmatte. Sie ähnelt einer herkömmlichen Luftmatratze, nur dass sie fürs Trekking optimiert ist. Ihr Gewicht liegt zwischen 250 und 800 Gramm, ihr könnt sie also ohne Probleme an euren Rucksack schnallen, ohne viel davon zu spüren. Dabei ist sie auch noch unschlagbar klein: Zusammengerollt braucht so eine Matte nur in etwa so viel Platz wie eine Ein-Liter-Wasserflasche. Mit einer Dicke von fünf bis zehn Zentimetern ist sie außerdem die komfortabelste Variante. Auf ihr dürften sich auch sensible Seitenschläfer wohlfühlen. Für manche ist sie allerdings etwas zu weich. Gerade wenn du härteres Liegen gewohnt bist, vermisst du möglicherweise die Stütze für den Rücken. Luftmatten sind außerdem eher kinderunfreundlich, weil sie noch etwas empfindlicher für Löcher und auch teurer sind als die beiden anderen Varianten. Beim Kauf solltest du unbedingt auf die Temperaturangaben achten, denn manche Matten isolieren recht wenig und sind ausschließlich für den Sommer geeignet. Die Preise für Dreijahreszeitenmodelle beginnen bei etwa 100 Euro.

ISOMATTEN KOPPELN

Gerade mit kleinen Kindern ist es wichtig, nebeneinander im Doppelschlafsack liegen zu können. Damit das klappt, müssen auch die Isomatten zueinander passen. Nur rechteckige Formen könnt ihr lückenlos aneinanderlegen. Damit sich luftgefüllte Matten nachts nicht verschieben, kannst du sogenannte Koppelkits benutzen. Das sind lange Klettbänder, die beide Matten fest miteinander verbinden. Widerstehe aber lieber der Versuchung, gleich eine Doppelisomatte zu kaufen. Im Vergleich zu einzelnen Matten sind sie einfach zu groß und unflexibel.

Unser Tipp

Geht auf jeden Fall zusammen in einen Outdoorladen und probiert mehrere Modelle aus. Wenn ihr auf Schaummatten bequem liegt, dann sind sie durch Preis, Gewicht und Robustheit optimal fürs Familien-Ausbüxen. Gefaltete Varianten finden wir dabei sehr viel praktischer als gerollte, weil sie kleiner sind und auch gut als Sitzhocker benutzt werden können. Wenn dein Rücken nach mehr Komfort verlangt, dann teste auch mal luftgefüllte Modelle. Mehr als ein Kilo sollte die Isomatte nicht wiegen, aber auf jeden Fall warm genug für Frühling und Herbst sein.

Tarp

Ein Tarp ist im Prinzip eine große Zeltplane, die euch vor Wind und Regen schützt. Ihr spannt sie mithilfe von Stöcken oder an Bäumen auf und erschafft euch so ruckzuck eine kleine Familien-Höhle. Obwohl ein Tarp nicht zu allen Seiten geschlossen ist, bleibt ihr darunter zuverlässig trocken. Gleichzeitig seid ihr wunderbar mit der Natur verbunden und könnt auch bei Regen jederzeit einen Blick nach draußen werfen. Es hat schon etwas, morgens direkt aus dem Schlafsack den Tau im Gras blitzen zu sehen, statt auf ein Innenzelt zu gucken.

Ein unschlagbarer Vorteil ist außerdem das Gewicht. Du wirst kaum ein bezahlbares Vierpersonenzelt unter drei Kilogramm finden, ein großes Tarp dagegen wiegt weniger als zwei Kilogramm und passt gleichzeitig super in den Rucksack. Damit es vorne und hinten auch bei Wind nicht reinregnet, muss es mindestens drei Meter lang sein. Wähle die Breite entsprechend eurer Familiengröße: Eine dreiköpfige Familie braucht vier, eine vierköpfige ungefähr fünf Meter. Damit du das Tarp gut aufspannen kannst, sollten sechs Heringe und genauso viele Schnüre dabei sein. Die sollten mindestens drei Meter lang sein, dann bist du auch flexibel, wenn der nächste Baum mal etwas weiter weg ist.

Unser Tipp

Für ein Tarp kannst du zwischen 25 und 400 Euro ausgeben, je nachdem, ob du es beim Discounter oder von einer renommierten Marke kaufst. Und ganz ehrlich: Alle schützen dich und deine Kinder gut vor Wind und Wetter. Auch unter einem 25-Euro-Tarp sind wir selbst in stundenlangen Gewitterregen trocken geblieben.

Wirklich empfehlen können wir dir die Tarps von *DD Hammocks*: Das günstigste Tarp von diesem Hersteller kostet 40 Euro und ist damit für ein Markentarp sehr preiswert. Im Gegensatz zum Discounter legt die Firma sehr großen Wert auf Transparenz und Nachhaltigkeit in der Produktion und bezieht hierzu ganz offen und ehrlich Stellung.

Biwaksack

Ein Biwaksack ist so etwas wie eine große Tüte, in die ihr euren Schlafsack legt. Ursprünglich wurde er als Notfallausrüstung in den Bergen konzipiert, um sich bei schlechtem Wetter schützen zu können. Für Familien sind Biwacksäcke aber nicht so gut geeignet. Zum einen, weil höchstens zwei Menschen hineinpassen und ihr dann unter Umständen verteilt liegen müsst. Zum anderen, weil es darin bei schlechtem Wetter schon ein bisschen klaustrophobisch werden kann.

Hängematte

Mit älteren Kindern kann eine Hängematte eine wunderbare Möglichkeit sein, die Nacht in der Natur zu verbringen. Dabei sind leichte Modelle aus Kunstfaser besser geeignet als solche aus Baumwolle. Beim Übernachten ist es wichtig, die richtige Position zu kennen. Wenn du dich längs in die Matte legst, wirst du unweigerlich wie eine Banane gekrümmt und fühlst dich morgens, als hättest du mit einem Bären gekämpft. Das Geheimnis besteht darin, dich diagonal in die Hängematte zu legen. Dadurch bleibt dein Körper gerade, und du schläfst wie ein Murmeltier. Natürlich vorausgesetzt, dir ist darin nachts warm genug. Denn obwohl die Matte in der Luft hängt, dringt von unten sehr viel Kälte an den Körper, besonders an Nieren und Po. Deshalb brauchst du unbedingt eine Isolationsschicht zwischen Schlafsack und Hängematte. Im einfachsten Fall benutzt du eine Schaumisomatte oder noch bequemer: eine spezielle Hängematten-Isolierdecke (*Underquilt*). Nimm zum Befestigen der Hängematte nur Stämme oder Äste, die gesund und kräftig aussehen. Breite Bänder, die den Druck verteilen, sorgen dafür, dass die Rinde des Baums geschützt wird.

Taschenlampe

Eine Lampe ist unverzichtbar in der Ausrüstung. Stirnlampen haben beim Ausbüxen den großen Vorteil, dass das Licht dem Blick folgt und die Hände frei bleiben. Bei speziellen Kindertaschenlampen, wie zum Beispiel der *Petzl Tikkid*, ist die maximale Helligkeit mit 20–30 Lumen so gering, dass das Risiko, die Augen durch direktes Licht zu schädigen, stark minimiert wird. Zum Vergleich: Herkömmliche Taschenlampen für Erwachsene haben eine Leuchtstärke von mehreren Hundert Lumen. Diese Kinderlampen gibt es meist mit gesichertem Batteriefach, für Erwachsene ist ein per USB aufladbares Modell sehr praktisch.

DER RICHTIGE ORT

Wenn du all eure Ausrüstung beisammenhast, bleibt nur noch, einen passenden Ort zu finden, an dem ihr eure Isomatten ausbreiten könnt. Vom Balkon über den Wald bis hin zum Ufer am Wasser: Jeder Naturraum hat seinen besonderen Reiz.

Balkon, Garten & Co.

Die einfachste Variante des Draußenschlafens, ist der eigene Balkon oder Garten. Obwohl ihr noch nah am Zuhause seid, fühlt es sich trotzdem ganz anders als im Bett an. Der frische Wind weht euch um die Nase, über euch könnt ihr den Himmel sehen, und morgens werdet ihr von den Vögeln geweckt. Der Aufwand ist minimal, denn das Packen und Transportieren der Ausrüstung entfällt komplett. Statt Schlafsack und Isomatte könnt ihr auch mit Matratzen und Bettzeug nach draußen ziehen.

Wald

Der Wald ist vielleicht der ursprünglichste Ort für eine Übernachtung im Freien. Ein Ort, den wir uns nachts als Ruheplatz mit vielen Tieren teilen. Besonders ohne ein Tarp fühlt es sich dort wie ein richtiges Verschmelzen mit der Natur an.

Höhle

Falls ihr das Glück habt, in einer Gegend zu wohnen, in der es Höhlen gibt, lässt sich dort oft ein wunderbarer Schlafplatz einrichten. Eine Höhle gibt euch mitten in der Natur ein heimeliges und geschütztes Gefühl. Deshalb sind Höhlen auch eine schöne Möglichkeit, wenn ihr euch im offenen Wald etwas unwohl fühlt.

Wiese

In Deutschland gibt es jede Menge schöne Wiesen, auf denen sich eine Nacht unter freiem Himmel anbietet. Besonders Waldränder oder Wiesen entlang eines Bächleins laden dazu ein.

Strände und Ufer

Ob an einem Fluss, am See oder am Meer – am Wasser treffen zwei Lebensräume aufeinander und das macht den besonderen Reiz dieses Schlafplatzes aus. Hier gibt's nicht nur eine schöne Aussicht mit guten Chancen auf viele Vogelsichtungen. Je nach Gewässer lockt auch ein beruhigendes Rauschen, das euch sanft in den Schlaf begleitet.

Hochgebirge

Oberhalb der Baumgrenze findet ihr grandiose Aussichten in unberührter Natur. Durch die große Entfernung zu menschlichen Siedlungen fühlt es sich hier richtig wild und einsam an. In klaren Nächten habt ihr zudem gute Chancen auf einen unvergesslichen Sternenhimmel.

Ist das erlaubt?

Bevor ihr jetzt loszieht und euch ein schönes Fleckchen Erde sucht, bleibt eine Frage zu klären: Dürft ihr das überhaupt? Darf man sich in Deutschland einfach irgendwo hinlegen? Interessanterweise ist das eine Frage, die auch Kinder draußen sehr beschäftigt. Umso wichtiger, dass du sie für dich schon vorab klärst, so kannst du deinen Kindern gegenüber ganz sicher sein und sie beruhigen.

Erst mal die gute Nachricht: In Deutschland dürfen alle Menschen den Wald frei betreten, um sich zu erholen. Das steht so im Bundesnaturschutzgesetz und ist auch nicht an bestimmte Tageszeiten geknüpft.[75] Ob ihr steht, hüpft oder eben liegt, ist darin ebenfalls nicht festgelegt. Demnach spricht also nichts gegen ein nächtliches Schläfchen auf einer Lichtung. Das heißt allerdings nicht, dass ihr dort auch ein Zelt aufbauen dürft. Dieses wilde Campieren ist in den Gesetzen der Bundesländer gesondert genannt und ausdrücklich verboten. Es gibt allerdings eine Grauzone: Wer sich einfach so mit Schlafsack und Isomatte in die freie Natur legt, verstößt nicht gegen das Recht, weil eben kein Zelt aufgebaut wird. Auch eine Hängematte, ein Biwaksack oder ein Tarp sind demnach nicht illegal. Diese Art der Übernachtung nennt man Lagern oder Biwakieren. Das Betretungsrecht gilt sogar unabhängig davon, wer der Eigentümer ist. Nur wenn ein Zaun, eine Mauer oder etwas Ähnliches das Grundstück begrenzen, dürft ihr es nicht betreten.

Was laut Gesetz auch frei betreten werden darf, ist die sogenannte freie Landschaft. Das sind alle ungenutzten Flächen außerhalb von Siedlungen. Also nicht nur der Wald, sondern auch Ufer, Wiesen, Strände und Landwirtschaftsflächen. Die Betonung liegt dabei aber auf *ungenutzt*. Es muss also offensichtlich sein, dass die Fläche nicht von einem Bauern oder einem anderen Eigentümer aktiv genutzt wird. Wenn Kühe auf der Weide stehen, müsst ihr vorher fragen.

So viel zu den bundesweit geltenden Bestimmungen. Die Details werden in Deutschland von den Bundesländern geregelt. Im Großen und Ganzen ist die Rechtslage überall ähnlich, bei diesen hier gibt es aber Ausnahmen:

- In Schleswig-Holstein und in Hessen ist es verboten, nachts im Wald die Wege zu verlassen.[76] Das heißt, dort dürftet ihr nur auf einem Waldweg schlafen. Praktikabel und gemütlich ist das natürlich nicht. Ihr dürft in diesen Bundesländern aber weiterhin in der sonstigen Natur (außerhalb des Waldes) übernachten.
- In Berlin sind im Wald explizit »Zelt und andere Lagerstätten« verboten.[77] Dort dürft ihr im Wald also auch kein Tarp benutzen, weil das einem Zelt ähnlich ist.

Ihr dürft euch zwar nicht überall einfach so hinlegen, aber der Eigentümer kann euch das in vielen Fällen durchaus erlauben. Habt ihr also eine schöne Wiese entdeckt? Dann haltet doch einfach nach dem nächsten Bauernhof Ausschau und fragt, ob ihr dort übernachten könnt. Nach unserer Erfahrung sind die meisten Menschen sehr aufgeschlossen und freuen sich, naturbegeisterte Abenteurer zu unterstützen.

SONDERFALL SCHUTZGEBIETE

Nun zur letzten größeren Einschränkung beim Draußenschlafen: die Schutzgebiete für Natur und Landschaft. Sie sind in verschiedene Kategorien unterteilt und haben deshalb unterschiedliche Regelungen, was jeweils erlaubt und verboten ist. Wo sie liegen, kannst du über die Onlinekarte des Bundesamts für Naturschutz herausfinden.*

* https://geodienste.bfn.de/schutzgebiete

Am strengsten sind die Vorgaben in **Naturschutzgebieten** und **Nationalparks**. Dies sind Bereiche, in denen Naturschutz absoluten Vorrang hat. Deshalb ist dort auch das nächtliche Lagern immer ausdrücklich verboten. Gerade in Deutschland, wo es eine riesige Nachfrage nach Acker-, Wohn- und Gewerbeflächen gibt, sind solche Orte dringend notwendig. Vor dem Hintergrund ist es wichtig, diese Gebiete mit ihren Regeln zu respektieren. Zusammen machen sie aber weniger als fünf Prozent der Fläche Deutschlands aus.[78] Eine erfreuliche Ausnahme in Sachsen ist der Nationalpark Sächsische Schweiz. Dort ist das Lagern an 58 ausgewiesenen Stellen, sogenannten »Boofen«, zumindest für Kletterer erlaubt.

Daneben gibt es aber noch andere Schutzgebietsarten, die nicht ausschließlich dem Naturschutz dienen und deshalb unterschiedliche Regelungen fürs Lagern haben. Das sind **Naturparks, Biosphärenreservate** und **Landschaftsschutzgebiete**. Was dort erlaubt und verboten ist, steht in der jeweiligen Schutzgebietsverordnung.

Auch wenn die Schutzgebiete das Lagern in vielen Fällen einschränken: Zum Glück bleiben noch viele, viele Orte, an denen es legal ist. Und solange ihr euch respektvoll und verantwortungsbewusst in der Natur verhaltet, braucht ihr in der Regel keinen Ärger zu fürchten. In all den Jahren haben wir bei unseren Übernachtungen unterm Sternenhimmel immer nur positive und freundliche Erfahrungen mit Förstern, Anwohnerinnen und Hundegassigängern gemacht. Die meisten Menschen können eure Naturbegeisterung gut nachvollziehen und freuen sich, auf Gleichgesinnte zu treffen.

ÖSTERREICH UND DIE SCHWEIZ

Im Gegensatz zu Deutschland ist die Rechtslage in Österreich deutlich strenger. Dort ist es grundsätzlich verboten, im Wald zu übernachten.[79] Allerdings darf dir ein Eigentümer trotzdem die Erlaubnis dazu geben, wenn keine anderen Gründe, wie zum Beispiel ausgewiesene Schutzgebiete, dagegensprechen. Was außerhalb des Waldes erlaubt ist, regeln die Bundesländer recht unterschiedlich. Während du in Oberösterreich in den Bergen oberhalb der Baumgrenze sogar ein Zelt aufbauen dürftest, verbietet Tirol streng jedes Übernachten außerhalb von Campingplätzen. Einen Überblick über die regional geltenden Regeln gibt es auf der Website des Österreichischen Alpenvereins.*

In der Schweiz gilt zwar kein grundsätzliches Verbot, in der Natur zu übernachten,[80] allerdings gibt es landesweit regionale Einschränkungen. Standorte oberhalb der Baumgrenze hingegen gelten überall als unbedenklich, solange sie nicht in einem Schutzgebiet liegen. Auch in der Nähe einer Hütte oder auf einem Privatgrundstück darfst du übernachten, wenn dir die Besitzerin das Okay gibt. Auf der Website des *Touring Club Schweiz* findest du weitere Informationen zur Rechtslage in den einzelnen Kantonen.**

Die richtige Gegend finden

Um eine passende Gegend für eure Familienübernachtung zu finden, musst du meistens keinen großen Aufwand betreiben. Bestimmt kennst du vom Wandern Gebiete, in denen du dir eine Nacht unter den Sternen vorstellen könntest. Solange du genug Zeit für die konkrete Schlafplatzsuche einplanst, findest du dort mit deinen Kindern sicherlich ein schönes Plätzchen.

Wenn du Spaß am Kartenlesen hast, kannst du die Gegend schon zu Hause auskundschaften. Wir entscheiden uns immer zunächst für eine Region und recherchieren dann über Onlinekartendienste,

* https://www.alpenverein.at/portal/natur-umwelt/bergsport_umwelt/zelten-biwakieren.php

** https://www.tcs.ch/de/camping-reisen/camping-insider/ratgeber/reisevorbereitung/wild-campen-in-der-schweiz.php

welche Wanderwege und Natur-Sehenswürdigkeiten es dort gibt. Die sind oft schon ein guter Indikator, um schöne Gegenden aufzuspüren, und du kannst dort gleich erkennen, wo eventuell Naturschutzgebiete liegen. Außerdem kannst du hier zur Einstimmung Fotos und Luftbilder vom Gebiet mit deinen Kindern anschauen.

Wenn du dich für eine bestimmte Gegend entschieden hast, bleibt noch, die Übernachtungstauglichkeit zu prüfen: Anhand der Höhenlinien kannst du sicherstellen, dass das Gelände eben ist. Sobald deine Kinder mobil sind, solltest du außerdem Abstand zu Abhängen halten. Auch wenn es sehr unwahrscheinlich ist, dass sie blind darauf zulaufen, ist es doch viel entspannter, sich darüber gar keine Gedanken machen zu müssen. Über das Luftbild kannst du oft auch schon erkennen, welche Bäume dort wachsen. In einem Laubwald liegt es sich meistens viel schöner als in einem Nadelwald, denn dort gibt es einen freieren Blick nach oben, und die Umgebung fühlt sich freundlicher an. Einzige Ausnahme: Kiefernwälder, die wiederum haben ein ganz besonderes Flair und einen einzigartigen Duft.

Trekkingplätze

Neben der Möglichkeit, dir in der Wildnis einen Übernachtungsplatz zu suchen, wurden in den letzten Jahren immer mehr Plätze in der Natur geschaffen, auf denen du ganz offiziell übernachten darfst – und das sogar mit einem Zelt. Diese sogenannten Trekking- oder Biwakplätze gibt es mittlerweile schon in etlichen Bundesländern. Bei den meisten musst du dich vorher anmelden und für die Übernachtung eine kleine Gebühr zahlen. Die liegt bei etwa fünf bis zehn Euro pro Zelt. In der Regel darfst du nur eine Nacht bleiben und musst danach weiterziehen.

Die Plätze sind nur ganz einfach ausgestattet: Meistens gibt es ein Plumpsklo und häufig Plattformen, auf denen du euer Zelt aufbauen kannst. Trinkwasser dagegen musst du in der Regel selbst mitbringen. Manche Plätze haben sogar eine offizielle Feuerstelle und bieten damit die seltene Gelegenheit, im Wald am Lagerfeuer zu sitzen.

Trekkingplätze sind nicht nur eine großartige Möglichkeit, wenn du mit deinen Kindern in der Natur übernachten möchtest, aber lieber ein Zelt benutzen willst. In manchen Gebieten, wie zum Beispiel dem Pfälzer Wald, sind sie auch die einzige legale Möglichkeit, über-

Liste von Trekking- und Biwakplätzen in Deutschland

(Alle Plätze sind reservierungs- und kostenpflichtig, wenn nicht anders angegeben.)

Baden-Württemberg

- **Schwarzwald**, 9 Plätze: trekking-schwarzwald.de

Bayern

- **Spessart**, 2 Plätze: trekking-bayern.de
- **Steigerwald**, 10 Plätze: trekkingerlebnis.de
- **Frankenwald**, 1 Platz: frankenwald-tourismus.de
- **Altmühltal**, 4 Plätze, ohne Reservierung: naturpark-altmuehltal.de/bootsrastplaetze/

Brandenburg

- **Im ganzen Bundesland**, 25 Plätze, teilweise kostenlos, ohne Reservierung: reiseland-brandenburg.de (nach »Biwakplatz« suchen)

haupt im Wald zu schlafen. Für uns ist aber der größte Nachteil, dass sie meistens vorher gebucht werden müssen. Spontanes Ausbüxen ist da kaum möglich.

Zusätzlich zu diesen Angeboten gibt es auch Internetplattformen wie www.1nitetent.com oder www.zeltzuhause.de, bei denen Privatleute ihr Grundstück zum Übernachten anbieten.

Nordrhein-Westfalen

- **Eifel**, 9 Plätze: trekking-eifel.de

Rheinland-Pfalz

- **Pfalz**, 15 Plätze: trekking-pfalz.de
- **Soonwald**, 4 Plätze: soonwaldsteig.de

Rheinland-Pfalz und Saarland

- **Hunsrück-Hochwald**, 3 Plätze: nationalpark-hunsrueck-hochwald.de

Sachsen

- **Elbsandsteingebirge**, 4 Plätze, ohne Reservierung: forststeig.sachsen.de

Schleswig-Holstein

- **Im ganzen Bundesland**, 21 Plätze, kostenlos, teilweise ohne Reservierung: wildes-sh.de

VORBEREITUNG ZU HAUSE

Bevor du mit deinen Kindern zu eurer Draußen-Übernachtung aufbrecht, gibt es natürlich noch ein paar Dinge zu planen und zu organisieren. Der Aufwand dafür kann variieren zwischen »innerhalb von einer Stunde ist alles bereit« und »am besten fangen wir ein paar Tage vorher mit der Planung an«. Das hängt davon ab, wie erfahren ihr schon im Draußenschlafen seid, wie gut euer Schlafplatz zu erreichen ist und zu welcher Jahreszeit und Witterung ihr eure Übernachtung plant. Halte den Aufwand für deine allererste Übernachtung mit Kindern möglichst gering, damit ihr entspannt in das Abenteuer starten könnt und du den Kopf frei hast für wichtige Dinge, wie zum Beispiel die Aufregung deiner Kinder oder das Packen.

Verpflegung

Wenn du eure Verpflegung vorab schon ein wenig vorbereitest, kannst du erstens sicher sein, dass immer genug Futter da ist, um die gute Laune aufrechtzuerhalten, und zweitens auch einiges an Gewicht sparen. Für eine Draußen-Übernachtung brauchst du in den meisten Fällen ein Abendessen, ein Frühstück und genügend Snacks für zwischendurch. Frühstück und Snacks kannst du in der Regel ganz einfach halten, indem du zum Beispiel Müsli, Brot, Schokolade, Nüsse oder Trockenfrüchte einpackst. Fürs Abendessen dagegen empfehlen wir euch eine warme Mahlzeit, die ist da draußen einfach unschlagbar. Denn wenn ihr endlich an eurem Schlafplatz angekommen seid, alles eingerichtet habt und es langsam dunkel wird, ist ein leckerer, wärmender Seelenschmaus genau das Richtige. Das gemeinsame Kochen und Essen bringt euch noch mal so richtig ins Hier und Jetzt, macht wohlig warm und schläfrig.

Such dir gemeinsam mit deinen Kindern ein leckeres Rezept für euer Abendessen aus. Am besten schon ein paar Tage vorher, damit du fehlende Zutaten noch besorgen kannst. Was ansonsten auch draußen immer geht, sind Nudeln mit Tomatensoße. Und Vorsicht: Auch wenn dir die vielen kleinen Päckchen und Döschen mit Lebensmitteln erst einmal gar nicht so schwer vorkommen, macht die Verpflegung im Endeffekt einen Großteil des Rucksackgewichts aus. Überlege dir deshalb gut, wo du Gewicht sparen kannst. Fülle zum Beispiel Öl oder Gewürze in kleinere Behälter ab, verpacke Nudeln, Reis & Co. direkt in den genau abgewogenen Mengen und nimm statt Milch oder Ei die Trockenpulvervariante. Und falls der Rucksack dann doch mal etwas zu schwer wird, denk immer daran: Am nächsten Morgen, wenn alles ratzeputz leer gefuttert ist, wird er leicht sein wie eine Feder.

Packen

»Hast du mein Taschenmesser gesehen?« »Wie? Dein Schlafsack liegt noch bei Oma?« Trotz der wenigen Ausrüstung, die du und deine Lieben für eine Übernachtung draußen braucht, kann das Packen ganz schön schnell zur Herausforderung werden. Nicht selten ist unser Plan, im Freien zu schlafen, daran gescheitert, dass wir zu spät angefangen haben zu packen und uns schließlich den Stress nicht mehr zumuten wollten. Deshalb **fang früh genug an zu packen.** Im Idealfall sind eure Rucksäcke schon am Vorabend startklar, oder ihr habt bis dahin zumindest einen Großteil eurer Ausrüstung bereitgelegt. Und damit dein Kopf nicht dauernd auf Hochtouren rattern muss, nur um später zu merken, dass du doch die

Beispiel-Packliste für eine Übernachtung in der Natur

Im Folgenden findest du unsere Packliste für eine Nacht unter freiem Himmel. Darauf sind all die Dinge genannt, die im Rucksack landen. Dazu kommt noch das, was ihr am Körper tragt. Die Packliste passt du einmal auf die Bedürfnisse deiner Familie an und kannst sie dann immer wieder verwenden.

Schlafen

- Isomatten*
- Schlafsäcke
- Tarp*

Technik

- Stirnlampen*
- Ersatzbatterien*
- Handy

Kochen

- Kocher*
- Gaskartusche oder Spiritus*
- 2 Feuerzeuge*
- Topf mit Greifzange und Deckel*
- Löffel*
- Tassen oder Berghaferl*
- Taschenmesser
- Küchentuch

Essen

- 2 l Wasser p. P.
- Zutaten fürs Abendessen
- Zutaten fürs Frühstück
- Verschiedene Snacks

Klamotten (p.P)

- lange Unterwäsche
- Wollsocken
- 2 Fleecejacken, die übereinanderpassen

- Regenjacke
- Buff
- Mütze/Sonnenhut

Hygiene

- Zahnbürsten*
- Zahnpasta (biologisch abbaubar)*
- Müllbeutel*
- Klopapier*
- Sonnencreme*
- Deo*
- Medikamente

Abenteuer-Ausrüstung

- Becherlupe*
- Karte
- Kompass*
- Schnur*
- Fernglas*

Erste-Hilfe

- Zeckenkarte oder -pinzette*
- Repellents (z.B. Kokosöl)*
- Pflaster
- Wunddesinfektion

Babykram

- Mulltuch
- Windeln
- Waschlappen/Feucht-tücher*
- Pflegecreme*
- Lätzchen*
- Schnuller
- Spielzeug/Buch/ Kuscheltier
- 1 Satz Wechsel-kleidung*
- Tragehilfe

* kann dauerhaft im Rucksack bleiben

Hälfte zu Hause vergessen hast, schreib dir vor dem Packen unbedingt eine **detaillierte Packliste**. Von der Anzahl der Schlafsäcke über die Verpflegung bis hin zum Lieblingskuscheltier sollte dort alles stehen, was ihr als Familie braucht. So musst du deine grauen Zellen nur einmal konzentriert hochfahren und danach nur noch die Liste durchgehen und abhaken.

Wenn dich und deine Kinder regelmäßig die Lust aufs Draußenschlafen packt, kannst du einige Ausrüstungsteile auch dauerhaft im Rucksack belassen. Dann musst du nicht jedes Mal alles zusammensuchen, sondern hast schon einen Großteil des Gepäcks verstaut.

Zum Organisieren der Ausrüstung verwenden wir sehr gerne Netzbeutel (*meshbags*). Damit haben wir bestimmte Teile schnell griffbereit. Denn im Vergleich zu anderen Beuteln sind die *meshbags* durchsichtig, und du erkennst selbst im vollgestopften Rucksack sehr schnell, was drin ist. So richtig praktisch sind sie vor allem dann, wenn du den Beutelinhalt thematisch sortierst (zum Beispiel ein Beutel mit Kleidung, einen für Lebensmittel, einen für Hygienekram).

Sonstige Vorbereitung

Wenn für Verpflegung gesorgt ist und eure Taschen gepackt sind, ist viel eurer Vorbereitung zu Hause getan. Je nachdem wie viel Erfahrung du und deine Kinder schon im Draußenschlafen habt und wie alt deine Kinder sind, kommt vielleicht noch ein bisschen mentale Vorbereitung dazu. So ein Abenteuer ist immer auch mit Aufregung verbunden, und es ist schön, wenn du dir und deiner Familie den nötigen Raum gibst, euch darauf einzustimmen. Redet über mögliche Ängste, stimmt euch mit Geschichten auf eure Nacht unter den Sternen ein, oder lass deine Kinder beim Malen ihre Vorfreude und Aufregung zum Ausdruck bringen. Hört euch auch mal die Tierstimmen von Fuchs, Reh, Waldkauz, Dachs und Wildschwein an. Wenn ihr Glück habt, bekommt ihr nachts die Gelegenheit, den ein oder anderen Laut wiederzuerkennen. Kurz bevor ihr tatsächlich aufbrecht, lohnt sich ein letzter Blick auf den Wetterbericht. Stimmt der dann immer noch, kann's endlich losgehen!

Als Vorbereitung und um mögliche Ängste deiner Kinder zu mildern, könnt ihr außerdem Folgendes machen:

- Bilderbücher oder Geschichten über den Wald bei Nacht lesen
- Eine kleine Nachtwanderung machen
- Vertrauensspiele, zum Beispiel blind führen lassen
- Dokus übers Übernachten im Freien anschauen
- Geschichten über berühmte Abenteurer lesen (Robinson Crusoe, Ronja Räubertochter, Huckleberry Finn)

AM SCHLAFPLATZ

Ihr habt alles beisammen, den Rucksack geschultert und seid vor Ort angekommen. Jetzt braucht ihr nur noch das Fleckchen zu bestimmen, an dem ihr die Nacht verbringen möchtet, und könnt anschließend euer Familienlager herrichten. Danach steht einer gemütlichen Übernachtung nichts mehr im Weg.

10 m² Zuhause – die Schlafplatzwahl

Euer Schlafplatz für die Nacht sollte euch vor allem gefallen und sicher sein. Schaut euch die Umgebung gemeinsam an und entscheidet, wo es euch passend erscheint. Lasst euch ruhig Zeit damit, und sprecht über die Vor- und Nachteile von Plätzen. Auf diese Dinge solltet ihr dabei achten:

EBENES GELÄNDE

Um zu verhindern, dass deine Kinder nachts wegkullern, und natürlich damit ihr alle gut schlafen könnt, sollte das Gelände möglichst eben sein. Ein gewisses Maß an Gefälle ist okay, dann schlaft aber auf jeden Fall mit dem Kopf nach oben. Liegt einmal kurz Probe, bevor ihr euer Lager einrichtet.

ABSTAND ZU WEGEN UND PLÄTZEN

Damit ihr die Nacht ungestört verbringen könnt, haltet einen gewissen Abstand zu Straßen, Parkplätzen und Hütten. Am besten wählt ihr das Lager so, dass ihr nicht von jedem Spaziergänger und jeder Joggerin sofort gesehen werdet. Das fühlt sich einfach schöner an und macht es euch leichter zu entspannen.

GEMÜTLICHKEIT UND WOHLFÜHLFAKTOR

Welche Details an einer bestimmten Stelle in der Natur letztlich dazu beitragen, dass ihr euch wohlfühlt, ist individuell sehr unterschiedlich. Wichtig ist, dass jedes Familienmitglied in seinem Empfinden ernst genommen wird. Wenn es deiner Tochter zum Beispiel an einer für dich perfekten Stelle nicht so gut gefällt, sucht lieber nach einer Alternative, die für euch alle passt.

Mögliche Gefahren bei der Schlafplatzwahl

Nicht vor einem Jagdsitz
Bevor ihr euer Lager auf einer schönen Waldlichtung einrichtet, halte Ausschau nach Hochsitzen und achte darauf, dass ihr nicht in der Schusslinie liegt. Die Gefahr, dass ein Jäger euch übersieht, ist zwar sehr gering, aber allein aus Respekt vor der Jagd solltet ihr solche Stellen umgehen.

Nicht in einer Mulde
Mulden sehen auf den ersten Blick oft einladend aus, aber weil sich hier bei Regen schnell Wasser ansammelt, sind sie nicht der richtige Platz für eine Übernachtung.

Nicht unter morsche Bäume und Äste

Wirf unter Bäumen immer einen Blick nach oben, bevor ihr euch niederlasst. Hängen tote Äste in der Krone, dann sucht nach einem anderen Platz. Schon eine Windböe reicht aus, um sie hinabzuwehen. Auch in der Nähe toter oder kranker Bäume solltet ihr kein Lager errichten. Solche Bäume erkennst du zum Beispiel daran, dass sie Pilze am Stamm tragen oder der Stamm mit Spechtlöchern übersät ist.

Nicht an stehendem Gewässer

An Seitenarmen von Flüssen oder an Tümpeln und Seen wimmelt es im Sommer nur so vor Stechmücken. Sie sind zwar nicht gefährlich, aber ohne Moskitonetz äußerst unangenehm und schlafraubend.

Nicht zu nah am Wasser

Der Wasserstand von Flüssen und Meeren kann sich sehr schnell ändern. Sei es durch Regenfälle weiter oben im Lauf oder durch die Gezeiten, die das Wasser zurückdrücken. Halte deshalb immer ausreichend Abstand zu solchen Gewässern.

Steinschlag und Lawinen

Besonders im Hochgebirge sind herunterfallende Steine und Schneemassen eine ernst zu nehmende Gefahr. Informiere dich deshalb vorab über Lawinenwarnungen und prüfe vor Ort, ob der Schlafplatz sicher vor Steinschlag ist.

Lager einrichten und Tarp aufbauen

Wenn ihr einen schönen Schlafplatz gefunden habt, könnt ihr es euch so richtig gemütlich machen. Befreit den Untergrund von größeren Ästen, Steinen oder dicken Zapfen und legt eure Isomatten aus. Indem ihr euch noch einmal kurz zur Probe hinlegt, merkt ihr, ob euch eventuell doch noch Wurzeln, Äste oder Zapfen unangenehm in den Rücken drücken. Dann breitet ihr die Schlafsäcke aus und fertig ist das Basislager.

Bei vorhergesagtem Regen, kühlem Wind oder einfach, wenn ihr es noch kuscheliger haben wollt, könnt ihr euch darüber noch ein Tarp aufbauen. Es gibt dafür unzählige Varianten, unserer Erfahrung nach reicht es aber völlig, wenn du die zwei wichtigsten Aufbauarten kennst. Das **Zeltdach** reicht an zwei Seiten nach unten zum Boden und schützt euch dadurch auch vor starken Regengüssen und Wind. An Kopf- und Fußende sollte das Tarp mindestens einen halben Meter über euch und euer Gepäck hinausragen, damit auch wirklich alle trocken bleiben. Das **Schrägdach** wird nur zu einer Seite hin aufgespannt. Diese Form ist optimal, wenn nur leichter Regen vorhergesagt ist oder wenn ihr euch den Schutz eines

Zeltdach

Tarps wünscht, dabei aber gleichzeitig noch möglichst freie Sicht auf Bäume und Himmel haben wollt. Bei beiden Aufbauvarianten ist es wichtig, das Tarp immer gegen den Wind auszurichten, damit er euch nicht quer über die Köpfe pfeift.

Ab in den Schlafsack

Ihr habt euch für heute ein Zuhause in der Natur geschaffen. Genießt das Gefühl und lasst die Umgebung auf euch wirken. Manchen Kindern macht es Freude, zum Ausklingen des Tages auch draußen bekannte Rituale aufzugreifen. Das kann ein gemeinsames Spiel sein, eine Gutenachtgeschichte oder das Kuscheltier, das noch einen Kuss für die Nacht bekommt. Damit es anschließend im Schlafsack auch richtig muckelig wird, hier noch ein paar Tipps:

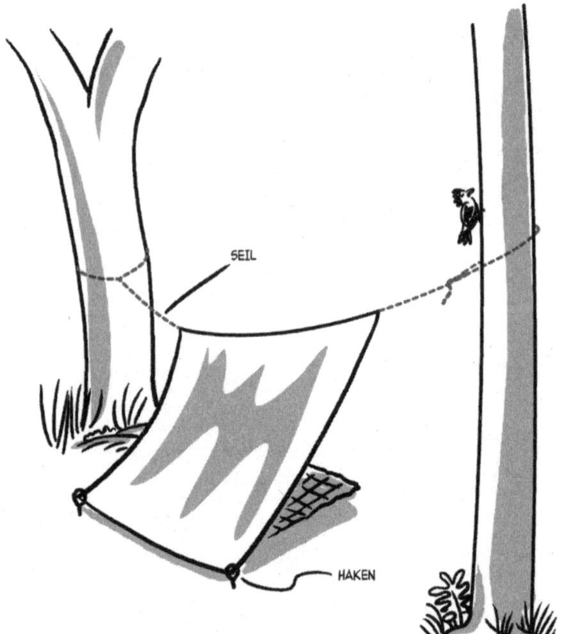

Schrägdach

- **Immer genug Kleidung anziehen**
  Vergiss die alte Legende, dass man nackig im Schlafsack weniger friert. Mehr Kleidung hält immer wärmer. Neben der Thermo-Unterwäsche kann bei kühleren Temperaturen auch ein Fleece-Oberteil nicht schaden. Zieh dir und den Kindern lieber eine Schicht zu viel als zu wenig an und lege ein Paar Socken und einen Pulli griffbereit neben die Schlafsäcke.

- **Mit Mütze schlafen**
  Wenn der Kopf als einziges unbekleidetes Körperteil herausguckt, verlierst du darüber einiges an Hitze. Setze dir und deinen Kleinen also lieber noch eine Mütze auf, um sicherzugehen, dass ihr nachts nicht auskühlt.

- **Hampelmann vorm Schlafengehen**
  Kalte Füße brauchen auch in guten Schlafsäcken lange, bis sie wieder richtig warm werden. Ein einfacher Trick ist, vor dem Schlafen so lange im Kreis zu laufen oder Hampelmänner zu machen, bis ihr so richtig schön aufgewärmt seid. Wenn ihr dann in die Schlafsäcke hüpft, bleibt ihr schön warm und könnt viel besser einschlafen.

- **Kapuze zumachen**
  Die meisten Schlafsäcke haben eine Kapuze. Indem ihr sie mit den Kordeln zuzieht, wird es noch mal eine ganze Kante wärmer.

- **Innenschlafsack rein**
  Mit einer Schlafsack-Einlage, die man auch *Inlett* nennt, gewinnt ihr ebenfalls noch mal ein paar Grad dazu. Auch einen Hüttenschlafsack könnt ihr als *Inlett* benutzen. So wird der Schlafsack auch nicht so schnell schmutzig und muss seltener gewaschen werden, was erstens ziemlich aufwendig ist und auf lange Sicht auch die Qualität mindert.

- **Wärmflasche**
  Eine improvisierte Wärmflasche schafft ihr euch unterwegs, indem du heißes Wasser in eine hitzebeständige Flasche abfüllst und ein Paar dicke Socken zum Schutz darüberziehst. Dann ab zu den Füßen damit und die wohltuende Wärme genießen!
- **Nicht in den Wind legen**
  Wenn der Wind über den Schlafsack bläst, kann euch das ordentlich auskühlen. Baut besser ein Tarp zum Schutz auf, oder sucht euch eine windgeschützte Stelle.
- **Kopfkissen zu Hause lassen**
  Es gibt zwar spezielle Outdoorkopfkissen, unserer Erfahrung nach sind sie aber nicht unbedingt notwendig. Günstiger und gewichtsparender ist es, wenn ihr euch stattdessen einen Pulli oder andere Klamotten in eine leere Schlafsackhülle oder einen Jutebeutel packt.
- **Wichtige Dinge bereitlegen**
  Legt euch Wasser, Taschenlampen und eventuell ein Handy so neben die Schlafsäcke, dass ihr sie auch im Dunkeln einfach finden könnt.

Auf einer Übernachtungstour ist es außerdem wichtig, dass ihr euren Müll gut verpackt. Essensreste oder auch benutzte Windeln könnten Tiere anziehen. Die wollt ihr zum einen nicht in eurem Lager, und zum anderen können eure Hinterlassenschaften auch Krankheiten übertragen. Deshalb sollte der Müllbeutel nachts immer gut verschlossen sein und entweder in einem Baum hängen oder in einer stabilen Tasche stecken.

TIPPS FÜRS ERSTE MAL

Vielleicht hast du mit deiner Familie schon häufiger gezeltet und bist daran gewöhnt. Aber sich einfach so auf die Erde legen, ohne den Schutz eines Zeltes, nur mit Isomatte und Schlafsack, fühlt sich im Vergleich dazu verdammt aufregend an, oder? Auf einmal bewegst du dich mit deinen Kindern raus aus der Komfortzone und blickst auf eine ganz neue Herausforderung. Damit es für euch alle ein Abenteuer wird, bei dem ihr euch wohlfühlt, sollte jedes Familienmitglied dem positiv gegenüberstehen. Falls sich dein Sohn zum Beispiel vor der Dunkelheit im Wald fürchtet, könnt ihr euch in kleinen Schritten an das Abenteuer »Draußenschlafen« herantasten: Unternehmt erst mal nur eine gemeinsame Nachtwanderung. Erst mit und irgendwann auch ohne Taschenlampen. So darf er allmählich erfahren, dass ein Wald auch abends und nachts ein friedlicher Ort ist. Genauso eignen sich ein paar Nächte auf dem Balkon oder im Garten perfekt dazu, dich und deine Lieben auf die erste Waldübernachtung einzustimmen. Die meisten Kinder finden eine Übernachtung unter freiem Himmel aber einfach nur spannend und aufregend und sind sehr schnell dafür zu begeistern.

Alter der Kinder

Es gibt kein pauschales Mindestalter, ab dem Kinder bereit sind, im Freien zu übernachten. Unser Sohn hat seine erste Nacht im Wald im zarten Alter von vier Monaten erlebt. Wäre er nicht mitten im Winter zur Welt gekommen, hätten wir aber wahrscheinlich auch schon früher mit ihm draußen geschlafen. Letztlich geht es weniger um das Erreichen eines bestimmten Alters, sondern darum, ob du die folgenden **drei Fragen** mit »Ja« beantworten kannst:

1. Bin ich (zusammen mit meinem Partner) dazu bereit und in der Lage, für die Kinder die volle Verantwortung während des Übernachtungs-Abenteuers zu tragen?
2. Sind meine Kinder fit und gesund genug für eine Draußenübernachtung?
3. Haben meine Kinder Lust darauf, eine Nacht unter freiem Himmel zu verbringen?

Auch mit Baby spricht nichts gegen eine Übernachtung im Freien, in vielen Kulturen ist das gang und gäbe. Sobald deine Kinder älter sind und verstehen können, was ihr vorhabt, beziehe sie in die Planung mit ein. Auf was freuen sie sich besonders? Gibt es etwas, wovor sie Angst haben?

Optimale Bedingungen

Darüber hinaus gibt es ein paar organisatorische Dinge, die euch die erste Nacht unter den Sternen erleichtern können. Wenn alle Bedingungen erfüllt sind, kannst du fast davon ausgehen, dass es ein gelungenes Erlebnis für alle wird. Schau einfach, was davon sich für euch passend und gut anfühlt.

PERFEKTES WETTER

Für eine Übernachtung im Freien braucht es kein perfektes Wetter. Die einzigen Ausnahmen sind Sturm, Starkregen und Gewitter. Ansonsten könnt ihr bei Regen ein Tarp aufbauen und euch mit extra

Kleidungs- und Schlafsackschichten gegen die Kälte wappnen. Beim ersten Mal ist das anders. Da beschäftigen dich so viele Dinge, dass es einfach guttut, sich darüber hinaus keine Gedanken machen zu müssen. Deswegen empfehlen wir dir fürs erste Mal eine milde und trockene Nacht. Die Temperatur sollte nicht unter zehn Grad fallen und die Regenwahrscheinlichkeit wirklich bei null Prozent liegen. So sparst du dir erst einmal den Tarpaufbau und die Sorge, nachts um halb drei von fröstelnden und schlotternden Kindern geweckt zu werden. Die besten Chancen darauf hast du in den Monaten April bis Oktober. Ein besonderes Highlight ist natürlich eine sternenklare Nacht, die aber bei Weitem kein Muss, sondern nur das i-Tüpfelchen ist. Eine erste Übernachtung im Sommer hat übrigens auch den Vorteil, dass es in den kurzen Nächten nie sehr lange dauert, bis die Sonne wieder aufgeht, falls jemand von euch doch kein Auge zutun kann. Also: Es lohnt sich meistens, bei deiner ersten Übernachtung draußen mit Kindern auf gutes Wetter zu warten, auch wenn das vielleicht bedeutet, dass ihr eure Übernachtung ein- oder zweimal verschieben müsst.

VERTRAUTE UMGEBUNG

Wenn es einen Wald oder eine Gegend gibt, in der du dich schon ganz gut auskennst, ist es vielleicht genau das Richtige, eure erste Übernachtung hier zu verbringen. Gemeinsam mit deinen Kindern kannst du beim nächsten Tagesausflug schon mal die Augen nach einladenden Schlafplätzen offen halten. Das Gefühl, in einer vertrauten Umgebung zu sein, in der du die Wege, die Natur und die Geräusche kennst, erhöht den Wohlfühlfaktor enorm.

VIIIEEEL ZEIT

Beim Ausbüxen mit Kindern ist Zeitstress der totale Stimmungskiller. Wenn man alleine unterwegs ist, bringt ein bisschen Zeitdruck vielleicht sogar noch den gewissen extra Kick Adrenalin, mit Kindern führt Hektik dagegen nur zu Streit und Stress. Plane deshalb viel Zeit für euer Abenteuer ein. Wir empfehlen dir, bis spätestens 16 Uhr einen Schlafplatz gefunden zu haben. Dann bleibt euch noch genügend Zeit zum Erkunden, Lager einrichten, Abendessen, Nachtwandern und Geschichten vorlesen. Ein entspannter Abend macht es außerdem leichter, den Verantwortungs- und Orga-Modus auch mal zu verlassen und so richtig anzukommen. Gleiches gilt für den nächsten Morgen. Mach bloß nicht den Fehler, den Großeltern zu versprechen, zum Mittagessen frisch geduscht bei ihnen am Tisch zu sitzen! Es gibt nichts Schöneres, als morgens in der Natur aufzuwachen und ohne jegliches Zeitgefühl dahinzutreiben, nur mit dem, was euch gerade Freude macht. Ein gemütliches Frühstück, bei dem ihr euch über eure Gefühle und Erfahrungen der letzten Nacht austauscht, ein kleiner Spaziergang, ruhiges, spielerisches Zusammenpacken. Allein das Wissen, dass der ganze restliche Tag nur euch gehört, bringt so viel Entspannung. Und wenn ihr euch dann nach der Badewanne doch noch spontan auf ein Eis mit Freunden verabredet, ist das ganz anders, als vorher schon verplant zu sein.

LECKERES ESSEN

Besonders bei der ersten Übernachtung unter freiem Himmel ist ein leckeres Abendessen wichtig. Es sollte etwas sein, das euch allen gut schmeckt und euch die Aufregung der bevorstehenden Nacht ein wenig vergessen lässt. Bestimmt ist unter den vielen Rezepten in diesem Buch auch was für deine Kinder und dich dabei. Für diesen einen Abend kann es auch guttun, ein paar der sonst geltenden Ernährungsregeln zu lockern. Sei es der Schokopudding nach dem Zähneputzen oder das Püree aus der Tüte – besondere Umstände erfordern besondere Maßnahmen, und zu Hause läuft dann alles wieder wie gehabt.

BEREIT FÜR PLAN B

Du kannst deine Nacht unterm Sternenhimmel mit Kindern nicht bis ins letzte Detail durchplanen. Auch wenn zu Hause noch alle fit und gesund sind, kann es natürlich sein, dass ein Kind abends oder nachts über schlimme Bauchschmerzen klagt oder Fieber bekommt. Für solche Fälle hilft es, so zu planen, dass ihr ohne Probleme jederzeit abbrechen könnt. Das gilt genau genommen für jede Übernachtung draußen. Weil beim ersten Mal aber sowieso schon alles neu ist und du noch nicht so viel Routine hast, ist es hier besonders wichtig. Sucht euch deshalb einen Schlafplatz, von dem aus ihr auch nachts relativ einfach wieder nach Hause zurückkehren könnt. Denke unbedingt an Taschenlampen für alle, und sprich mit deinen Kindern vorab darüber, dass sie ganz ehrlich sagen dürfen, was sie brauchen. Allein das Gefühl, nach Hause gehen zu können, ist oft schon so beruhigend, dass am Ende doch alle die Nacht verschlafen.

Du wirst merken, schon beim zweiten und dritten Mal wirst du dich mit deinen Kindern viel routinierter fühlen, und so manches, was dich beim ersten Mal noch voll beansprucht hat, wird zur Nebensache werden. Mit der zunehmenden Routine und Erfahrung im Packen, bei der Schlafplatzsuche oder beim Kochen entsteht in deinem Kopf mehr und mehr Raum für Neues. Dadurch, dass dir gewisse Dinge dann leichter von der Hand gehen und du dich gedanklich nicht mehr so reinfuchsen musst, bekommst du vielleicht Lust, hier und da die Spannung zu erhöhen. So könnt ihr euch zum Beispiel auch mal im Herbst oder Winter unter die Sterne legen, mit Tarp im Regen übernachten, versuchen, in der Dämmerung einen Schlafplatz zu finden, das Back-up-Auto nicht in der Nähe zu haben oder nur das zu essen, was die Natur hergibt. Das Wichtigste dabei ist, dass du deine Kinder immer miteinbeziehst und den Abenteuerfaktor im Tempo des »schwächsten« Mitglieds erhöhst.

UMGANG MIT ANGST

Es ist gar nicht verwunderlich, dass die Vorstellung, nachts im Freien zu schlafen, so manchen unbehaglich ist. Wir sind es schlichtweg nicht gewohnt, in dieser Umgebung zu entspannen und einzuschlafen. Zu Hause haben wir unser Bett, den vertrauten Gang zur Toilette oder das Leuchten des Weckers, draußen sind wir auf einmal umgeben von Dunkelheit, raschelnden Schlafsäcken und völlig fremden Geräuschen. Über den Wald gibt's dazu noch die unzähligen Geschichten und Filme, die ihn für uns mit Unbehagen verknüpfen und die von bösen Wölfen, Geistern, Räubern und Psychopathen handeln.

Aber Fakt ist: In einem Forst in Deutschland bist du mit deinen Kindern absolut sicher. Die größten Gefahren sind Zecken oder herabfallendes Totholz, und wie wir diese umgehen, haben wir ja schon gelernt. Aber wie das mit Ängsten so ist, haben sie meist gar nicht so viel mit der tatsächlichen Situation und Gefahr zu tun. Lass uns an dieser Stelle deshalb noch mal auf die häufigsten Ängste eingehen, um sie endgültig aus dem Weg zu räumen.

Fakten, die die Angst vertreiben

Die mit Abstand häufigsten Gründe für Angst, die uns im Austausch mit Familien begegnen, sind: Wildschweine, Insekten und andere Menschen. Seltener genannt werden Wölfe und Dunkelheit. Das gilt zumindest für die Erwachsenen. Kinder haben seltener Angst vor anderen Menschen, dafür eher vor Dunkelheit und Fantasiegestalten.

WILDE TIERE

Nachdem wir im letzten Kapitel schon ausführlich auf die Gefahr durch Wildschweine und Wölfe eingegangen sind, hier nur noch mal in aller Kürze: In Deutschland gibt es keine wilden Tiere, die Menschen grundlos angreifen. Vielleicht kommen ein paar Wildschweine auf der Suche nach Futter abends an euch vorbei. Genießt den Anblick und macht keine hektischen Bewegungen, die die Tiere erschrecken könnten, dann werden sie ganz schnell wieder weiterziehen.

INSEKTEN

Ja, auf dem Waldboden leben viele Insekten. Die meisten von ihnen sind andauernd damit beschäftigt, pflanzliches Material wie Totholz oder Laub zu zersetzten. Manch andere, wie zum Beispiel Spinnen, jagen dort am Boden ihre Beute. Die Angst, alle möglichen Krabbeltiere würden nachts auf unsere Gesichter und in unsere Schlafsäcke krabbeln, ist deshalb völlig unbegründet, weil es sie schlichtweg nicht dorthin zieht. Vereinzelt kann sich natürlich mal ein Käfer auf einen Schlafsack verirren, gezielt ansteuern wird er ihn nicht.

ANDERE MENSCHEN

Die Angst, böswilligen Verrückten im Wald ausgeliefert zu sein, steckt vor allem in unseren Erwachsenenköpfen. Dank den entsprechenden Filmen haben wir dazu leider auch gleich Bilder und Szenarien im Sinn. Aber mal ehrlich: Kein Mensch wartet im dunklen Wald auf unbedarfte Abenteurer wie euch. Er würde ja vor Langeweile eingehen.

DUNKELHEIT

Einer unserer wichtigsten Sinne – das Sehen – fällt in der Dunkelheit aus. Es ist also kein Wunder, dass wir uns instinktiv unsicherer fühlen. Die Finsternis ist aus diesem Grund aber auch eine tolle Gelegenheit, bewusst die anderen Sinne zu schärfen und zu riechen, fühlen und hören, was in deiner Umgebung vor sich geht. Ansonsten hilft oft das Wissen, dass der Wald bei Nacht genauso ungefährlich ist wie bei Tag. Alles ist wie immer, nur dass jemand das Licht ausgeknipst hat.

Wenn du Angst hast

Egal worin deine Angst besteht, nimm sie zunächst erst einmal ernst, und gestehe dir selbst ein, dass du sie verspürst. Das bedeutet auch, dass du dich auf keinen Fall zu etwas zwingen solltest. Nähere dich deiner Angst stattdessen behutsam und in deinem Tempo. Es gibt so viele Möglichkeiten, das Erlebnis, draußen zu schlafen, an unterschiedliche Bedürfnisse anzupassen. Wenn du zum Beispiel Angst vor Spinnen hast und davor, dass sie auf dich krabbeln könnten, dann lege dich einfach mal tagsüber auf den Waldboden und beobachte ihn. Oder schlafe in einer Hängematte draußen, während dein Mann es sich neben dir mit den Kindern auf dem Boden gemütlich macht.

Grundsätzlich tut es bei einer Übernachtung unter freiem Himmel gut, wenn du dein persönliches Gefühl von Sicherheit herbeiführst. Angefangen bei der Wahl des Schlafplatzes, der sich für alle in deiner Familie gut und sicher anfühlen sollte, kann das auch bedeuten, dass du dein Handy nachts griffbereit weißt oder dass du ein kleines Outdoorlämpchen brennen lässt.

Und trotzdem kann es unabhängig von deiner Vorbereitung oder Outdoorerfahrung dazu kommen, dass auf einmal die Angst bei dir anklopft. Vielleicht bist du wunderbar friedlich eingeschlafen, doch

» Mut bedeutet nicht, keine Angst zu haben. Mut ist die Entscheidung, dass etwas anderes wichtiger ist als die Angst. «[81]

JAMES NEIL HOLLINGWORTH

als du mitten in der Nacht von einem Rascheln aus dem Schlaf gerissen wirst, ist sie da. Und auf einmal fühlt sich alles so anders an als noch vor ein paar Stunden, als ihr euch eng aneinandergekuschelt »Gute Nacht« gesagt habt. Ausgelöst von diesem Rascheln läuft ein regelrechtes Kopfkino bei dir ab, dem du dich nicht entziehen kannst. Wenn das passiert, dann versuche mal, deine Aufmerksamkeit ganz bewusst auf das zu lenken, was wirklich gerade passiert, und es dir innerlich zu beschreiben. Zum Beispiel: »Ich liege hier in meinem Schlafsack im Wald. Neben mir spüre ich meine Kinder. Sie atmen ganz ruhig. Mir ist warm. Über mir sehe ich die Silhouetten der Baumkronen und ein paar Sterne ...« Wenn währenddessen wieder Angstgedanken aufkommen, nimm sie wahr, aber gehe ihnen nicht nach. Bleibe bei dem, was ist. Vielleicht hilft es dir auch, deinen eigenen Atemfluss zu beobachten oder dir innerlich eine Art Mantra zu singen.

Sobald deine Angst schwächer geworden ist, kannst du deine Energie darauf verwenden, dir positive Erklärungen für das Rascheln zu überlegen. Vielleicht war es ein Reh oder eine kleine Waldmaus? Mach dir bewusst, was für eine besondere Nacht es ist, in der du inmitten der anderen Waldbewohner liegst. Ein Reh, das sich dir bis auf zehn Meter nähert? Wie schön ist das denn? Tagsüber würdest du dir so eine Begegnung wünschen. Für eine Nacht verschmilzt du mit dem Wald um dich herum – in diese Vorstellung darfst du dich fallen lassen und weiterschlafen.

Wenn deine Kinder Angst haben

Darin, mit den Ängsten deiner Kinder umzugehen, bist du von zu Hause schon geübt. Da gibt es Albträume, Angst vor Gespenstern, Dieben oder Hunden. Manche Ängste sind sehr individuell, andere lassen sich sogar bestimmten Entwicklungsabschnitten zuordnen. So entsteht die Angst vor Tieren und Dunkelheit zum Beispiel häufig im Kleinkindalter, die vor Gespenstern und Monstern im Alter von vier bis sechs.[82]

Grundsätzlich genießen Kinder so ein Übernachtungsabenteuer sehr, oft schlafen sie draußen sogar besser als wir Großen. Und falls eines deiner Kinder in der Nacht Angst bekommt, ist das im Grunde nicht anders als zu Hause. Wenn du sensibel dafür bist, was dein Kind gerade braucht, kannst du es dabei unterstützen, mit der Angst umzugehen. Meistens reichen schon ein paar beruhigende Worte und inniges Kuscheln. Vielleicht hilft auch eine schöne Geschichte. Wichtig ist natürlich, dass du selbst darum weißt, dass alles gut ist, und deinem Kind gegenüber die nötige Ruhe ausstrahlst.

Ausbüx-Ideen

JANA

Eigentlich habe ich gar nicht vor auszubüxen, sondern will meine Oma zusammen mit dem Kleinen zu besuchen. Das Einzige, was anders ist als sonst, ist mein großes Bedürfnis nach Natur und Bewegung. Es soll ein sonniger Tag werden, die Vorstellung, mit dem Auto zu fahren, bei Oma zu sitzen und zu essen, um dann wieder ins Auto zu steigen, ist mir total zuwider. Daher entscheide ich, den Besuch mit einer Wanderung oder Fahrradtour zu verbinden. Meine Großmutter wohnt nur zehn Kilometer entfernt – eigentlich ein Klacks – wären da nicht 270 schweißtreibende Höhenmeter zu überwinden. Ich überlege hin und her und spiele verschiedene Optionen durch: einen Weg mit dem Bus fahren und darauf hoffen, dass dort Platz für mein Fahrrad ist? Zu groß ist das Risiko, dass wir am Ende draußen bleiben müssen. Hin- oder Rückweg komplett zu Fuß gehen? Zu weit. So gerne der Kleine die Trage auch mag, das ist doch zu viel des Guten. Schließlich steht mein Plan: Ich werde mit dem Fahrrad drei Kilometer zur Bushaltestelle fahren, es dort abstellen, mit dem Bus zur Oma weiterfahren und nach dem Besuch mit dem Kleinen auf dem Rücken sieben Kilometer auf schönsten Wald-und-Wiesen-Wegen zurück zum Fahrrad wandern. Der Plan klingt perfekt! Als es dann so weit ist und wir mit vollgefutterten Bäuchen bei meiner Oma sitzen, muss ich ihr mehrmals versichern, dass sie uns wirklich nicht nach Hause fahren muss. Nach ein paar schönen Stunden verabschieden wir uns, und ich ziehe mit dem Kleinen auf dem Rücken los in Richtung Stadt. Was sie nicht sieht und was ich bei meiner Planung völlig vergessen habe, ist der große Fünf-Kilo-Tagesrucksack mit Wickelkram, Wasser und Proviant. Vor dem Bauch getragen reicht mir der Rucksack bis unters Kinn – nun komme ich mir wirklich vor wie ein Packesel. »Na ja, kleine Planungslücke, aber wird schon gehen«, denke ich, während ich die Schultergurte von Trage und Rucksack zurechtrücke und mich entschlossen aufrichte. Der Weg in die Stadt, den ich so gut kenne, fühlt sich diesmal ganz anders an. Ich fühle mich anders. Stolz und voller Energie trage ich meinen Sohn, der schon eingeschlummert ist, den ersten Anstieg hinauf. Die Route ist nicht außergewöhnlich, aber es fühlt sich an, als würden wir gemeinsam ein spektakuläres Abenteuer erleben. Als der Kleine wach wird, sind wir schon mitten im Wald, nur noch zwei Kilometer vom Fahrrad und der Stadt entfernt. Es tut gut, die ganze Ladung für einen Moment abzulegen. Nach einem gemütlichen Picknick beginnt unser Sohn den Wald zu erkunden. Wir spielen Verstecken und erklimmen steile Böschungen, finden Früchte und Käfer. Als wir schließlich zu Hause ankommen und ich Paddy erschöpft und zufrieden von unseren Erlebnissen erzähle, merke ich: Aus unserem Oma-Besuch wurde ganz unbemerkt ein waschechtes Ausbüx-Abenteuer!

Ausbüxen lebt davon, dass du dich mit deinen Kindern treiben lassen kannst und ihr gemeinsam offen seid für alles, was geschieht. Dafür braucht ihr nicht unbedingt einen Plan. Der Besuch bei Janas Oma ist ein Beispiel dafür, wie einfach sich ein alltäglicher Anlass in ein unvergessliches Naturerlebnis verwandeln lässt. Alles, was du tun musst, ist den »Geht-nicht«- und den »Das-macht-man-nicht«-Schalter umzulegen und noch eine Prise Kreativität und Inspiration dazuzugeben.

Und genau die findest du in diesem Kapitel: Wir haben kleine und große Abenteuerideen für dich zusammengestellt, die du in deine Naturerlebnisse mit Kindern einfließen lassen kannst. Sie sind nach Jahreszeiten sortiert, wobei das immer nur eine grobe Einteilung ist. Was die Dauer angeht, sind die Ideen in zwei Gruppen unterteilt: solche, die mehrere Stunden dauern und den Rahmen für euren Tag geben, und andere, die nur bis zu einer Stunde dauern, die ihr also leicht zwischendurch einbauen könnt. Bei den Altersangaben haben wir uns daran orientiert, ab wie viel Jahren Kinder aktiv mitmachen können. Aber auch jüngere Kinder haben an vielen Abenteuern Freude, auch wenn sie sich noch nicht direkt einbringen können.

ABENTEUERAUSRÜSTUNG

Ganz unabhängig davon, welches der in diesem Kapitel beschriebenen Abenteuer du mit deinen Kindern in der Natur erlebst, mit den folgenden Ausrüstungsteilen haben deine Kinder jederzeit die Möglichkeit, draußen ihre Umgebung zu erforschen und kreativ zu werden. Sie könnten Teil eines Abenteuerrucksacks sein, der immer griff- und startbereit im Schrank liegt.

Manche Hersteller bieten für Kinder ganze Outdoorforschersets an. Darin ist zu meistens sehr günstigen Preisen alles Mögliche enthalten: vom Kescher übers Fernglas bis hin zu Kunststoff-Insekten. Auch wenn Kinder sicher viel Freude an solchen Sets haben, empfehlen wir dir zugunsten von Qualität und Nachhaltigkeit einzelne, gute Ausrüstungsteile zu kaufen.

Taschenmesser

Egal ob zum Schnitzen, Sägen, Brotschneiden, Kochen oder Sezieren toter Insekten – zum Draußensein gehört ein Taschenmesser einfach dazu. Wann das richtige Alter für ein Messer ist, ist sehr individuell. Manche Kinder fangen schon mit drei Jahren an, draußen ein eigenes Messer zu benutzen, andere erst mit fünf. Indem du deine Kinder nach und nach an den Umgang mit Werkzeug heranführst und sie dabei beobachtest, bekommst du ein gutes Gefühl dafür, wie viel Verantwortung sie übernehmen können. Klare Regeln helfen außerdem grobe Unfälle zu vermeiden:

1. Immer vom Körper weg schnitzen
2. Das Messer nur im Sitzen benutzen
3. Niemals mit offener Klinge herumlaufen
4. Sicherheitsabstand zu anderen Menschen halten

Um die Verletzungsgefahr zu minimieren, ist es auch wichtig, dass die Messer immer scharf sind. Ein stumpfes Messer lässt sich beim Schneiden nur sehr schwer kontrollieren, und dadurch kommt es letztlich viel schneller zu Unfällen. Fürs erste Schnitzen ist ein spezielles Kindermesser mit abgerundeter Spitze die richtige Wahl. Ältere Kinder können auch normale Messer benutzen. Unserer Erfahrung nach haben Kinder viel Freude an Schweizer Taschenmessern mit eingebauter Säge, großen und kleinen Messern und Pinzette. Der Nachteil dieser Messer ist jedoch, dass die Klingen nicht feststellbar sind.

Schnur

Neben dem Taschenmesser ist eine Schnur eines der wichtigsten Utensilien im Wald. Damit können deine Kinder bauen, schmücken und fixieren. Reine Naturmaterialien wie Jute oder Baumwolle eignen sich besonders gut: Da sie relativ schnell verrotten, könnt ihr sie ruhig im Wald zurücklassen. Falls ihr etwas braucht, das größeren Lasten standhalten muss, könnt ihr Reepschnüre benutzen. Sie werden häufig beim Klettern eingesetzt, lassen sich leicht verknoten und wieder lösen und halten dabei großen Belastungen stand.

Fernglas

Zu den spannendsten Ausrüstungsgegenständen eines Abenteuerrucksacks gehört definitiv ein Fernglas. Generell sollte es klein, leicht und robust sein. Ferngläser mit gummierter Oberfläche lassen sich sehr gut halten und überstehen auch locker den ein oder anderen Sturz. Hinsichtlich der Vergrößerung ist weniger mehr: Je höher die Vergrößerung, desto schwieriger wird es für deine Kinder, sich zu orientieren und ein Objekt zu finden. Für kleinere Kinder reicht eine vier- bis sechsfache Vergrößerung, für größere Kinder und Erwachsene ist eine achtfache sinnvoll.

Becherlupe und Kescher

Hast du schon mal gesehen, wie filigran der Körper eines Käfers aussieht, wenn man ihn unter die Lupe nimmt? Becherlupen eignen sich perfekt, um kleine Tiere oder Pflanzen zu inspizieren. Sie werden in Spielzeuggeschäften und vielen Kaufhäusern angeboten. Die perfekte Ergänzung zur Becherlupe ist ein Kescher: Damit können deine Kinder auch am Wasser Kleintiere ausfindig machen und sie in der mit Wasser gefüllten Becherlupe untersuchen. Einen Kescher könnt ihr euch entweder mit Draht und Tüll selbst bauen, im Angel- oder Spielzeuggeschäft kaufen oder auch mit einem alten Sieb improvisieren.

Kompass

Hier ist eine spezielle Kinderausführung nicht so sinnvoll. Zum Navigieren mit Karte eignen sich sogenannte Linealkompasse sehr gut. Sie haben eine durchsichtige Grundplatte mit Millimeterskala und Umrechnungshilfe für den Kartenmaßstab. Manchmal ist auch noch eine Lupe eingebaut.

Sonstige Abenteuerausrüstung

Notizbuch und Stifte
Ein Notizbuch kann zum Abenteuerprotokoll werden, außerdem bietet es Platz zum Malen, Schreiben oder Einkleben von Federn und Blättern.

Jutebeutel
Ein kleiner Beutel eignet sich hervorragend zum Sammeln von Waldschätzen oder Wildkräutern.

Hängematte
Mit einer Hängematte könnt ihr es euch draußen in null Komma nichts gemütlich machen. Es gibt Ein- und Zweipersonenmodelle.

Erste-Hilfe-Set
Wenn deine Kinder unterwegs gerne schnitzen, ist es ein absolutes Muss, aber auch sonst ist es praktisch, Pflaster, Wunddesinfektion und Zeckenzange immer dabeizuhaben.

FRÜHLING

OSTEREIERSUCHE IM WALD

Typ: Erlebnis | **Dauer:** mehrere Stunden | **Alter:** ab 2

Verlege die Ostereiersuche dieses Jahr doch mal in den Wald. Für Osterhasen ist es das reinste Versteckeparadies, und für deine Kinder wird die Eiersuche um einiges spannender. Lege dazu vorab einen überschaubaren Bereich fest, in dem deine Kinder nach den Geschenken des Osterhasen suchen. Die Versteckvielfalt ist im Wald wirklich riesig. Umso wichtiger allerdings, dass du dir die Verstecke gut merkst und am Ende überprüfst, ob auch alle Osterschätze gefunden wurden.

KONZERT IM MORGENGRAUEN

Typ: Pflanzen und Tiere | **Dauer:** mehrere Stunden | **Alter:** ab 0

Von Ende April bis Anfang Juni findet draußen jeden Morgen ein kostenloses Vogelkonzert statt. In dieser Zeit geben die Männchen alles, um mit ihrem Gesang ihr Revier abzustecken und Weibchen anzulocken. Wenn ihr bei dem Spektakel dabei sein wollt, müsst ihr allerdings früh dran sein: Die ersten Vögel legen schon 80 Minuten vor Sonnenaufgang los.[83] Immer in der gleichen Reihenfolge stimmen mit zunehmender Helligkeit weitere Arten in den Gesang ein. Irgendwann ist die Vielzahl der Stimmen in diesem Chor einfach überwältigend. Stellt euch den Wecker am besten so, dass ihr mindestens eine Stunde vor Sonnenaufgang draußen seid, oder verbringt die Nacht gleich unter freiem Himmel. So spart ihr euch die Anreise und könnt euch vom Gesang der Vögel wecken lassen.

EINE MAIFLÖTE BAUEN

Typ: Handwerken | **Dauer:** zwischendurch | **Alter:** ab 4

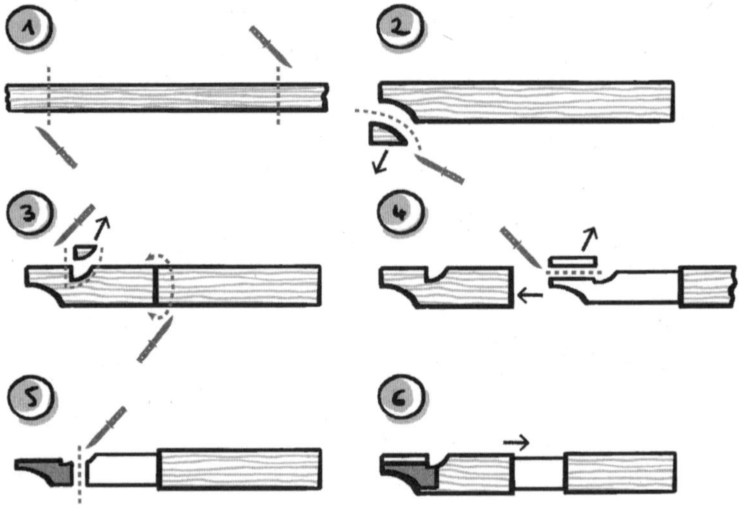

Die Maiflöte ist ein Musikinstrument, das du mit deinen Kindern nur im Frühjahr bauen kannst. Die Bäume müssen nämlich voll im Saft stehen, damit sie gelingt. Dann ist sie aber sehr einfach zu bauen, und ihr könnt darauf sogar verschiedene Töne spielen. Als Rohmaterial verwendet ihr am besten Weidenholz, alternativ geht es auch mit Ahorn. Weiden wachsen natürlicherweise da, wo es feucht ist: an Weihern, Seen, Bächen und Flüssen.

Material

Gartenschere
Schnitzmesser

So geht's

1. Schneidet mit der Gartenschere einen frischen, fingerdicken Weidenast ab. Ihr braucht ein circa zehn bis fünfzehn Zentimeter langes Stück, das möglichst frei von Triebwulsten ist.
2. Schnitzt für das Mundstück eine schräge, runde Kerbe ins Holz. Dabei entnehmt ihr gut die Hälfte des Astdurchmessers.
3. Auf der gegenüberliegenden Seite des Mundstücks schnitzt ihr leicht versetzt eine circa zwei bis drei Millimeter tiefe Kerbe für das Luftloch. Anschließend ritzt ihr die Rinde circa fünf Zentimeter weiter hinten rundherum ein. Im Folgenden müsst ihr die Rinde im Bereich des Mundstücks vom Kernholz abziehen. Damit das klappt, klopft mit dem Rücken eures Messers gleichmäßig und rundherum circa 30 Sekunden lang auf das Mundstück. Umschließt das Mundstück schließlich mit der Hand und dreht es mit einer kräftigen, aber behutsamen Drehbewegung ab. Wenn's nicht auf Anhieb klappt, klopft noch ein bisschen weiter, und probiert es einfach noch mal.
4. Legt die abgelöste Rinde vorsichtig beiseite und schnappt euch das Stück mit dem freigelegten, frischen Kernholz. Ausgehend von der Luftlochkerbe schnitzt ihr jetzt einen geraden Luftkanal nach vorne zum Mundstück.
5. An der tiefsten Stelle der Kerbe schneidet ihr das Mundstück ab (geht mit Messer und Gartenschere).
6. Dieses kleine Mundstückteil setzt ihr anschließend vorsichtig vorne in die hohle Rinde ein. Zum Schluss steckt ihr das Gegenstück von hinten in die Rinde. Indem ihr das hintere Stück hin und her bewegt, erzeugt ihr unterschiedliche Tonhöhen. Sucht euch die, die euch am besten gefällt und lasst die Maipfeife über Nacht trocknen.

WILDKRÄUTER FINDEN

Typ: Pflanzen und Tiere | **Dauer:** mehrere Stunden | **Alter:** ab 3

Material
Pflanzen-Bestimmungsbuch
Körbchen oder Jutebeutel

Eine Wildkräuterwanderung kannst du mit deinen Kindern ganz einfach selbst organisieren. Eine große Auswahl findet ihr dort, wo es ungedüngte Wiesen, Waldränder, Hecken und Gebüsch gibt.

Auch wenn du keinen blassen Schimmer von Wildkräuterbestimmung hast: Ihr werdet auf jeden Fall genügend Kräuter für ein Picknick mit selbst gemachtem Wildkräuterquark finden. Gänseblümchen, Brennnessel, Roter Klee, Sauerampfer, Spitzwegerich oder Löwenzahn – wenn du nur zwei, drei dieser Pflanzen kennst, reicht das als würzige Grundlage. Ansonsten macht es auch einfach Spaß, gemeinsam mit den Kindern über verschiedene Arten zu beratschlagen und sie mit Bildern in einem Bestimmungsbuch zu vergleichen. Wer weiß, vielleicht lernst du bei der Gelegenheit das ein oder andere von deinen Kindern?

SOMMER

BARFUSS WANDERN

Typ: Erlebnis | **Dauer:** mehrere Stunden | **Alter:** ab 1

Je nach Untergrund erfordert Barfußlaufen ein hohes Maß an Achtsamkeit und Konzentration. Alle, die schon mal mit der falschen Stelle einen spitzen Stein erwischt haben, können ein Lied davon singen. Dadurch seid ihr beim Barfußlaufen automatisch viel langsamer und bewusster unterwegs als mit Schuhen und nehmt auch andere Dinge im Umfeld viel aufmerksamer wahr. Jede Umgebung hat übrigens ihren besonderen Reiz: weicher Sand in einem Bach, flauschiges Moos und pieksiges Laub im Wald, warme, glatte Steine oder zartes Gras. Besuche für dieses Abenteuer mit deinen Kindern die unterschiedlichsten Orte und entdeckt sie ganz bewusst mit euren Füßen.

Wenn ihr Lust habt, baut euch draußen einen kleinen **Barfußpfad** aus den verschiedenen Materialien, die die Natur hergibt. Als Baumaterial eignen sich zum Beispiel Zapfen, Moos, Steine, Fichtennadeln, Gras, Sand, Rinde, Äste oder Matsch.

Barfußlaufen auf einem natürlichen Untergrund ist gleichzeitig eine tolle Fußmassage und richtig gesund: Die Muskulatur wird gestärkt, die Durchblutung gefördert, die Temperaturregulierung verbessert, und all das stärkt wiederum euer Immunsystem.

IN EINEN SEE SPRINGEN

Typ: Erlebnis | **Dauer:** mehrere Stunden | **Alter:** ab 0

Hältst du dich mit deiner Familie im Sommer am liebsten in der Nähe von Wasser auf? Einige deutsche Städte sind von einladenden Badeseen umgeben, anderswo muss man etwas genauer suchen. Im Sommer in einem See zu baden ist ein grandioses Naturerlebnis! Der steinige oder schlammige Grund, die Wasserpflanzen, Fische und ungechlortes, kühles Wasser gehören da natürlich dazu. Auch für Babys ist das eine wunderschöne Erfahrung – Babyschwimmen 2.0 sozusagen. Wenn ihr Glück habt, könnt ihr auch jede Menge Vögel, Frösche und Insekten beobachten und belauschen. Und fürs ultimative Freiheitsgefühl könnt ihr auch einfach mal nackig reinspringen: Viele Gewässer sind relativ einsam gelegen.

Badeseen findest du überall in Deutschland. Um einen in deiner Nähe aufzuspüren, benutze entweder eine Suchmaschine oder wirf mal einen Blick auf die Badegewässerkarte der Europäischen Umweltagentur*. Dort ist nicht nur die Lage der Gewässer verzeichnet, sondern auch ihre Wasserqualität.

* https://www.eea.europa.eu/themes/water/interactive/bathing/state-of-bathing-waters

EINE HÖHLE AUFSPÜREN

Typ: Erlebnis | **Dauer:** mehrere Stunden | **Alter:** ab 3

Material
Taschenlampen

Wenn die brütende Sommerhitze nicht mehr auszuhalten ist, ist eine Höhle der perfekte Ort für ein Abenteuer. Dort ist es immer angenehm kühl, und ihr könnt aufregende Erkundungen mit Taschenlampen anstellen. Manchmal sind sie sogar so tief, dass ihr erfahrt, wie es ist, im wahrsten Sinne des Wortes die Hände vor den Augen nicht mehr sehen zu können. Achtet nur darauf, nicht zu weit ins Dunkel hineinzugehen, damit ihr auch sicher wieder herausfindet. Viele Höhlen sind übrigens auch Orte spannender Sagen und Geschichten. Sie handeln von Einsiedlern, Herzogstöchtern und Goldschätzen. Wenn es zu eurer Höhle noch keine Legende gibt, dann hat einfach noch niemand deine Kinder gefragt. Sie kennen bestimmt die Legende, die sich hinter eurer Höhle verbirgt …

Um eine Höhle in eurer Nähe zu finden, empfehlen wir dir die App MAPS.ME. Sie beruht auf OpenStreetMap-Daten. Über die Suche »Höhle« werden dir alle auf der Karte verzeichneten Höhlen angezeigt.

MINI-CANYONING

Typ: Erlebnis | **Dauer:** mehrere Stunden | **Alter:** ab 4

Hast du mit deinen Kindern schon mal einen kompletten Bachlauf durchwandert? Im Sommer haben viele Bäche so wenig Wasser, dass ihr ein Mini-Canyoning daraus machen könnt, bei dem ihr euch komplett im Wasserlauf fortbewegt. Für die Kinder und euch wird es eine tolle Herausforderung, die Hindernisse zu meistern, die sich euch in den Weg stellen. Hier und da werdet ihr ein bisschen klettern müssen oder euch den Weg unter oder über umgefallene Bäume bahnen. Dadurch, dass ihr viel langsamer und mit einem anderen Blickwinkel unterwegs seid, werdet ihr garantiert die ein oder andere spannende Entdeckung machen. Je nach Untergrund könnt ihr dieses Abenteuer barfuß oder mit Wasserschuhen angehen. Steine, Sand, Schlamm und Algen barfuß zu erspüren, macht das Erlebnis dabei um einiges intensiver.

Um einen Bach für euer Mini-Canyoning zu finden, schau dir online die nahe gelegenen Touren der Outdoorportale an. Oft sind dort auch Wanderungen verzeichnet, die an schönen Waldbächen entlangführen. Sie sind ein guter erster Anhaltspunkt für euer Mikroabenteuer.

SCHNORCHELN IM SEE

Typ: Erlebnis | **Dauer:** mehrere Stunden | **Alter:** ab 5

Material
Tauchermaske
Schnorchel

Beim Schnorcheln könnt ihr unter Wasser eine ganze Welt erforschen, die normalerweise verborgen bleibt: geheimnisvolle Tiere, Pflanzen und Felsen warten dort auf euch. Dafür müsst ihr gar nicht zu weit entfernten Riffen aufbrechen, auch in unseren heimischen Seen gibt es Erstaunliches zu entdecken. Neben den Unterwasserlebewesen finden sich in manchen sogar versunkene Wracks, geflutete Unterwasserwälder oder Zeugen vom früheren Tagebau.

Prinzipiell könnt ihr überall schnorcheln, jedoch kann die Sicht stark variieren. Um einen See aufzustöbern, bei dem ihr etwas bessere Sicht habt, sucht am besten im Internet nach Tauchplätzen in eurer Gegend. Dort geht es zwar meistens ums Gerätetauchen, aber die Plätze sind in der Regel auch fürs Schnorcheln geeignet. Vielleicht gibt es auch eine Tauchbasis vor Ort, die euch weitere Informationen geben kann.

STERNSCHNUPPEN BESTAUNEN

Typ: Erlebnis | **Dauer:** mehrere Stunden | **Alter:** ab 3

Neben den Sternschnuppen, die hier und da vereinzelt am Himmel zu sehen sind, gibt es über das Jahr verteilt drei große Sternschnuppenströme. In diesen Zeiten könnt ihr die ganze Nacht über, vor allem aber in der Zeit kurz vor der Morgendämmerung, leicht mal 20 bis 50 Sternschnuppen pro Stunde bestaunen.[84]

- Die *Quadrantiden* fallen vom 28. Dezember bis 12. Januar und haben ihren Höhepunkt am 4. Januar.
- Die *Perseiden* fallen vom 17. Juli bis 24. August und haben ihren Höhepunkt am 12. August.
- Die *Geminiden* fallen vom 4. bis 20. Dezember und haben ihren Höhepunkt am 14. Dezember.

Um möglichst viele der verglühenden Meteore zu sehen, braucht ihr einen dunklen Ort. Dafür müsst ihr aber gar nicht in die dunkelsten Ecken der Republik reisen. Es reicht, wenn ihr euch ein paar Kilometer von der Stadt entfernt. Anhand einer Karte bekommst du einen guten Überblick über möglichst abgelegene Plätze mit guter Sicht in den Himmel. Erkundige dich vorab auch, wann der Mond auf- und untergeht, denn sobald er verschwunden ist, verbessert sich eure Sicht auf die Sterne. Und weil euch auch der schönste Sternenhimmel verborgen bleibt, wenn dicke Wolken davorhängen, wirf auch gleich noch einen Blick auf die Wettervorhersage.

Die *Perseiden* im August sind eine tolle Gelegenheit, euer Mikroabenteuer gleich mit einer ganzen Nacht unter freiem Himmel zu verbinden. Dann müsst ihr euch nur noch den Wecker auf die Zeit stellen, zu der der Mond untergeht und nach oben schauen. Und natürlich dürft ihr eure lange Liste mit Wünschen nicht vergessen!

HERBST

LATERNENWANDERUNG IM WALD

Typ: Erlebnis | **Dauer:** mehrere Stunden | **Alter:** ab 2

Material

Elektrischer Laternenstab
Juteschnur
Basteldraht
Schere
Zange

Im November finden vor allem im Süden Deutschlands überall Sankt-Martins-Umzüge statt. Mit selbst gebastelten Laternen geht's singend durch die Straßen, dem heiligen Martin und seinem Pferd hinterher. Am Ende warten ein großes Feuer und leckere Zuckerbrezeln.

Wie wär's, wenn ihr so eine Wanderung einfach mal in den Wald verlegt? Weil die Sonne im Winter schon so früh untergeht, könnt ihr die gemeinsame Laternen-Nachtwanderung sogar noch vor dem Abendessen erleben und zum Abschluss draußen zusammen essen. Zum Nachtisch gibt's warmen Kakao aus der Thermoskanne und süßes Gebäck. Eine ganz besondere Atmosphäre bekommt euer Abenteuer, wenn ihr euch noch zwei, drei andere Familien dazu einladet und eure Laternen draußen aus Naturmaterialien selber bastelt.

Was die Bauweise angeht, könnt ihr euch nach Lust und Laune austoben. Die Basis kann zum Beispiel ein würfelförmiges Grundgerüst aus dünnen Ästen sein, die ihr mit Draht verbindet. Als Dekomaterial eignet sich alles, was ihr im Wald so findet: Blätter, Früchte, Ästchen, Moos oder Rinde. Das befestigt ihr mit der Schnur an eurem Gerüst. Wie genau, entscheidet eure Fantasie. Benutzt aber bei dieser freien Bauart aus Sicherheitsgründen einen elektrischen Laternenstab statt einer Kerze.

EINE LAUBSCHLACHT ANZETTELN

Typ: Erlebnis | **Dauer:** zwischendurch | **Alter:** ab 2

Im Herbst haben die meisten Bäume schon ihr Laub verloren, und der Waldboden ist über und über mit bunten Blättern bedeckt. Die rascheln nicht nur schön, wenn ihr hindurchgeht, ihr könnt damit auch eine richtige Laubschlacht veranstalten.

Das Prinzip gleicht dem einer Schneeballschlacht: Ihr bewerft und verfolgt euch was das Zeug hält! Entweder jeder gegen jeden oder in Teams. Auch mit Laub kannst du übrigens »Einseifen«. Einmal angefangen, werden deine Kinder so schnell nicht mehr zu bändigen sein. Wenn ihr euch schließlich so richtig ausgetobt habt, probiert mal Folgendes: Deine Kinder legen sich mit dem Rücken auf den Boden und nach und nach bedeckst du ihre Körper mit Laub – bis nur noch das Gesicht herausschaut. Diese ruhige Laub-Meditation ist ein wunderschöner Abschluss nach so einem wilden Abenteuer.

MUNDRAUB BEGEHEN

Typ: Pflanzen und Tiere | **Dauer:** mehrere Stunden | **Alter:** ab 1

Das ultimative Upgrade für jedes Naturabenteuer ist, wenn ihr dabei auch noch Essen findet. Das ganze Jahr über gibt es schon leckere Wildkräuter, die ihr ernten könnt. Im Herbst aber könnt ihr euch draußen so richtig satt essen. Dann gibt es Äpfel und Birnen in Hülle und Fülle, aber auch Haselnüsse und Walnüsse warten darauf, verspeist zu werden.

Nein, natürlich dürft ihr nicht einfach auf privaten Grundstücken ernten gehen. Aber auch wenn ihr keinen eigenen Garten oder eine eigene Wiese habt, müsst ihr nicht darauf verzichten: Begeht einfach Mundraub! In Deutschland gibt es jede Menge Bäume, die auf öffentlichem Grund stehen und von denen ihr euch für den eigenen Bedarf bedienen dürft. Das Projekt www.mundraub.org hat sich genau darauf spezialisiert. Hier findet ihr viele Standorte von Obst- und Nussbäumen und -sträuchern in eurer Nähe. Wenn ihr das nächste Mal durch die Stadt geht, entdeckt ihr vielleicht noch weitere Leckereien auf öffentlichem Grund. Die könnt ihr direkt online eintragen und damit anderen eine Freude machen.

Keine Bäume in deiner Nähe gefunden? Dann kontaktiere doch das lokale Grünflächenamt und rege an, essbare Bäume und Sträucher zu pflanzen. An vielen Orten gibt es bereits Initiativen, die sich für essbare Städte einsetzen.

EIN MANDALA LEGEN

Typ: Erlebnis | **Dauer:** zwischendurch | **Alter:** ab 3

Mandalas sind bunte magische Bilder, die ursprünglich aus dem Hinduismus und Buddhismus stammen. Sie sind meistens rund und dabei immer auf den Mittelpunkt ausgerichtet. Traditionell sind sie nicht nur Dekoration, sondern haben oft auch eine tiefgründige Bedeutung. Der Herbst bietet mit seinem bunten Laub und den vielen Früchten die besten Voraussetzungen, um so ein Mandala im Wald zu erschaffen und als Familie zu Mandalakünstlern zu werden.

Zieht an einem trockenen Tag gemeinsam los, schwärmt aus und sammelt Naturschätze in den unterschiedlichsten Farben und Formen (zum Beispiel Blätter, Blüten, Moos, Stöckchen, Früchte und

Steine). Dann sucht euch eine freie Fläche, auf der ihr euer Herbst-Mandala gestalten wollt. Legt dort zuerst einen großen Kreis und füllt ihn nach und nach aus. Entweder ihr arbeitet gemeinsam am großen Ganzen, oder jedes Familienmitglied wird in einem bestimmten Teil des Kreises kreativ. So oder so: Du wirst staunen, wie fantasievoll und bunt euer Familien-Mandala am Ende aussieht und wie sehr sich die Kinder in die Gestaltung vertiefen können.

Bevor ihr es wieder der Natur überlasst, denke daran, noch ein Erinnerungsfoto zu machen.

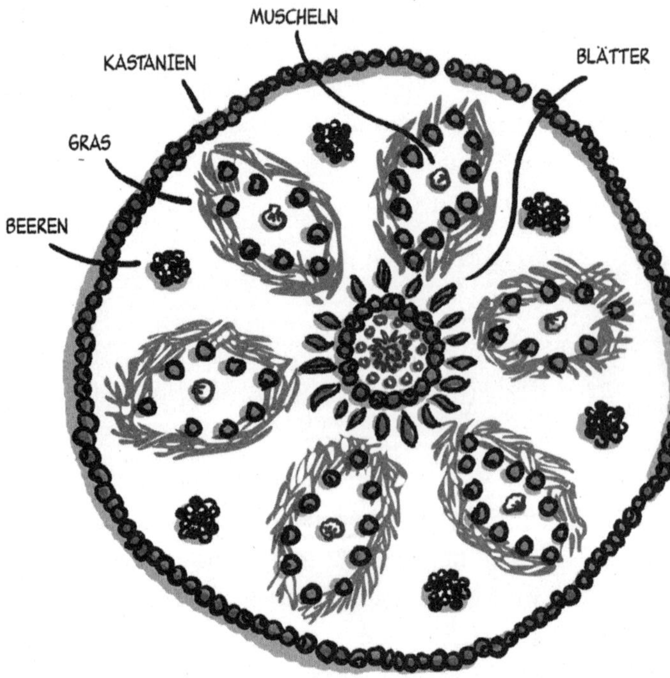

EINE PILZ-AUSSTELLUNG BESUCHEN

Typ: Pilze | **Dauer:** mehrere Stunden | **Alter:** ab 3

Material
Papier und Stifte (optional)

Im Herbst hat die Pilz-Ausstellung der Wälder Hochsaison. Besonders bei warmem, wechselhaftem Wetter sprießen die Pilze an jeder Ecke und sind dabei an Formen und Farben kaum zu übertreffen. Hier und da werdet ihr auch immer mal wieder essbare Pilze entdecken, anders als bei einer Pilzwanderung stehen sie bei diesem Abenteuer aber nicht im Mittelpunkt. Beim Besuch einer Pilzausstellung geht es vor allem ums Entdecken und Wahrnehmen. Ziehe mit deinen Kindern los in den Wald und haltet Ausschau nach allen möglichen Pilzen: Manche von ihnen wachsen an Bäumen, andere gut versteckt im dichten Laub. Wie viele verschiedene Farben könnt ihr finden? Welche Formen? Welche Unterschiede und Ähnlichkeiten weisen sie auf? Nun sucht euch einen Pilz, der euch besonders gut gefällt, und betrachtet ihn ganz genau, ohne ihn abzupflücken: Wie hoch ist er? Wie breit? Wächst er allein oder in einer Gruppe? Hat er Lamellen oder Röhren? Welche Form hat sein Hut? Welche Farbe? Wie riecht er? Wie fühlt er sich an?

Nehmt euch Zeit für diesen einen Pilz, überlegt euch, wie er heißen könnte. Gebt ihm einen Fantasienamen, der gut zu ihm passt. Und pack ruhig ein bisschen Papier und Stifte für dieses Ausbüx-Abenteuer ein, vielleicht haben deine Kinder Lust, den Pilz zu malen. In jedem Fall wird diese besondere Kunstausstellung zu einem unvergesslichen Ausflug.

Hinweis: Lass deine Kinder nur solche Pilze berühren, bei denen du ganz sicher bist, dass es sich nicht um einen Knollenblätterpilz handelt.

WINTER

WEIHNACHTSBAUM FÜR VÖGEL SCHMÜCKEN

Typ: Handwerken | **Dauer:** mehrere Stunden | **Alter:** ab 3

Material

20 trockene Zapfen (vorher ein paar Tage auf die Heizung legen, damit sie sich öffnen und das Futter in die Öffnungen passt)
500 g Pflanzenfett
300 g Samen und Körner (vor allem Sonnenblumenkerne, dazu Hirse, Haferflocken, Leinsamen, Erdnüsse)
Juteschnur
Mehrere kleine Löffel
Einige Äpfel
Taschenmesser

Wie wäre es, wenn ihr dieses Jahr den Weihnachtsbaum in seinem Zuhause im Wald besucht und dort dekoriert? Statt mit Lametta und Kugeln schmückt ihr ihn mit selbst gemachten Futterzapfen, Äpfeln und Nüssen für die Vögel. Die werden sich über das Festmahl freuen, und ihr könnt jederzeit wieder zu »eurem« Baum zurückkehren, wenn euch danach ist.

So werden die Futterzapfen gemacht:

1. Das Fett in einem Topf bei geringer Hitze schmelzen (nicht kochen).
2. Wenn das Fett geschmolzen ist, die Samen und Körner dazugeben und kräftig umrühren. Dann so weit abkühlen lassen, dass sich die Masse noch gut formen lässt.
3. Die Juteschnur an den Zapfen festknoten.

4. Die Zapfen mit der Futtermischung bestreichen. Dazu eignen sich kleine Löffel gut.
5. Anschließend euren Weihnachtsschmuck circa 30 Minuten abkühlen lassen, bis das Fett ausgehärtet ist.

Die Zapfen könnt ihr entweder zu Hause vorbereiten, oder ihr packt euch einen Campingkocher ein und verlegt die Herstellung gleich nach draußen.

Um die Äpfel sicher aufzuhängen, entferne mit einem Taschenmesser das Kerngehäuse so, dass du eine Schnur durchfädeln kannst. Wenn euer Schmuck fertig ist, gilt es noch, einen schönen Weihnachtsbaum auszusuchen und daran den Vögeln den selbst gemachten Schmuck zu präsentieren.

SCHNEESKULPTUREN

Typ: Handwerken | **Dauer:** mehrere Stunden | **Alter:** ab 2

Material
Wäschebox oder Eimer
Modellierwerkzeuge (Kelle, Sandschaufel und Löffel)
Bunte Holzkugeln (optional)
Grobe Bürste (optional)
Teelichter (optional)

Sobald der erste Schnee fällt, tauchen überall kleine und große Schneemänner auf. Aber warum nicht mal ein Schneeschwein, ein Schneekrokodil oder eine Schneeburg bauen?

Überlegt euch gemeinsam, welche Erkennungsmerkmale andere Figuren haben, die ihr auch mit Schnee, Steinen und Zapfen nachbauen könnt. Neben dem typischen Schneemann gibt es viele Tiere und Konstrukte, die du auch schon mit kleinen Kindern einfach modellieren kannst. Einen großen Schneehaufen könnt ihr ganz einfach in eine Kugelbahn verwandeln, auf der ihr bunte Holzkugeln bei ihrer Achterbahnfahrt beobachtet.

Ältere Kinder haben vielleicht schon Lust auf mehr Feinarbeit und Gestaltungsmöglichkeiten. Mit ihnen kannst du wie ein Bildhauer Skulpturen aus komprimierten Schneeblöcken herausarbeiten. Dafür braucht ihr eine große Wäschebox oder einen Eimer. Ladet den Behälter mit Schnee voll und drückt ihn darin fest. Anschließend stülpt ihr die Form um, und schon habt ihr euren Rohling. Daraus könnt ihr nun mit Kellen, Sandschaufeln und Löffeln eure Skulptur erschaffen. Für die Feinarbeit eignet sich eine grobe Bürste. Die fertige Skulptur könnt ihr nun noch nach Herzenslust mit Zweigen, Blättern, Steinen oder Zapfen verzieren.

Besonders schön hervorheben könnt ihr eure Kunstwerke, indem ihr Hohlräume für ein Teelicht darin einbaut. Die Kerzen werfen in der Dämmerung einen mystischen Schein durch den halb transparenten Schnee und verleihen dem Winterwald eine magische Stimmung.

VERFOLGUNGSJAGD IM SCHNEE

Typ: Erlebnis | **Dauer:** mehrere Stunden | **Alter:** ab 5

Wenn frischer Schnee gefallen ist, hinterlasst ihr unverkennbare Spuren darin. Jeder kann sehen, wo ihr langgelaufen seid… oder etwa nicht? Für diese Verfolgungsjagd braucht ihr einen Wald mit möglichst geschlossener Schneedecke. Teilt euch in zwei Gruppen auf: Die erste bahnt sich einen Weg durch den Winterwald und versucht dabei, ihre Spuren so gut es geht zu verwischen. Die zweite startet zehn Minuten später und hat die Aufgabe, die erste Gruppe aufzuspüren.

Um das Finden möglichst schwer zu machen, könnt ihr kreativ werden: Balanciert ein Stück auf einem Baumstamm, bewegt euch über das Eis auf einem Bach oder geht in schon vorhandenen Tierspuren. Vielleicht könnt ihr euch sogar etwas unter die Füße schnallen, was die anderen in die Irre führt?

Damit dieses Abenteuer funktioniert, vereinbart ihr einen fixen zeitlichen und räumlichen Rahmen. Legt ein Waldstück fest, das nicht verlassen werden darf, und besprecht, was zu tun ist, falls die zweite Gruppe der ersten nicht folgen kann. Wenn ihr nach der ersten Runde noch Power habt, dann tauscht und schlüpft in die jeweils andere Rolle.

Stelle bei diesem Abenteuer sicher, dass ihr euch unterwegs per Telefon verständigen könnt, falls die Verfolger die Spur verlieren.

RAUS AUS DEN KLAMOTTEN!

Typ: Erlebnis | **Dauer:** zwischendurch | **Alter:** ab 5

Diese Ausbüx-Idee klingt für dich wahrscheinlich erst mal total verrückt. Warum um alles in der Welt solltest du dich mit deinen Kindern mitten im Winter draußen nackig ausziehen? Gerade weil wir echte Kälte normalerweise lieber vermeiden, ist es ein besonders Erlebnis, unsere kuscheligen warmen Klamotten auch mal abzulegen.

Im einfachsten Fall zieht ihr die Schuhe aus und geht barfuß über den kalten Boden oder durch einen Bach. Fortgeschrittene werfen sich nackt in den Schnee und wälzen sich darin. Am besten tastet ihr euch langsam an dieses Abenteuer heran. Egal, wie viele Klamotten ihr auszieht, das Schöne daran ist, dass ihr euch ganz bewusst einer Empfindung aussetzt, die ihr sonst als eher unangenehm empfindet. Indem ihr euch darauf einlasst, werdet ihr schnell merken, wie intensiv und lebendig sich das anfühlen kann. Es holt euch garantiert voll und ganz ins Hier und Jetzt, und ihr werdet ordentlich was zu lachen haben.

Am besten lauft oder tobt ihr euch vorher ordentlich warm, damit ihr innerlich schön aufgeheizt seid. Außerdem solltet ihr genug Kleidung bereitlegen, um euch hinterher schnell aufwärmen zu können. Wenn ihr dann noch eine Thermoskanne mit heißem Tee eingepackt habt, kann nichts mehr schiefgehen.

REIN IN DEN MATSCH!

Typ: Erlebnis | **Dauer:** mehrere Stunden | **Alter:** ab 1

Material
Matschfeste Kleidung
Sandförmchen (optional)

Wenn der Schnee diesen Winter mal wieder auf sich warten lässt und die Tage stattdessen nasskalt sind, macht euch nichts draus! Wer braucht schon Schneeskulpturen, wenn ihr auch mit Matsch bauen könnt? Sucht euch für dieses Abenteuer einen Ort mit herrlichen Schlammpfützen – am besten solchen, in denen eure Schuhe fast stecken bleiben –, und dann geht's los: Häuser bauen, Tiere formen, Kuchen backen, Gesichter verzieren oder Bilder malen. Lasst euch vom Matsch inspirieren! Vielleicht müsst ihr ein paar Hemmungen fallen lassen, um so richtig ausgelassen zu panschen und zu suhlen. Aber wenn ihr dann eh schon total vermatscht seid: Wie wär's zum krönenden Abschluss mit einer Schlammschlacht?

DAS GANZE JAHR

WANDERSTOCK SCHNITZEN

Typ: Handwerken | **Dauer:** zwischendurch | **Alter:** ab 5

Material
Taschenmesser

Ein besonders schönes Andenken aus dem Wald ist ein selbst geschnitzter Wanderstock. Manchmal dauert es viele Tage, bis die Kleinen mit ihrem Werk zufrieden sind, aber am Ende verleiht er ihnen auf jeder Tour Superkräfte. Das Schnitzen ist außerdem ein fast meditatives Erlebnis, das euch als Familie näher zusammenbringt.

Sucht euch auf dem Waldboden einen stabilen, geraden Ast aus. Mit der Säge eures Taschenmessers kürzt ihr diesen so, dass er etwa vom Boden bis zur Achsel reicht. Nun gibt es zwei Möglichkeiten, euren Stock zu verzieren:

1. Am einfachsten ist es, wenn ihr die Rinde am Stock lasst und sie nur an bestimmten Stellen zur Verzierung wegschnitzt. Auf diese Weise könnt ihr zum Beispiel Punkte, Spiralen, euren Namen oder Zickzackmuster in die weiche Rinde schnitzen.
2. Noch langlebiger wird euer Wanderstock, wenn ihr die komplette Rinde vorsichtig entfernt. Danach schnitzt ihr eure Buchstaben, Muster und Verzierungen in das etwas härtere, helle Holz. Zu Hause könnt ihr den kahlen Stock noch mit Schmirgelpapier abschleifen und die Verzierungen bunt anmalen. Anschließend hängt ihr euren Wanderstock an einen luftigen Ort zum Trocknen und von nun an kann er euch auf zahlreiche Abenteuer begleiten.

KOMPASSNAVIGATION

Typ: Erlebnis | **Dauer:** mehrere Stunden | **Alter:** ab 6

Material

Kompass
Topografische Landkarte (1:50 000 oder 1:25 000)

Ausgestattet mit Kompass und Karte, braucht ihr keine vorgegebenen Pfade und Schilder mehr. Ihr bahnt euch euren Weg durch die Natur einfach selbst. Dadurch werdet ihr garantiert viel Neues in eurer Gegend entdecken. Das Navigieren mit Papierkarte und Kompass erfordert zwar ein bisschen Übung, aber mit zusammengesteckten Köpfen über der Karte zu hängen, um über die Route zu beratschlagen, macht einfach unglaublich viel Spaß.

1. **Eine Karte besorgen**
   Zuerst einmal braucht ihr eine topografische Karte, das heißt eine, auf der Höhenlinien eingezeichnet sind und ihr das Gelände erkennen könnt. Der Maßstab sollte 1:50 000 oder 1:25 000 betragen. Wir empfehlen die letztere Variante, weil sie viel mehr Details enthält und leichter zu lesen ist. In Deutschland findest du sehr gute Karten zum Beispiel beim Kompass-Verlag.

2. **Den Kompass benutzen**
   Kompasse gibt es in vielen verschiedenen Bauarten, aber das Herzstück bildet immer eine magnetische Nadel, die sich frei drehen kann. Das rote Ende zeigt dabei in Richtung Norden. Dreht euch nun so, dass ihr in Richtung der roten Nadel schaut. Jetzt ist also genau vor euch Norden. Rechts liegt entsprechend Osten, hinter euch Süden und links Westen.

3. **Herausfinden, wo ihr seid**
Als Erstes müsst ihr nun herausfinden, wo ihr euch befindet. Das geht am einfachsten, wenn ihr euer Abenteuer an einem leicht wiederzuerkennenden Ort startet, etwa an einer Bushaltestelle oder auf einem Wanderparkplatz. Sucht den Ort auf eurer Karte und merkt ihn euch. Falls ihr den Ort partout nicht findet, schaut zu Beginn einmal kurz auf die Handykarte.

4. **Das Ziel bestimmen**
Bevor es losgeht, müsst ihr euch noch überlegen, wo es hingehen soll. Lasst euch Zeit damit, die Karte zu erkunden. Sie zeigt euch, wo sich Wälder und Weiden befinden, wo Berge und Täler liegen und wo Bäche verlaufen. Außerdem enthält sie spezielle Symbole für Schutzhütten, Aussichtspunkte, Quellen und anderes. Gibt es da vielleicht eine Lichtung mitten im Wald? Eine Felskante oder einen Gipfel ohne Zuweg? Schaut auf die Karte und entscheidet, was euch anlockt. Achtet dabei darauf, dass ihr euer Ziel von der Entfernung her gut erreichen könnt, und denkt daran, dass ihr auch wieder zurückgehen müsst.

5. **Die Karte ausrichten**
Wenn ihr euer Ziel bestimmt habt, legt den Kompass flach auf die Karte und dreht diese so, dass sie in Richtung der roten Kompassnadel ausgerichtet ist. Jetzt ist eure Karte tatsächlich nach Norden ausgerichtet. Das heißt, wenn die Karte nun vorgibt, dass ihr links abbiegen sollt, müsst ihr auch tatsächlich nach links gehen. Der Verlauf der Wege und Gewässer stimmt jetzt mit dem überein, was ihr vor euch seht.

6. **Den Weg finden**
Um euer Ziel zu erreichen, müsst ihr die Abbildungen auf der Karte mit dem abgleichen, was ihr tatsächlich seht. Markante Geländepunkte wie Gipfel, Täler oder Bauwerke helfen euch

dabei. Anhand der Höhenlinien erkennt ihr, wo steile Hänge liegen. Auch Wiesen und Wälder könnt ihr anhand der Karte unterscheiden.

Damit ihr nicht dauernd mit den Köpfen über der Karte hängt, sucht euch Dinge, an denen ihr euch eine gewisse Zeit lang orientieren könnt. Das kann zum Beispiel ein Bach sein, dem ihr bis zu einem bestimmten Punkt folgt, oder eine Felskante, an der ihr entlanggeht. Gut geeignet zum Navigieren sind auch menschengemachte Strukturen wie Hochspannungsleitungen, Bahnlinien oder Zäune.

Je nachdem, welches Ziel ihr ausgesucht habt, kann es trotzdem ganz schön knifflig zu finden sein. Also nicht verzagen, falls ihr es nicht erreicht. Bestimmt habt ihr auch so ganz viel entdeckt – und für das nächste Mal seid ihr durch dieses Abenteuer schon ein Stück erfahrener.

EINEN GIPFEL ERKLIMMEN

Typ: Erlebnis | **Dauer:** mehrere Stunden | **Alter:** ab 2

Um einen Berggipfel zu besteigen, musst du nicht in der Nähe der Alpen wohnen. Für dieses Mikroabenteuer laden wir euch ein, das Wort »Gipfel« mal anders zu definieren. Auch wenige Hundert Meter hohe »Berge« können zu verlockenden Ausblicken führen, und ihre Besteigung fühlt sich an wie ein echtes Abenteuer. Wenn du mit deinen Lieben oben noch ein improvisiertes Gipfelkreuz aus Zweigen errichtest und ihr heldenhafte Fotos daneben macht, werdet ihr keinen Unterschied mehr zu Feldberg, Zugspitze & Co. ausmachen können. Denkt auch unbedingt daran, euch zur Belohnung eine zünftige Bergsteigerbrotzeit einzupacken.

Um die höchste Erhebung rund um euer Zuhause zu finden, suche im Internet nach »Höchste Erhebung« und setze den Namen deiner Stadt dahinter. So stößt du in Köln zum Beispiel auf den sagenumwobenen *Monte Troodelöh* mit seinen unbarmherzigen 118 Metern über dem Meeresspiegel. Hier gibt es sogar ein Gipfelbuch, in das sich unerschrockene Bergsteiger eintragen können.

Wenn ihr das Glück habt, einen Gipfel ganz in der Nähe zu haben, kannst du ein besonderes Mikroabenteuer mit deinen Kindern erleben: Steigt vor Sonnenaufgang zur Gipfelaussicht auf, und begrüßt dort oben bei einem leckeren Frühstückspicknick die aufgehende Sonne. Für dieses unvergessliche Erlebnis lohnt sich auch mal ein Frühstart.

LIEBLINGSPLATZ SUCHEN

Typ: Erlebnis | **Dauer:** mehrere Stunden | **Alter:** ab 3

Sucht euch gemeinsam euren persönlichen Lieblingsplatz in der Natur. Einen Ort, der für euch besonders ist, an dem ihr gerne verweilt, der zum Picknicken einlädt und der für euch gut erreichbar ist. So ein Ort kann für euch zu einem zweiten Zuhause werden, ihr könnt ihn als gemeinsames Geheimnis hüten und als Kraftquelle für eure Familie betrachten – bei jedem Wetter und zu jeder Jahreszeit.

Solche Plätze gibt es überall! Begebt euch in die Natur rund um euer Zuhause, seid unterwegs offen für das, was ihr seht, und schaut euch aufmerksam um. Traut euch, die Wege auch mal zu verlassen und an einer vielversprechenden Stelle in verschiedene Richtungen auszuströmen, um euren gemeinsamen Lieblingsplatz zu finden. Hier ein paar Beispiele für solche Lieblingsplätze in der Natur: Aussichtspunkte, Bachläufe, mächtige alte Bäume, besonders geformte Felsen, Waldlichtungen oder versteckte Plätze am Seeufer.

EINEN KLETTERBAUM FINDEN

Typ: Erlebnis | **Dauer:** mehrere Stunden | **Alter:** ab 3

Bist du früher auch auf Bäume geklettert, hast es geliebt, in einer bequem geformten Astgabel zu sitzen und die Aussicht zu genießen? Durchströmt von dem stolzen Gefühl, aus eigener Kraft und Überwindung so weit oben gelandet zu sein? Überzeugt davon, dass dich dort kein Erwachsener sehen kann, du aber den Überblick über alles hast?

Bewegung ist für Kinder ein absolut natürliches Bedürfnis, da gehört auch Klettern dazu. Macht doch mal einen gemeinsamen Ausflug mit dem konkreten Ziel, einen richtig schönen Kletterbaum zu finden! Deine Kinder werden es lieben, und auch du darfst dem Sog deiner Kindheitserinnerungen nachgeben und hochklettern. Gute Chancen, einen Kletterbaum aufzuspüren, habt ihr in Laubwäldern mit Eichen, Hainbuchen, Kastanien oder Linden. Besonders schön fühlt sich das Baumklettern übrigens an, wenn ihr dafür die Schuhe auszieht. Barfuß klettert ihr automatisch achtsamer und sicherer. Achtet aber darauf, dass ihr nur auf gesunde, stabile Bäume kraxelt und dass immer ein Erwachsener am Boden bleibt.

WÜRFELKOMPASS

Typ: Erlebnis | **Dauer:** mehrere Stunden | **Alter:** ab 5

Material
Würfel

So oft bleiben wir auf den Wegen, die wir schon kennen. Bei diesem Abenteuer könnt ihr euch entspannt zurücklehnen und die Leitung abgeben: Der Würfel entscheidet über den Weg.

Packt euch einen Würfel ein, und legt fest, welche Zahlen für welche Richtung stehen. Dann »befragt« ihr ihn jedes Mal, wenn ihr an eine Kreuzung kommt. Widersteht dem Reiz, zwischendurch auf dem Smartphone zu überprüfen, wo ihr euch befindet. Auf diese Weise könnt ihr dieses Abenteuer noch unvoreingenommener erleben. Der Würfelkompass ist nicht nur eine tolle Möglichkeit, neue Gegenden zu entdecken, er nimmt dir auch die Verantwortung, dauernd Entscheidungen treffen zu müssen.

EINE HÄNGEMATTE IM WALD AUFHÄNGEN

Typ: Erlebnis | **Dauer:** zwischendurch | **Alter:** ab 1

Material
Hängematte mit Befestigungs-Set

Eine Hängematte gehört für uns fast schon zur Standard-Abenteuer-Ausrüstung dazu. Viele Modelle sind so klein und leicht, dass du sie einfach immer dabeihaben kannst, wenn ihr draußen unterwegs seid. Und wenn es sich anbietet und ihr Lust auf eine kleine Siesta habt, hängt euch unter die Baumkronen. Die Hängematte bietet euch die Möglichkeit, es euch zwischendurch im Wald überall gemütlich zu machen und zu verweilen. Manchmal lädt eine Hängematte kleine Kinder aber auch zum Herumtoben statt zum Entspannen ein. Bleib bei Kindern unter drei Jahren deshalb immer in der Nähe der Matte und hänge sie so niedrig, dass es auch nicht allzu schlimm ist, wenn dein Kind doch einmal rauspurzelt. Ältere Kinder genießen es, auch alleine in einer Hängematte zu schaukeln und zu träumen. Eine Hängematte pro Familienmitglied ist aber nicht nötig: Unserer Erfahrung nach bringen eine oder zwei Doppelhängematten schon genügend Spaß und Erholung für zwischendurch.

Achte beim Befestigen der Hängematten an Bäumen unbedingt darauf, ein Befestigungs-Set mit breiten Bändern zu verwenden, um den Bäumen keine Schäden am Stamm zuzufügen.

EIN ZUHAUSE IM WALD BAUEN

Typ: Handwerken | **Dauer:** mehrere Stunden | **Alter:** ab 3

Material
Juteschnur
Taschenmesser

Sucht euch für dieses Mikroabenteuer ein Waldstück, in dem viel Totholz herumliegt, und baut euch dort ein gemütliches, verstecktes Zuhause. Richtig stabil wird eure Waldhütte, wenn ihr zunächst ein Grundgerüst anlegt, alles Weitere bleibt der Fantasie deiner Kinder überlassen. Laub, Moos, Zweige, Erde – für die Gestaltung eignet sich alles, was der Waldboden hergibt. Vielleicht geht ihr sogar so weit, dass ihr euren Unterschlupf mit Möbeln, einem flauschigen Moos-Regenschutz oder einem kleinen Kräutergarten ausstattet? Nimm als Hilfsmittel auf jeden Fall ein Knäuel biologisch abbaubare Juteschnur mit. Damit könnt ihr die Basiskonstruktion stabilisieren, aber eben auch dekorieren und verschönern.

Für dieses Abenteuer lohnt es sich, viel Zeit einzuplanen. Einmal angefangen, können sich Kinder stunden- und tagelang in den Hüttenbau vertiefen. Besonders viel Spaß macht es natürlich, mit mehreren Kindern zu bauen und immer wieder zurückzukehren.

QUERFELDEIN-EXPEDITION

Typ: Erlebnis | **Dauer:** mehrere Stunden | **Alter:** ab 3

Wenn ihr bisher hauptsächlich auf Wegen unterwegs wart, wird es höchste Zeit, mal eine Querfeldein-Expedition zu starten. Dazu erteilt ihr euch ein selbst ernanntes Wegeverbot und durchstreift Wiesen und Wälder ausschließlich querfeldein. Das ist besonders spannend in Gegenden, die ihr eigentlich schon gut kennt: Durch dieses Mikroabenteuer könnt ihr sie völlig neu kennenlernen. Welchen Hindernissen begegnet ihr auf eurem Weg? An manchen Stellen müsst ihr bestimmt unerwartete Umwege machen oder euch gegenseitig helfen, damit ihr sie bewältigt. Mit Sicherheit entdeckt ihr auf dem Weg auch Dinge, die euch vorher noch nie aufgefallen sind. Vielleicht lockt euch spontan ein bestimmtes Ziel? Eine Anhöhe, ein Fels oder ein Bach?

Denke nur daran, dich für dieses Abenteuer vorab über mögliche Naturschutzgebiete zu informieren. Sehr oft dürfen dort die Wege nicht verlassen werden.

BLIND DURCH DIE NATUR

Typ: Erlebnis | **Dauer:** zwischendurch | **Alter:** ab 3

Material
Augenbinden

In der Natur werden all unsere Sinne angeregt und berührt. Wir fühlen den Wind auf unserer Haut, riechen Blüten und Erde, schmecken die ein oder andere Beere am Wegesrand, sehen und hören das Rascheln der Blätter und das Zwitschern bunter Singvögel. Aber gerade im Alltag sind wir es gewohnt, uns sehr stark nur auf unsere Augen und das, was wir sehen, zu verlassen. Gerade deshalb ist es so spannend, genau diesen Sinn mal auszuschalten und die Welt blind zu erleben.

Besonders intensiv ist diese sinnliche Erfahrung an einem schönen Platz in der Natur. Tut euch paarweise zusammen und verbindet eurer Partnerin die Augen. Nun führt ihr die blinde Person an den Schultern langsam zu verschiedenen Dingen und Orten, die sie ausgiebig tasten, riechen, hören – und ja, auch schmecken – darf. Als Führender gehst du einfach deinem Gefühl nach und »zeigst«, wonach dir ist und was du dir spannend vorstellst. Nach etwa fünf Minuten nehmen die »Blinden« ihre Augenbinde wieder ab und dürfen von ihren Ein-

drücken erzählen. Vielleicht erkennen sie die verschiedenen Orte auch wieder? In der Regel verläuft dieses kleine Abenteuer mit Kindern unter einigem Gekicher und wildem Durcheinandererzählen. Lade sie aber auch mal dazu ein, während des Erlebnisses ganz ruhig zu bleiben. Dadurch werden die Sinneserfahrungen noch stärker.

Besonders interessant wird es auch, wenn die Kinder die Führung übernehmen. Du darfst darauf vertrauen, dass sie auf dich achtgeben, und gespannt darauf sein, was für besondere Orte sie dir zeigen werden.

WALDSCHÄTZE FINDEN

Typ: Erlebnis | **Dauer:** zwischendurch | **Alter:** ab 2

Material
Jutebeutel, Tupperdosen oder Eierkartons

Der Wald beherbergt unzählige kleine Schätze: Schneckenhäuser, bunte Federn, glatte Bachkiesel – sie alle warten darauf, von dir und deinen Kindern entdeckt zu werden. Für dieses Abenteuer werdet ihr also zu Waldpiraten auf der Suche nach den Schätzen der Natur. Im einfachsten Fall schwärmt ihr einfach aus und sucht Dinge, die euch besonders gut gefallen. Alles, was ihr braucht, ist eine kleine Tasche oder eine Tupperdose, in der ihr die Schätze sammeln könnt. Auch kleine Eierkartons eignen sich perfekt für diese Schatzsuche: Darin bekommt jeder Schatz einen eigenen und sicheren Platz.

Wenn deine Kinder noch ein wenig mehr Anleitung brauchen, kannst du vorab eine Liste von Schätzen vorbereiten, die sie finden sollen. Darauf können konkrete Dinge, wie »eine Feder« stehen, aber auch offen formulierte, wie »etwas Spitzes« oder »etwas Blaues«.

Welche Schätze habt ihr gefunden? Lass deine Kinder die schönsten aussuchen und mit nach Hause nehmen. Dort kannst du ihnen helfen, eine kleine Ausstellung zu veranstalten, sodass die Funde von allen bewundert werden können.

Achtung! Keine Pilze und Beeren sammeln lassen – sie könnten giftig sein.

EINE NACHTWANDERUNG MACHEN

Typ: Erlebnis | **Dauer:** mehrere Stunden | **Alter:** ab 3

Material

Taschenlampen

Suche dir für dieses Abenteuer eine Stelle aus, die du schon kennst, und geh nach Sonnenuntergang mit deinen Kindern dorthin. Wenn ihr euch bisher immer mit Taschenlampen den Weg durchs Dunkel gebahnt habt, probiert mal aus, wie es ist, sie auszuschalten. Es dauert einen Moment, bis sich unsere Augen an die Dunkelheit gewöhnen, aber ihr werdet staunen, wie gut ihr euch nach einer Weile auch ohne Taschenlampe zurechtfindet.

Bleibt dicht beisammen und werdet ganz ruhig. Was nehmt ihr noch wahr? Woher dringt noch Licht in den Wald? Seht ihr den Mond, die Sterne, Lichter der Stadt? Welche Geräusche hört ihr, wie riecht es, was spürt ihr auf der Haut? Jetzt, in der Dunkelheit, habt ihr auch die Chance, Tiere zu sehen und zu hören, die sich tagsüber versteckt halten. Fledermäuse flattern auf der Jagd nach Insekten über eure Köpfe hinweg, und der Ruf des Waldkauzes hallt schaurig-schön durch den Wald.

AUF MÜLL-JAGD GEHEN

Typ: Erlebnis | **Dauer:** zwischendurch | **Alter:** ab 3

Material

Müllbeutel
Handschuhe

Egal, wo wir unterwegs sind – wir finden auf fast allen Wanderungen irgendwelchen Müll. Deshalb nehmen wir inzwischen immer eine Mülltüte mit und sammeln ein, was andere liegen lassen. Interessanterweise macht uns das meistens sogar richtig Spaß. Vielleicht weckt es eine Art Sammeltrieb, vielleicht ist es auch das befriedigende Gefühl, einen Ort sauberer zu hinterlassen, als wir ihn vorgefunden haben.

Macht doch einfach ein Spiel daraus und schaut, wer am meisten findet. Verteile dazu vorher Müllbeutel und Handschuhe an deine Kinder. Am ergiebigsten ist das Sammeln meistens am Wasser, aber auch entlang beliebter Wanderwege findet sich so einiges. Wer hat am Ende den vollsten Beutel? Schon indem ihr jedes Mal ein bisschen was mitnehmt, könnt ihr einen großen Beitrag zu saubereren Wäldern leisten. Das Großartige ist nämlich: An müllfreien Orten wird anschließend weniger weggeworfen als an zugemüllten.

WALD-SCHNITZELJAGD

Typ: Erlebnis | **Dauer:** mehrere Stunden | **Alter:** ab 4

Material
Schatz (optional)

Je nach Alter deiner Kinder kannst du eine Schnitzeljagd unterschiedlich gestalten: Für kleinere Kinder (vier bis sechs Jahre) ist eine Schnitzeljagd mit Schatzsuche am besten geeignet. Dafür bereitest du auf einer bestimmten Strecke (circa zwei Kilometer) Stationen vor, an denen die Kinder Rätsel lösen oder Aufgaben erfüllen müssen, und versteckst am Ende der Strecke einen kleinen Schatz. Folgende Aufgaben könnten die Kinder an den Stationen zum Beispiel erwarten: ein Lied singen, auf einem Bein hüpfen, etwas balancieren.

Bei Kindern ab sieben Jahren kommt auch die klassische Variante der Schnitzeljagd gut an. Dafür teilt ihr euch in eine Verstecker- und eine Verfolgergruppe. Die Verstecker markieren einen Weg vom Start bis zum Ziel (Irrwege sind erlaubt), und die Verfolger müssen die Verstecker aufspüren. Damit sie genügend Zeit zum Spurenlegen haben, bekommen die Verstecker einen Vorsprung von etwa 15 Minuten. Zum Markieren können sie zum Beispiel Pfeile aus Ästen legen, Steine stapeln oder Hinweise in den Boden ritzen.

Je mehr Familien mitmachen, desto spannender wird dieses Abenteuer, aber auch in kleineren Gruppen könnt ihr aus einer Schnitzeljagd ein waschechtes Mikroabenteuer machen.

LÖFFEL-EXPEDITION

Typ: Erlebnis | **Dauer:** mehrere Stunden | **Alter:** ab 5

Material
Löffel
Papier-Landkarte

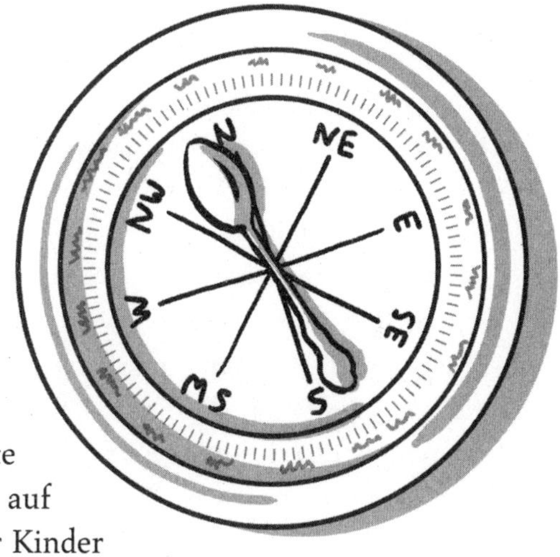

Bei dir zu Hause gibt es nichts Neues mehr zu entdecken? Wetten, dass doch? Lasst einfach mal den Zufall bestimmen, wo es hingeht. Dafür braucht ihr nur einen Löffel und eine Landkarte eurer Gegend. Lege die Karte auf den Boden, und lass eines der Kinder mit geschlossen Augen den Löffel darauf fallen. Dort, wo die Spitze hinzeigt, liegt das Ziel eurer Expedition. Das kann ein Fleckchen Wald sein, eine Wiese, ein steiler Hang oder auch ein Industriegebiet. Letzteres würden wir euch trotz aller Offenheit für neue Orte nicht empfehlen. In diesem Fall löffel-orakelt einfach noch mal. Macht es zu eurer Mission, dieses Ziel zu erreichen und zu erkunden. Jede Wette, dass allein der Weg dorthin schon zum reinsten Abenteuer wird.

ZU FUSS ZU OMA UND OPA

Typ: Erlebnis | **Dauer:** mehrere Stunden | **Alter:** ab 2

Oft braucht es nur einen kleinen Anlass, um ein Mikroabenteuer zu erleben. Das kann auch der Besuch bei Oma und Opa sein: Das nächste Mal fahrt ihr nicht mit dem Auto oder Zug zu ihnen, sondern geht stattdessen zu Fuß oder nehmt die Fahrräder. Es macht so viel Freude, ein bekanntes Ziel aus eigener Kraft zu erreichen. Plötzlich müsst ihr neu überlegen, welche Route ihr nehmt, bekommt ein Gefühl für die Entfernung und seht die Landschaft auf dem Weg mit ganz anderen Augen.

Falls die Großeltern zu weit weg wohnen, könnt ihr das Abenteuer natürlich auch mit einem Besuch bei anderen Verwandten oder Freunden verbinden. Oder ihr steigt zum Beispiel eine Bahnstation vorher aus und macht euch von dort auf den Weg. Das Beste an diesem Abenteuer: Nach so einer Tour schmeckt der Begrüßungskuchen gleich doppelt so gut!

VERSTECKEN SPIELEN IM WALD

Typ: Erlebnis | **Dauer:** zwischendurch | **Alter:** ab 3

Verstecken zu spielen ist eine der besten Möglichkeiten, einen Ort im Wald ausgiebig zu erkunden. Denn wenn du unentdeckt bleiben willst, musst du dir deine Umgebung genau anschauen: Ist der Stamm wohl dick genug, um dahinter zu verschwinden? Kann ich mich mit Blättern und Zweigen tarnen? Sieht man mich noch, wenn ich mich in einer Mulde ganz klein mache? Und in der Zeit, in der du dann schweigend und gespannt darauf wartest, gefunden zu werden, entdeckst du Käfer, Spinnennetze, Blüten oder Schmetterlinge – lauter kleine Schätze eben.

Vereinbare mit deinen Kindern vorab einen Bereich, in dem das Versteckspiel stattfindet. Gesucht wird reihum oder in wechselnden Teams. Nach ein paar Runden werdet ihr nicht nur jede Menge Verstecke kennen, sondern auch viele Entdeckungen gemacht haben, die euch am Weg nie begegnet wären.

FÜHRUNG WECHSEL DICH!

Typ: Erlebnis | **Dauer:** mehrere Stunden | **Alter:** ab 3

Bei diesem Abenteuer übernehmt ihr im Wechsel die Führung und bestimmt jeweils, wo die Gruppe langgeht. Alle Erwachsenen und Kinder kommen einmal an die Reihe. Das Besondere daran? Ihr sprecht euch vorher nicht ab. Eine von euch hat vielleicht Lust, einem Bächlein zu folgen, der Nächste geht schnurstracks den Berg hinauf, um die Felsen dort zu erforschen. Danach geht's vielleicht über Baumstämme balancierend weiter oder robbend unter Hindernissen hindurch. Lasse deine Kinder dabei unbeeinflusst entscheiden: Der oder die Führende entscheidet ganz intuitiv, wo es hingehen soll, und alle anderen folgen. Vereinbart vorher einen Zeitraum, nach dem abgewechselt wird – zum Beispiel alle 15 Minuten. Wo ihr am Ende landet und was ihr entdeckt, bleibt bei diesem Abenteuer eine Überraschung.

ES FÄHRT EIN ZUG NACH IRGENDWO

Typ: Erlebnis | **Dauer:** mehrere Stunden | **Alter:** ab 5

Material

Würfel
Länderticket
Papier-Landkarte (optional)

Bei diesem Abenteuer wird's richtig spannend! In einem zufällig ausgewählten Zug erfahrt ihr erst kurz vor knapp, wo euer Ziel liegt. Und das geht so: Zu Hause würfelt ihr aus, welches Gleis ihr nehmt. Dann geht's ab zum Bahnhof, und mit einem Länderticket in der Tasche steigt ihr in die erste Regionalbahn, die ihr auf eurem Gleis erwischt, denn die bringt euch auch in die kleinen, naturnahen Örtchen. Im Zug entscheidet wieder der Würfel: Werft ihn dreimal und addiert die Anzahl der Augen, um zu erfahren, an welcher Station ihr aussteigt. Übersteigt das Würfelergebnis die Anzahl der Haltestellen, würfelt ihr noch mal.

Wenn ihr an eurer Haltestelle angekommen seid, macht es zu eurer Mission, diesen Ort zu erkunden. Vielleicht sind schon am Bahnhof Ziele ausgeschildert, die ihr ansteuern möchtet, zum Beispiel ein See, ein Gipfel oder ein Tal. Wenn du eine Landkarte eingepackt hast, werft auch mal einen Blick darauf. Oder wendet euch an die Menschen vor Ort: Sprecht sie an und lasst euch ein Ziel empfehlen. Spannende Natur gibt es überall zu entdecken, und bei diesem Mikroabenteuer kommt garantiert keine Langeweile auf!

AUSGESETZT

Typ: Erlebnis | **Dauer:** mehrere Stunden | **Alter:** ab 7

Material

Einen lieben Menschen
Kompass
Papier-Landkarte (Maßstab 1:50 000 oder 1:25 000)

Dieses Mikroabenteuer stellt eure Navigations- und Outdoorkenntnisse richtig auf die Probe! Mit verbundenen Augen werdet ihr an einem unbekannten Ort ausgesetzt und müsst den Weg zurück in die Zivilisation finden. Damit das funktioniert, seid ihr als Team gefragt.

Ihr braucht dafür einen Kompass, eine Papier-Landkarte und einen lieben Menschen, der bereit ist, diesen Ort für euch auszusuchen, euch dorthin zu bringen und als Telefonjoker zur Seite zu stehen. Nachdem ihr ausgesetzt wurdet, müsst ihr mithilfe der Karte herausfinden, wo ihr seid. Sucht euch einen Punkt mit guter Aussicht und haltet nach markanten Gipfeln, Felsen, Tälern oder Bauwerken Ausschau, die auch auf der Karte eingezeichnet sind. Dieses erste Orientieren ist mit die kniffligste Aufgabe des ganzen Abenteuers. Manchmal sind in dem Fall gerade die aufmerksamen Augen deiner Kinder hilfreich. Erst wenn ihr gar nicht weiterwisst, dürft ihr euch am Telefon einen Tipp erfragen.

Vereinbart mit eurer Vertrauensperson vorab den Rahmen für dieses Abenteuer. Wie viel Strecke sollte es maximal zu Fuß sein? Verbringt ihr unterwegs eine Nacht in der Natur? Welches Ziel gilt es zu erreichen: euer Zuhause, einen Bahnhof oder einen Parkplatz, an dem ihr abgeholt werdet?

Der Aufwand für dieses Mikroabenteuer ist dadurch zwar ein bisschen höher, das Wildnisgefühl, das euch währenddessen überkommt, dafür umso intensiver.

WALDKONZERT VERANSTALTEN

Typ: Erlebnis | **Dauer:** zwischendurch | **Alter:** ab 1

Material
Juteschnur
Taschenmesser
Becher (optional)

Für ein Waldkonzert werdet ihr selbst zu Musikern und baut euch eure Instrumente aus Stöcken, Zapfen, Steinen, Nüssen oder Rinde. Eurer Fantasie sind dabei keine Grenzen gesetzt. Zur Inspiration hier ein paar Ideen:

- Zwei aufeinandergeschlagene Stöcke werden zu **Klangstäben**.
- Eicheln oder Steine in einem Becher ergeben eine wunderbare **Rassel**.
- Stöcke unterschiedlicher Größe auf zwei langen Querstreben abgelegt erschaffen ein **Xylofon**.
- Ein Haselstock mit eingeschnitzten Rillen wird zum **Ratschfrosch**.
- Bringt den Ast einer Hasel mit einer Schnur auf Spannung. Voilà: eine **Waldgitarre**.

Dieses Konzert funktioniert ohne Noten: Spielt einfach drauflos und lasst euch vom Rhythmus treiben. Viel Spaß beim Komponieren eurer eigenen Waldsymphonie.

Ausbüx-Küche

JANA

Es ist ein windiger und kühler, aber sonniger Samstag im Februar. Zu Hause hat mal wieder alles länger gedauert als geplant, und es ist schon spät am Vormittag, als wir die Stufen zu dem Pfad in den roten Sandsteinfelsen bei Trier aufsteigen. Aufgeregt patscht der Kleine mit seinen Händen auf Paddys Kopf herum. Aus der Kraxe heraus hat er von uns dreien die beste Aussicht über die Stadt. Vor einer knappen Stunde sind wir losgezogen, und nun liegt der Wald direkt vor uns. Knorrige Kiefern trotzen hier oben dem Wind. Durch ihre lichten Kronen schickt die Sonne unermüdlich ihre wärmenden Strahlen, als wollte sie versuchen, damit den Wind zu vertreiben, der uns unaufhörlich um die Ohren saust. Es ist wunderschön, aber auch verdammt ungemütlich hier oben. Auf einer Picknickbank breiten wir in der Sonne unsere Isomatte aus. Während der Kleine gleich auf Tuchfühlung mit Laub, Stöcken und Erde geht, entscheiden wir, dass es höchste Zeit für ein vorgezogenes Mittagessen ist. In eine unserer Trinkflaschen hatten wir zu Hause Kartoffelsuppe abgefüllt und dazu noch frisches Brot eingepackt. Eigentlich war die Suppe von gestern nur ein etwas müder Ersatz, weil uns die Zeit gefehlt hatte, Zutaten für eine Couscous-Pfanne zu besorgen. Doch jetzt, wo die Suppe im Topf vor uns zu dampfen beginnt, ist die Aussicht darauf einfach herrlich. Ganz eng rücken wir auf der Isomatte zusammen, der Kleine auf meinem Schoß und der Topf in unserer Mitte. Mmh, wie gut das tut! Auch unserem Sohn schmeckt es sichtlich. Auf einmal ist uns der Wind egal. Uns wird warm, und wir spüren, wie sich unsere Körper entspannen und wir erst jetzt so richtig hier unter den Kiefern ankommen. Während wir noch die letzten Kartoffelreste mit dem Brot aufsammeln, lassen wir unseren Blick über die Stadt schweifen und fühlen uns trotz der Nähe zu unserem Zuhause wie an einem fernen Ort.

Nichts kann die Stimmung draußen so schnell in den Keller treiben, wie knurrende Mägen. Das gilt für Erwachsene genauso wie für Kinder. Umso wichtiger ist es, dass du während eurer Mikroabenteuer immer genug Proviant in der Tasche hast. Und es gibt wahrlich nichts Tolleres, als an der frischen Luft nach dem Wandern, Toben und Entdecken zusammen was Leckeres zu kochen. Anders als bei einer Einkehr in einem Restaurant könnt ihr es euch auch gleich da gemütlich machen, wo euch der Hunger überkommt.

Für uns ist das Kochen unter freiem Himmel immer einer der Höhepunkte unserer Ausflüge. Schon bevor wir Eltern wurden, hatten wir viel Freude daran, Alternativen zu Fertiggerichten auszutüfteln. Statt einfach kochendes Wasser in eine Tüte zu schütten, wollten wir das Essen auch draußen zu einem Erlebnis machen, bei dem uns das Wasser im Mund zusammenläuft. Und mit Kindern hat sich dieser Wunsch noch verstärkt. Es gibt kaum ein Gericht, bei dem sie nicht mithelfen können, und das Kochen mit Gas oder über dem Lagerfeuer ist für sie total faszinierend. Beim Draußenkochen geht es nicht unbedingt darum, das, was ihr zu Hause esst, so gut es geht in die Natur und auf den Gaskocher zu übertragen. Vielmehr dürft ihr euch beim Kochen in der Natur neu erfinden, neue Zutaten ausprobieren und überlegen, nach was es euch so richtig gelüstet. Dabei ist es gar nicht so wichtig, ob das Brot hart und die Nudeln matschig sind oder ob ihr euch nur die zu Hause gekochte Lieblingssuppe aufwärmt.

Wir möchten dich in diesem Kapitel an unseren Kreationen und Tüfteleien der letzten Jahre teilhaben lassen. Die Rezepte sind so unterschiedlich wie die Abenteuer, die du mit deinen Kindern erlebst. Mal muss es schnell gehen und die Zutaten möglichst wenig wiegen, ein anderes Mal habt ihr vielleicht mehr Zeit und auch ein bisschen mehr Platz im Gepäck für besondere Kochutensilien. Hier mal ein kleiner Überblick darüber, was die Ausbüx-Küche ausmacht:

- Für die Zubereitung brauchst du meist nur 15 Minuten und nie länger als eine halbe Stunde.
- Alle Gerichte sind sehr einfach zuzubereiten, und deine Kinder können problemlos mithelfen.
- Wir halten die Gerichte weitestgehend frei von industriell verarbeiteten Fertiggerichten wie Tüten-Milchreis, -Nudeln, -Suppen. Ein paar praktische Ausnahmen gibt es aber, zum Beispiel Kartoffelpüreepulver.
- Wenn möglich verfeinern wir die Rezepte mit Wildkräutern oder geben dir Hinweise für mögliche Varianten mit Wildpflanzen.
- Die meisten unserer Rezepte sind vegetarisch.
- Wir kochen gerne mit der Süße von Früchten oder mit etwas weniger Zucker, als es übliche Rezepte vorsehen.
- Die Gerichte für den Gaskocher müssen nie länger als zehn Minuten kochen. So sparst du Brennstoff und Zeit.
- Für die Lagerfeuer-Rezepte ist kein spezielles Kochgeschirr, wie zum Beispiel ein Dutch Oven, nötig. Sie sind alle so simpel wie möglich gehalten.

Während du bei einer mehrtägigen Trekkingtour akribisch aufs Gewicht der Lebensmittel achten musst, darf bei einem Tagesausflug in die Natur auch schon mal eine Dose passierter Tomaten oder eine Packung frische Tortellini mit in den Rucksack. Die Rezepte, die sich aufgrund des Gewichts der Zutaten besonders gut für Trekking mit Kindern eignen, haben wir entsprechend gekennzeichnet. Darüber hinaus achten wir aber immer darauf, das Gewicht und die Extravaganz der Lebensmittel in einem »tragbaren« Rahmen zu halten. So richtig viel Platz nach oben gibt's im Gepäck ja meistens doch nicht.

AUSRÜSTUNG

Um draußen zu kochen, brauchst du ein Feuer, einen mobilen Kocher oder auch einfach nur eine Thermoskanne. Dazu noch einen passenden, nicht zu schweren Topf sowie Besteck und Geschirr. Wenn du dich auf die wirklich sinnvollen Teile beschränkst, bleibt eure mobile Küche nicht nur preiswert, sondern auch einigermaßen leicht.

Lagerfeuer und Kocher

Neben dem klassischen Lagerfeuer hast du verschiedene Kocher zur Auswahl. Sie alle unterscheiden sich vor allem darin, mit welchem Brennstoff sie betrieben werden, sowie in ihrer Standfestigkeit. Letztere spielt beim Kochen mit Kindern eine besonders wichtige Rolle, da die an der Kochstelle eher mal rumtoben oder neugierig in Richtung Flamme greifen.

LAGERFEUER

Mit Sicherheit die ursprünglichste Art, draußen zu kochen – aber auch die aufwendigste. Denn für ein offenes Feuer brauchst du nicht nur eine legale und sichere Feuerstelle, sondern auch genug Feuerholz. Beides ist nicht immer so leicht zu finden. Dafür kannst du aber am Feuer nicht nur mit Topf kochen, sondern auch leckere Dinge direkt in der Glut oder am Stock brutzeln lassen. Egal ob Stockbrot, Würstchen oder Schokobananen – vom Feuer schmeckt alles einfach viel besser. Um einen Topf sicher zu platzieren, benutze im einfachsten Fall dicke, feuchte Holzstücke oder Steine, zwischen denen du die Glut platzierst. Auf diese Art sparst du dir eine spezielle Aufhängekonstruktion oder einen Rost.

TRANGIA (ALKOHOLKOCHER)

Der *Trangia*-Sturmkocher ist das Urgestein unter den Outdoorkochern. Er wird schon seit mehr als 70 Jahren gebaut und mit Alkohol befeuert. Sein Herzstück ist ein kleines Töpfchen, in dem die Flamme entzündet wird. Um die Hitze zu regulieren, gibt es einen Deckel mit schwenkbarer Klappe. Weil die Flamme in einem windgeschützten, stabilen Aufbau brennt, ist der *Trangia*-Kocher wirklich sehr standfest und sicher. Mit knapp 450 Gramm ist er zwar etwas schwerer als ein Gaskocher, dafür musst du aber auch nur so viel Brennstoff mitnehmen, wie du benötigst. Ein großer Nachteil ist leider, dass der *Trangia* nur mit den Töpfen des Herstellers benutzt werden kann. Für drei Personen ist der größte Topf mit seinen 1,75 Litern zwar noch ausreichend, sobald du aber für vier oder mehr Personen kochen möchtest, reicht dieser Kocher nicht mehr aus.

GASKOCHER

Gaskocher bestehen aus einem Brenner mit Topfauflage, der mit einer Gaskartusche verbunden wird. Ihr Gewicht liegt bei etwa 100 bis 300 Gramm. Bei den meisten Modellen ist die Kartusche gleichzeitig der Standfuß. Es gibt aber auch solche, die direkt auf dem Boden stehen und über einen Schlauch mit Brennstoff versorgt werden. Weil sie breiter sind und der Schwerpunkt niedriger liegt, kannst du sicher sein, dass auch ein großer Topf darauf stabil stehen bleibt. Solche bodenständigen Gaskocher sind für Familien eindeutig die bessere Wahl. Besonders interessant für größere Familien ist der *Primus PrimeTech Stove*: Er wird mit zwei großen Töpfen geliefert, und der Windschutz ist wie beim *Trangia*-Sturmkocher fest mit dem

Kocher verbunden. Dadurch steht er sehr stabil, und die Flamme brennt sicher und abgeschirmt.

HOBO (HOLZKOCHER)

Hobo ist die englische Bezeichnung für heimatlose Wanderarbeiter. Die wollten ihr Essen auch schon im 19. Jahrhundert auf einfache Art unterwegs zubereiten können und benutzten dafür leere, mit Löchern versehene Konservendosen, in denen sie ein Feuer machten. Moderne Hobo-Kocher funktionieren immer noch nach dem gleichen Prinzip. Mit einem Hobo kannst du auf einfache Art und Weise ein wenig Lagerfeuerstimmung in die Runde bringen, brauchst aber viel weniger Holz, um es zu befeuern. Dadurch, dass das Brennmaterial keinen direkten Bodenkontakt hat, ist der Kocher auch sicherer als ein Lagerfeuer. Manche Modelle wie die *Bushbox XL* können zusammengeklappt werden und nehmen sehr wenig Platz im Rucksack weg. Viele schwören aber auch heute noch auf selbst gebaute Modelle. Im Internet kursieren zum Beispiel Anleitungen auf Basis eines IKEA-Besteckkorbs.

Das Kochen auf einem Hobo macht Kindern garantiert Spaß, der schnellste Weg zu einer warmen Mahlzeit ist es aber nicht. Außerdem bilden sich beim Brennen viele Funken, sodass der Kocher nur in einer feuersicheren Umgebung wirklich infrage kommt. Damit bleibt er eine nette Option, ist aber sicher keine Lösung für den Dauereinsatz.

KOCHEN MIT DER THERMOSKANNE

Wenn du eine Thermoskanne mit heißem Wasser einpackst, kannst du draußen auf einfachste Art ein warmes Essen zubereiten. Viele Zutaten wie Couscous, Mie-Nudeln und Tütenpüree müssen nicht kochen, sondern werden nur heiß aufgegossen. Die Zubereitung ist zwar etwas unspektakulär, geht dafür aber sehr schnell. Außerdem kommt ihr auf diese Art auch bei Trockenheit an eine warme Mahlzeit, ohne einen Waldbrand zu riskieren.

Kochtöpfe und Pfanne

Ein Outdoorkochtopf sollte vor allem leicht sein und groß genug für deine ganze Bande. Die normalen Töpfe, die du zu Hause benutzt, funktionieren zwar prinzipiell auch, sie sind aber auf Dauer zu schwer. Unter den Outdoortöpfen unterscheidet man folgende Materialien:

- **Unbehandeltes Aluminium** ist leicht und leitet die Hitze gut, allerdings brennt Essen darin sehr schnell an. Außerdem wird es zunehmend kritisch gesehen, da beim Kochen Metall ins Essen geraten kann. Das ist nicht nur für Kinder gesundheitsschädigend.[85]
- **Gehärtetes Aluminium** hat dieselben Vorteile wie unbehandeltes Aluminium, ist jedoch durch die Härtung aus gesundheitlicher Sicht eindeutig vorzuziehen. Gleichzeitig ist es viel robuster gegen Kratzer. Im Handel findest du es unter den Bezeichnungen »hart-eloxiert« oder »hart-anodisiert«.
- **Edelstahl** ist etwas schwerer als Aluminium, dafür aber äußerst robust und gesundheitlich unbedenklich. Es ist auch das perfekte Material, um über dem Lagerfeuer zu kochen.
- **Duossal** ist eine Kombination aus Aluminium an der Außen- und Edelstahl an der Innenseite. Dieses Material kombiniert die Vorteile beider Materialien: Alu leitet die Hitze effizient und Edelstahl macht den Topf sehr robust.
- **Alu-Non-Stick** ist ein Material, welches vor allem bei Pfannen benutzt wird. Die Beschichtung besteht entweder aus Teflon

oder Keramik und verhindert das Anbrennen. Allerdings darf darin nur Besteck aus Kunststoff oder Holz benutzt werden, damit die Beschichtung nicht beschädigt wird.

Unser Tipp

Für eine dreiköpfige Familie empfehlen wir den *Trangia 25*. Er kommt im Set mit zwei Töpfen (1,5 und 1,75 Liter) sowie einer beschichteten Pfanne. Durch den sicheren Stand und die geschützte Flamme ist dieser Kocher für Familien eine gute Wahl.

Wenn vier oder mehr Personen satt werden sollen, hast du zwei Optionen: Kocht ihr nur gelegentlich draußen, ist ein auf dem Boden stehender Gaskocher perfekt, zum Beispiel der *Primus Express Spider II*. Für ihn kannst du jeden beliebigen Topf benutzen. Wenn du gerne häufiger mit deinen Kindern im Freien kochen möchtest, empfehlen wir dir den *Primus PrimeTech Stove*, der wie der *Trangia* rundherum geschlossen und dadurch noch sicherer ist. Ihn gibt es im Set mit zwei großen Töpfen (jeweils 2,3 Liter) aus gehärtetem Aluminium, einer davon keramikbeschichtet. Solange die Töpfe einen gewissen Durchmesser haben, kannst du auch andere Töpfe auf diesem Kocher verwenden.

Generell sollte ein Topf etwa 500 Milliliter Volumen pro Person fassen. Eine fünfköpfige Familie braucht also einen Topf mit einem Fassungsvermögen von etwa 2,5 Litern. Der mitgelieferte Deckel kann oft gleichzeitig als Pfanne genutzt werden.

Ein oder zwei Töpfe und eine Deckelpfanne reichen für euer Dinner unterm Sternenhimmel vollkommen aus. Statt Töpfe mit Griffen zu kaufen, wähle lieber solche mit einer separaten Greifzange, mit der du die Töpfe einfach und sicher anfassen kannst. Und auch wenn manche Hersteller gleich ganze Sets mit Töpfen, Pfanne, Tellern und Bechern anbieten: Vieles davon entpuppt sich in der Praxis nur als unnötiger Ballast.

Teller und Besteck

Im einfachsten Fall esst ihr draußen einfach alle aus dem Topf. Das macht Spaß und bringt weniger Spülarbeit. Es gibt aber auch Tassen, die ihr gleichzeitig als Müslischale oder tiefe Teller benutzen könnt. Sehr praktisch sind sogenannte Berghaferl: Sie sind stapelbar, ultraleicht und sie haben noch dazu eine praktische Volumenskala an der Innenseite.

Auch beim Besteck könnt ihr euch auf das Wesentliche reduzieren. Die meisten Gerichte lassen sich gut mit dem Löffel essen. Eine Gabel braucht ihr nur selten, und zum Schneiden habt ihr ja eure Taschenmesser. Sehr praktisch sind Holzlöffel: Die könnt ihr auch zum Rühren in einer beschichteten Pfanne benutzen, und sie sind dabei viel unempfindlicher gegen Hitze als Kunststoff. Für alle, die trotzdem gerne Gabel und Löffel dabeihaben wollen, gibt es sogenannte Sporks oder Göffel – lustige Besteckmischwesen.

BASISZUTATEN

Kommen wir zum schmackhaften Teil der Ausrüstung, den Lebensmitteln. Viele Outdoorkochbücher beweisen inzwischen, dass sich auch draußen Weißwein-Shrimps und Kartoffel-Zwiebel-Tartes zubereiten lassen.[86] Unserer Erfahrung nach lässt sich derlei jedoch nicht sonderlich gut mit spontanem Kinderhunger vereinen. Am praktischsten sind Gerichte mit Zutaten, die:

- schnell zubereitet sind.
- euch genug Energie liefern.
- im Rucksack nicht zu leicht kaputtgehen (keine Tomaten, frischen Eier etc.).
- im Sommer hohen Temperaturen standhalten, ohne schlecht zu werden.
- möglichst leicht sind.

Unter den nachfolgenden Zutaten wirst du sowohl solche finden, die eher für eine Tagestour geeignet sind, als auch sehr »leichte« für Übernachtungs- und Trekkingtouren.

Trockenpulver & Co

Für uns hat es sich bewährt, bestimmte Zutaten getrocknet zu verwenden. In dieser Form sind sie sehr lange haltbar, extrem leicht und erhalten sich ihr natürliches Aroma. Eine Option, getrocknete Lebensmittel herzustellen, ist das Dörren im Backofen oder Dörrautomaten. Ansonsten findest du online eine große Auswahl an Trockenzutaten. Unter den vielen Anbietern gibt es auch solche, die ausschließlich Biotrockenprodukte anbieten (zum Beispiel *BioVitera*). Hier besorgen wir uns beispielsweise Milch- und Eipulver.

Grundnahrungsmittel

Die folgenden Zutaten bieten eine gute Basis für alle möglichen Gerichte. Wenn du von ihnen einen gewissen Vorrat zu Hause hast, kannst du im Grunde jederzeit mit deinen Kindern losziehen und euch draußen was Leckeres kochen.

- **3-Minuten-Nudeln** gibt es zum Beispiel von *Barilla* und wie der Name verrät, sind sie nach nur drei Minuten Kochzeit al dente. Mit ihnen lassen sich alle möglichen Nudelgerichte in null Komma nichts zubereiten.
- **Mie-Nudeln** werden nur mit kochendem Wasser übergossen, in welchem sie ein paar Minuten ziehen müssen. Damit sind sie noch brennstoffsparender als 3-Minuten-Nudeln. Sie eignen sich als gute Basis für asiatische Nudelpfannen, Currys oder Suppen.
- **Couscous** ist der Klassiker unter den Outdoorzutaten. Auch dieser wird lediglich mit heißem Wasser zum Quellen gebracht. Couscous kann mit praktisch allem kombiniert und süß oder herzhaft angerichtet werden.
- **Mehl** kann mit Wasser und Salz einen einfachen Teig ergeben, aus dem du auch draußen Brot backen kannst. Außerdem ist Mehl die Grundlage für Pfannkuchen, Knödel oder Panade.

- **Instant-Polenta** ist auch draußen ganz schnell zubereitet und stellt eine leckere Alternative zu Couscous und Nudeln dar.
- **Express-Reis** wird vorgekocht verkauft und braucht draußen nur noch drei Minuten, bis er fertig ist. Damit ist er ein perfekter Kandidat für die Ausbüx-Küche.
- **Hafer- oder Hirseflocken** sind eine leckere Basis für ein Ausbüxer-Müsli-Frühstück. Oder du bereitest dir daraus zu Hause energiereiche Snacks für euren Ausflug vor.
- **Tüten-Kartoffelpüree** ist bei uns das einzige Fertigessen, das beim Ausbüxen immer wieder zum Einsatz kommt, denn Kartoffeln sind draußen wegen ihres Gewichts und der langen Garzeit einfach unglaublich unpraktisch.
- **Bio-Milchpulver** wird in der zehnfachen Menge Wasser aufgelöst und unterscheidet sich geschmacklich kaum von Vollmilch. Benutzen kannst du es für Pfannkuchen, Müsli, im Kaffee oder als Sahneersatz in Soßen.
- **Bio-Volleipulver** lässt deine Träume vom Frühstücksrührei unter freiem Himmel wahr werden, ohne dass du Angst vor einem Eierdesaster im Rucksack haben musst. 12,5 Gramm des Pulvers zusammen mit der dreifachen Wassermenge entsprechen einem Ei. Du kannst damit auch Pfannkuchen, Spaghetti Carbonara oder arme Ritter zaubern.
- **Bio-Kokospulver** ist eine tolle Zutat, wenn du draußen vegan oder asiatisch kochen willst.

Zum Aufpeppen

Wenn die Basiszutat stimmt, ist der Grundstein für ein leckeres Essen gelegt. Wie extravagant das Gericht dann wird, hängt aber maßgeblich von dem ab, was du noch hinzufügst. Schließlich kannst du ein und dieselbe Basis auf ganz verschiedene Arten zubereiten und so einen abwechslungsreichen Speiseplan entwickeln, ohne dabei viel schleppen zu müssen.

Hier ein paar unserer Lieblings-Aufpepp-Zutaten:

- Pesto
- Thunfisch aus der Dose
- Gewürze (Salz, Pfeffer, Chili, Oregano, Gemüsebrühe)
- Knoblauch
- Röstzwiebeln
- Hartwurst
- Speck
- Pilzpulver
- Nüsse
- Trockenobst
- getrocknetes Gemüse
- Parmesan
- Currypaste
- Schokolade
- Nussmus

ESSBARE WILDPFLANZEN UND PILZE

Als besonderes Erlebnis empfinden wir es, draußen mit essbaren Pflanzen oder Pilzen zu kochen. Und das nicht nur, weil's lecker schmeckt: Während du nach bestimmten Kräutern Ausschau hältst, schulst du auch gleich deinen Blick für bestimmte Arten und entdeckst dabei oft noch ganz andere spannende Dinge. So kamen wir zum Beispiel auf der Suche nach Waldmeister in den Genuss, zwei Nacktschnecken beim Liebesspiel zu beobachten, haben beim Pilzesammeln Knochen von einem Wildschwein gefunden und durften auf der Suche nach Oregano mitverfolgen, wie ein Rainfarn-Blattkäfer seine leuchtend orangen Eier an einem Pflanzenstängel ablegte.

Du musst nicht alle Pflanzen und Pilze benennen können, im Grunde reicht es aus, wenn du einige wenige Arten hundertprozentig sicher bestimmen kannst. Suche dir am besten solche aus, für die es keine gefährlichen Verwechslungsmöglichkeiten gibt. Unter den essbaren Wildpflanzen gibt es einige, die zwar gut schmecken, für die der Sammelaufwand aber nicht wirklich im Verhältnis zum Geschmackserlebnis steht. Oder solche, die eine ganz spezielle Zubereitung erfordern, wie zum Beispiel Rösten und Mahlen oder Pressen. Die Geduld dafür aufzubringen, während deinen Kindern der Magen schon laut knurrt, ist ziemlich unrealistisch. Wir stellen dir deshalb hier eine Handvoll Pflanzen und Pilze vor, die nicht nur leicht zu bestimmen, sondern auch schnell zubereitet sind.

Essbare Wildpflanzen

Besonders gerne verwenden wir essbare Wildpflanzen, die beim Kochen schön ergiebig sind. Wir haben für dich die wichtigsten und einfachsten zusammengefasst. Wundere dich nicht, wenn ganz bekannte Wildpflanzen, wie zum Beispiel Löwenzahn nicht dabei sind. Pflanzen, deren Geschmack nicht so kinderfreundlich ist, haben wir weggelassen.

Das Großartige an Wildkräutern ist, dass du sie praktisch überall finden kannst. Viele von den Pflanzen, die wir als Unkraut bezeichnen, sind nicht nur essbar, sondern oft auch sehr gesund. Sammele mit deinen Kindern aber nicht an viel befahrenen Straßen, Hundegassi-Routen und gedüngten Wiesen und Feldern. Packt euch ein Körbchen, eine Brotdose oder einen Stoffbeutel ein und haltet die Augen auf Wiesen, an Waldwegen und Bächen offen. Ihr werdet ganz schnell fündig werden.

HOLUNDER

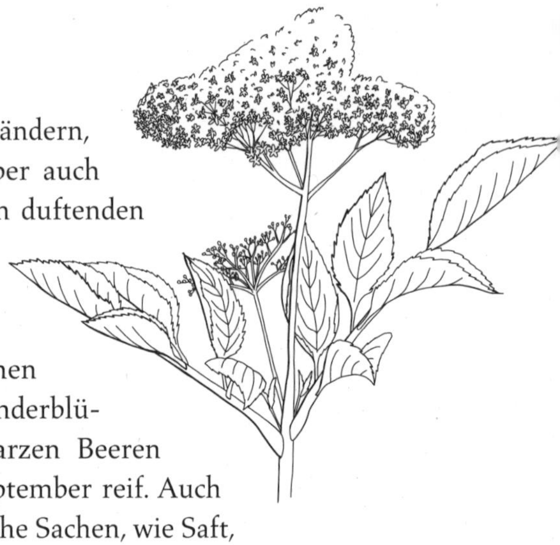

Holunder wächst an Waldrändern, du findest den Strauch aber auch häufig in Städten. Aus den duftenden weißen Blüten kannst du von Mai bis Juni zum Beispiel leckeren Sirup einkochen oder mit deinen Kindern gebackene Holunderblüten verputzen. Die schwarzen Beeren sind zwischen Juli und September reif. Auch aus ihnen kannst du köstliche Sachen, wie Saft, Sirup, Likör oder Marmelade zubereiten. Roh solltet ihr sie aber nur in kleinen Mengen vom Strauch naschen, sonst gibt's Bauchweh. Die feine Marmelade könnt ihr aber essen bis zum Umfallen.

BÄRLAUCH

Bärlauch liebt schattige und feuchte Auwälder entlang von Bächen und Flüssen und bedeckt dort oft große Flächen, die du meist schon von Weitem an ihrem Knoblauchduft erkennst. Dieser unverkennbare Geruch ist auch ein gutes Unterscheidungsmerkmal zum giftigen Maiglöckchen oder der Herbstzeitlosen. Am aromatischsten ist Bärlauch im März und April, bevor sich seine weißen Blüten zeigen, aber auch während der Blüte (April bis Juni) lässt sich die komplette Pflanze noch gut verwenden – und übrigens ganz eindeutig bestimmen. Auch wenn du mit deiner Familie aus purer Freude gar nicht mehr aufhören kannst zu sammeln, pflückt nur so viel, wie ihr essen oder verarbeiten könnt, damit die Bestände erhalten bleiben. Und im Naturschutzgebiet dürft ihr euch nur am Geruch und Anblick erfreuen, Sammeln ist hier tabu.

GIERSCH

Wenn du einen eigenen Garten hast, zuckst du bei dem Wort Giersch vielleicht zusammen: So hartnäckig und üppig, wie sich die Pflanze ausbreitet, gilt sie als gefürchtetes Gartenunkraut. Draußen wächst Giersch in schattig-feuchten Gebüschen und Wäldern, zum Beispiel im Umfeld von Bachläufen. Die zarten Blätter der Pflanze kannst du fast das ganze Jahr über roh oder gekocht als Salat oder Gemüse verwenden. Die Blüten kannst du hervorragend als Suppenzutat benutzen. Dadurch, dass Giersch sehr ergiebig ist, häufig vorkommt und roh faszinierenderweise nach Möhre und Petersilie gleichzeitig schmeckt, ist er für uns die perfekte Ergänzung für verschiedenste Outdoorgerichte.

WILDER OREGANO

Um Oregano, auch Gewöhnlicher Dost genannt, aufzuspüren, musst du dahin, wo's warm ist. Die Pflanze liebt sonnige Hänge, Waldränder und trockene Wiesen. Auch in Weinbergen kannst du sie am Wegesrand finden – sei dort aber vorsichtig: Manchmal werden ganze Hänge per Hubschrauber mit Pflanzenschutzmitteln bespritzt, wodurch auch der wild wachsende Oregano belastet wird. Du erkennst ihn an seinem vierkantigen, verzweigten Stängel, dem aromatischen Duft und seinen kleinen rosafarbenen Blüten. Von April bis September kannst du die Blätter und Blüten als leckeres, frisches Gewürz verwenden oder als Tee aufbrühen.

SPITZWEGERICH

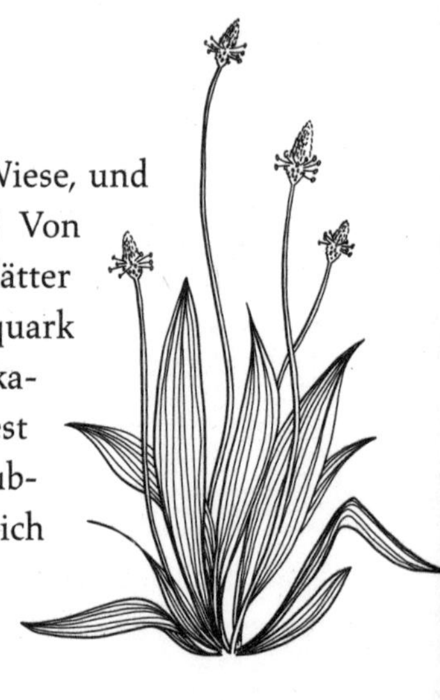

Spitzwegerich findest du nahezu auf jeder Wiese, und diese Pflanze ist eine echte Alleskönnerin! Von April bis Juni kannst du die zarten inneren Blätter für Salat, als Spinat oder Zutat für Kräuterquark und Rührei verwenden. Eine richtige Delikatesse sind auch die Blütenknospen. Die findest du von Mai bis Juli, und sie schmecken unglaublich gut nach Champignons. Spitzwegerich wirkt außerdem sehr gut bei kleinen Wunden, Insekten- oder Brennnesselstichen. Du tupfst einfach die frischen, gut in der Hand zerriebenen Blätter auf die betroffene Hautstelle auf, sodass der Pflanzensaft sich darauf verteilt. Mit dem eng verwandten Breitwegerich geht das übrigens genauso.

BRENNNESSEL

Brennnesseln gelten als das Unkraut schlechthin. Und tatsächlich stellen sie keine großen Ansprüche an ihren Standort und wuchern in Gärten, an Wegen und auf Wiesen. Wegen ihrer schmerzhaften Brennhaare lernen wir meistens schon früh, einen großen Bogen um die Pflanze zu machen. Höchste Zeit, das zu ändern: Schnappt euch Handschuhe und Jutebeutel und erntet, was das Zeug hält – Brennnesseln sind unglaublich gesund! Die Pflanze enthält sehr viele Mineralstoffe (zum Beispiel Kalium, Magnesium, Eisen, Vitamin A und C) und hat einen hohen Eiweißanteil. Ihr Vitamin-C-Gehalt ist sogar sechsmal so hoch wie der von Orangen![87] Von März bis Juli könnt ihr die jungen Blätter roh essen oder zum Beispiel zu einem leckeren Süppchen oder Spinat verarbeiten. Im Spätsommer sind die nussigen Samen erntereif. Um die Brennhaare unschädlich zu machen, gibt es verschiedene Möglichkeiten: Du kannst die Blätter sehr fein schneiden, sie in Stoff verpackt walken oder wringen, kochen oder kräftig mit Wasser abbrausen.

SAUERKLEE

Diesen Snack könnt ihr euch das ganze Jahr über im Wald gönnen! Sauerklee wächst in Mischwäldern oft entlang von Böschungen am

Wegesrand und schmeckt herrlich erfrischend zitronig. Auch die weißen Blüten sind essbar. Große Mengen der Pflanze können wegen ihres hohen Oxalsäuregehalts zu Übelkeit und Durchfall führen. Ein kleiner Snack hier und da schadet jedoch keineswegs.

WALDMEISTER

Waldmeister wächst in Wäldern am liebsten im Schatten von Buchen. Sein typischer heuartiger Geruch entfaltet sich schon ein bisschen, wenn du die Blätter zwischen den Fingern zerreibst, so richtig intensiv duftet die Pflanze aber erst, nachdem sie ein bis zwei Tage trocknen konnte. In dieser Form ist sie auch bereit, zu Bowle, Sirup oder Pudding weiterverarbeitet zu werden. Verwende aber nur circa drei bis vier Stängel Waldmeister pro Liter Flüssigkeit, sonst kann er zu Kopfschmerzen führen.

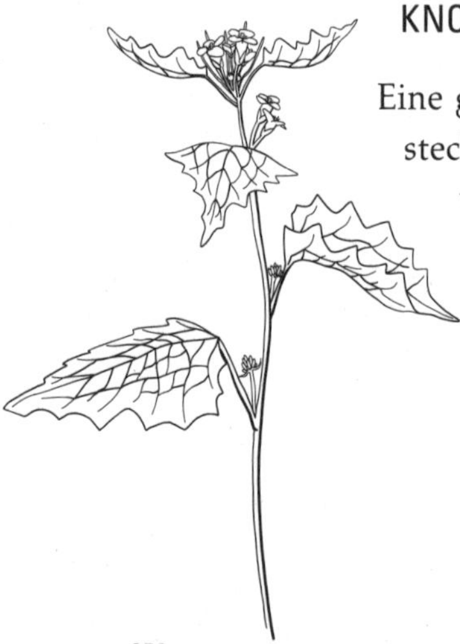

KNOBLAUCHSRAUKE

Eine gute Mischung aus Knoblauch und Kresse steckt in dieser Pflanze, die du häufig an Waldwegen und Waldrändern finden kannst. Die Blätter und die weißen Blüten machen sich von April bis Juni super in Salaten, als Gemüse in Kräuterquark oder als Pesto.

GUNDERMANN

Der erst einmal unscheinbare Gundermann eignet sich mit seinen Blättern und Blüten super als Topping für Salate, Rührei, Kräuterbutter oder -quark. Die beste Erntezeit reicht von März bis Juni, und der Geschmack der Pflanze ist herb-aromatisch. Besonders gerne mögen wir Gundermann mit Schokolade überzogen – eine perfekte Kombination!

Pilze

Beim Pilzesammeln kann es viel schneller zu gefährlichen Verwechslungen kommen als bei Wildkräutern. Deshalb ist es wichtig, dass du und deine Kinder mit dem nötigen Respekt an die Sache rangeht und ihr wirklich nur die Pilze sammelt, die du sicher bestimmen kannst. Um ein Gefühl für die Herangehensweise beim Bestimmen zu bekommen, lohnt es sich, einmal bei einer geführten Pilzwanderung mitzugehen. Im Herbst, zur Pilzsaison, werden sie fast überall in Deutschland angeboten.

VON LAMELLEN UND RÖHREN

Grob lassen sich Pilze in Lamellen-, Röhren- und sonstige Pilze unterteilen. Lamellenpilze haben strahlenförmige Lamellen auf der Hutunterseite, Röhrenpilze sind dort schwammartig und unter die sonstigen Pilze fallen alle anderen Wuchsformen, zum Beispiel Pilze, die nicht in Hut und Stiel gegliedert sind (wie der Echte Pfifferling). Zu den Lamellenpilzen gehört auch der tödliche giftige Knollenblätterpilz, der dem Champignon zum Verwechseln ähnlich sieht. Unter den Röhrenpilzen dagegen gibt es keine tödlich giftigen Arten. Aus diesem Grund ist es gerade für Anfänger ratsam, sich auf Röhrenpilze und einige der sonstigen Pilze zu konzentrieren. Das Risiko, einen Lamellenpilz falsch zu bestimmen, ist einfach zu hoch.

WO SAMMELN?

Für Anfänger ist der beste Ort, um Pilze zu finden, ein Mischwald mit vielen Nadelbäumen. Die meisten Arten sind unterirdisch eng mit bestimmten Baumarten verbunden, und im Nadelwald wachsen besonders viele anfängertaugliche Pilze. So wirst du die Krause Glucke zum Beispiel vor allem unter Kiefern und den Steinpilz vor allem unter Fichten finden.[88] Die besten Chancen auf viele Pilzfunde hast du übrigens von August bis Oktober bei warm-wechselhaftem Wetter.

WIE SAMMELN?

Bevor du mit deinen Kindern losziehst, hier noch ein paar Dinge, die ihr unbedingt beachten solltet:

- Sammelt nur außerhalb von Naturschutzgebieten und Nationalparks.
- Beschränkt euch am Anfang auf Röhrenpilze oder unverwechselbare Arten, wie zum Beispiel die Krause Glucke, und sammelt nur Arten, die ihr zu 100 Prozent sicher erkennt.
- Begebt euch zur Bestimmung auf »Augenhöhe« mit dem Pilz und erntet ihn möglichst erst dann, wenn ihr ihn als essbar bestimmen konntet.

- Sammelt nur so viel, wie ihr in ein bis zwei Mahlzeiten essen könnt (vor allem von Steinpilz, Pfifferling und Birkenpilz), damit die Arten erhalten bleiben.
- Schneidet die Pilze mit einem Messer dicht über dem Boden ab oder dreht sie vorsichtig heraus – nur nicht herausreißen, das schadet dem Myzel.
- Sammelt nur frische Pilze, befreit sie vor Ort vom gröbsten Schmutz und verarbeitet sie am besten noch am selben Tag.
- Transportiert eure Pilzfunde in einem luftdurchlässigen Korb, niemals in einer Plastiktüte! Wegen der mangelnden Luftzufuhr verderben die Pilze darin sehr schnell und können zu einer Lebensmittelvergiftung führen.
- Knollenblätterpilze (oder solche, die es sein könnten) nur mit einem Stöckchen begutachten. Es gibt Arten, die sind so giftig, dass man sie nicht einmal anfassen sollte!

ANFÄNGERFREUNDLICHE PILZE

Unter den Pilzen gibt es einige Arten, die vergleichsweise leicht zu bestimmen sind und bei denen es keine gefährlichen Verwechslungsmöglichkeiten gibt. Mach dich während ein, zwei geführten Pilzwanderungen mit den Arten vertraut. Dadurch bekommst du ein gutes Gefühl für die Bestimmung und du lernst, die Pilze eindeutig voneinander zu unterscheiden. Das ist bei den im Folgenden aufgeführten recht einfach. Wenn du mit diesem kleinen, aber wertvollen Wissen mit deinen Kindern losziehst, werdet ihr garantiert so viele finden, dass es für eine leckere Pilzpfanne reicht.

- **Fichten-Steinpilz:** wunderschöner Pilz, der sich auch gut trocknen lässt. Mittlerweile steht er unter Schutz und darf nur für den persönlichen Bedarf gesammelt werden.[89]

- **Birkenpilz:** wächst da, wo es Birken gibt. Steht mittlerweile unter Schutz und darf nur für den persönlichen Bedarf gesammelt werden.[90]
- **Maronenröhrling:** leckerer Pilz mit kastanienbraunem Hut, der sich auch einfrieren und trocknen lässt. Sein Fruchtfleisch verfärbt sich im Anschnitt grünblau.
- **Rotfuß-Röhrling:** hat diesen Namen aufgrund seines rot überlaufenen Stiels. Sein Fleisch wird schnell schwammig, weswegen er zügig verarbeitet oder getrocknet werden sollte.
- **Parasol:** für uns die große Ausnahme unter den Lamellenpilzen. Er ist durch seine Größe sehr leicht bestimmbar und wächst auf Waldlichtungen, Wiesen und an Wegrändern.
- **Krause Glucke:** eindrucksvoller, leckerer Pilz, der gerne am Fuß von Kiefern wächst. Wegen seiner krausen, schwammartigen Struktur ist das Säubern bei ihm etwas aufwendiger.
- **Echter Pfifferling:** eine echte Delikatesse, doch es gibt auch den Falschen Pfifferling, der häufiger vorkommt als der Echte. Dieser ist ungenießbar und in großen Mengen leicht giftig. Bei genauem Hinsehen kann man die beiden Arten aber relativ leicht voneinander unterscheiden.
- **Flaschen-Stäubling:** alias »Puff-Pilz«, ist nur essbar, solange er jung ist, also wenn sein Fleisch noch weiß und schnittfest ist.
- **Semmelstoppelpilz:** verleiht seinem Namen alle Ehre. Seine fragilen, cremefarbenen, dicht stehenden Stacheln an der Hutunterseite machen den Pilz einzigartig.

Ein Pilz-Bestimmungsbuch (zum Beispiel *Welcher Pilz ist das?* von KOSMOS) kann dir dabei helfen, mehr über Pilze und ihre Eigenschaften zu lernen. Essen solltest du aber nur solche Pilze, die du auch ohne Bestimmungsbuch sicher kennst.

FRÜHSTÜCK

Egal ob du die Nacht mit deinen Kindern unter den Sternen verbracht hast oder ihr mit dem Kocher unterm Arm vom Bett in den Garten zieht: So ein Frühstück im Freien ist der beste Muntermacher! Schon der Duft von frischen Pfannkuchen, Zimt und Kräutern wird deine Lieben in den Bann ziehen. Und wenn es mal ganz schnell gehen muss, weil das Grummeln der Bäuche alles übertönt, hast du mit Müsli und Rührei ganz schnell ein leckeres Outdoorfrühstück bereit.

Vegane Bananen-Pfannkuchen

Ein Tag, der mit Pfannkuchen beginnt, kann nur gut werden. Dank der süßen Banane braucht dieses Rezept auch keinen zusätzlichen Zucker. Pass nur auf, dass die reife Banane nicht schon im Rucksack zermatscht wird, bevor sie zum Einsatz kommt. Und wenn ihr es doch ein bisschen süßer mögt: Packt euch ein kleines Fläschchen Ahornsirup zum Beträufeln der warmen Pfannkuchen ein.

---

15 Min. | vegetarisch | Campingkocher

Zutaten (für 4 Ausbüxer)
150 g Mehl
1 TL Backpulver
1 TL Zimt
1 Prise Salz
1 sehr reife Banane
250 ml Pflanzenmilch
Öl

Besonderes Kochgeschirr
eine beschichtete Pfanne (optional)

Vorbereitung zu Hause
Mehl, Backpulver, Zimt und Salz in einer Tupperdose oder in einem Ziplock-Beutel mischen.

Zubereitung

1. Banane im Topf mit einer Gabel fein zerdrücken und mit der Milch und den trockenen Zutaten verrühren.
2. Öl in der Pfanne erhitzen und die Pfannkuchen bei mittlerer Flamme ausbacken. Ergibt circa zwölf kleine Pfannkuchen.

Arme Ritter

Ein Arme-Ritter-Frühstück werdet ihr bestimmt nicht alle Tage in der Natur anrichten, dafür ist der Transport der Butter einfach zu unpraktisch. Aber wenn ihr es euch doch einmal gönnt und der Duft von Butter und Zimt aufsteigt – Halleluja!

15 Min. | vegetarisch | Campingkocher

Zutaten (für 4 Ausbüxer)

12 Scheiben Toastbrot
25 g Bio-Vollmilchpulver
(oder 250 ml Milch)
40 g Bio-Volleipulver
(oder 3 Eier)
3 EL Zucker
Zimt
Butter oder Butterpulver

Besonderes Kochgeschirr

eine beschichtete Pfanne (optional)

Zubereitung

1. 350 ml Wasser in einem kleinen Topf lauwarm erhitzen.
2. Ei- und Milchpulver im lauwarmen Wasser auflösen und mit dem Zucker verrühren.
3. Brotscheiben darin von beiden Seiten gut einweichen und in der Butter bei mittlerer Flamme goldbraun braten.
4. Mit Zimt (und Zucker) bestreuen und noch warm verputzen.

Grießbrei mit Waldbeeren

Essen deine Kinder auch so gerne Grießbrei? Wenn du ihnen eine Freude machen willst, zaubert euch unterwegs einmal diese süße Köstlichkeit mit selbst gesammelten Waldbeeren.

---

10 Min. | vegetarisch | Campingkocher | mit Wildpflanzen | Trekking-geeignet

Zutaten (für 4 Ausbüxer)

100 g Bio-Vollmilchpulver (oder 1 l Milch)
120 g Weichweizengrieß
3 Handvoll Waldbeeren (Brombeeren, Himbeeren, Heidelbeeren, Walderdbeeren)
Zimt (optional)
Zucker (optional)

Zubereitung

1. 1 l Wasser in einem Topf lauwarm erhitzen.
2. Milchpulver im lauwarmen Wasser auflösen und dann zum Kochen bringen.
3. Kocher auf kleinste Flamme stellen. Grieß langsam einrühren und 2 Minuten unter Rühren köcheln lassen.
4. Waldbeeren unterrühren und nach Geschmack noch Zimt und Zucker dazugeben.

Wildkräuter-Rührei mit Brot

Ein Hoch auf das Bio-Volleipulver! Egal, wie sehr es im Rucksack gequetscht und zerdrückt wurde, am Morgen lässt sich daraus im Handumdrehen ein Rührei bereiten, das sich sehen lassen kann. Schmeckt auch pur sehr gut, aber noch ausgebüxter und leckerer wird's mit frisch gesammelten Wildkräutern.

---

10 Min. | vegetarisch | Campingkocher | mit Wildpflanzen | Trekking-geeignet

Zutaten (für 4 Ausbüxer)

80 g Bio-Volleipulver (oder 6 Eier)
2 Handvoll frische Wildkräuter (z. B. Giersch, Spitzwegerich, Knoblauchsrauke, Gundermann, Bärlauch)
Öl
Brot

Besonderes Kochgeschirr

eine beschichtete Pfanne (optional)

Zubereitung

1. Wildkräuter abwaschen, trocken schütteln und fein hacken.
2. 240 ml Wasser in Topf oder Pfanne lauwarm erhitzen.
3. Eipulver im lauwarmen Wasser auflösen. Wildkräuter und etwas Öl unterrühren.
4. Das Ei auf kleiner bis mittlerer Flamme unter Rühren braten.
5. Direkt aus der Pfanne mit frischem Brot verputzen.

Lässt sich mit diesen Wildpflanzen verfeinern/ersetzen: Wasserpfeffer, Löwenzahn, Schafgarbe, Brennnessel, Vogelmiere

Ausbüxer-Müsli

Das Klassiker-Frühstück ist schnell zubereitet und gibt dir und deinen Kindern eine ordentliche Portion Energie für den Tag. Außerdem lässt es sich wunderbar individualisieren: Jeder mixt die Beeren, Früchte und Nüsse mit rein, die ihm am besten schmecken!

---

5 Min. | vegetarisch | Trekking-geeignet

Zutaten (für 4 Ausbüxer)

300 g Früchte-Müsli ohne Zucker
60 g Schokolade
80 g Bio-Vollmilchpulver (oder 800 ml Milch)
1 Handvoll Nüsse

Zubereitung

1. Müsli und Milchpulver auf die Becher verteilen. Verrühren.
2. Schokolade und Nüsse grob hacken und zum Müsli geben.
3. Jede Portion mit 200 ml Wasser auffüllen und gut verrühren.

Lässt sich mit diesen Wildpflanzen verfeinern/ersetzen: Brombeere, Himbeere, Heidelbeere, Haselnuss, Walderdbeere

Hirse-Porridge mit Äpfeln und Rosinen

Die glutenfreie Müsli-Variante: Hirse schmeckt an sich schon angenehm süß und eignet sich super als Frühstück. Dieses Rezept mit Äpfeln, Rosinen und Zimt mögen wir besonders gern.

---

10 Min. | vegetarisch | Campingkocher | Trekking-geeignet

Zutaten (für 4 Ausbüxer)

200 g Hirseflocken (alternativ: Couscous)
30 g Bio-Vollmilchpulver (oder 300 ml Milch)
2 Prisen Salz
2 Äpfel
3 TL Zimt
4 EL Rosinen

Zubereitung

1. Äpfel in kleine Stücke schneiden und zusammen mit Rosinen und Zimt auf die Schalen verteilen.
2. Milchpulver in 600 ml lauwarmem Wasser auflösen. Salz dazugeben und aufkochen.
3. Kocher ausstellen und Hirseflocken einrühren. Unter Rühren 4 Minuten ausquellen lassen.
4. Das Porridge auf die Schalen verteilen, verrühren, fertig!

Lässt sich mit diesen Wildpflanzen verfeinern/ersetzen: Brombeere, Himbeere, Heidelbeere, Haselnuss, Walderdbeere

MITTAG- UND ABENDESSEN

Dieses Buch wäre beinahe ein reines Outdoorkochbuch geworden, so sehr kamen wir während des Schreibens und beim Entwickeln neuer leckerer Hauptgerichte in Fahrt. Fast alle Rezepte sind von unserem Sohn vorgekostet und für gut befunden worden. Wir hoffen, dass sie auch dir und deinen Kindern gut schmecken. An Vielfalt soll es auf jeden Fall nicht mangeln: Von deutscher Hausmannskost über italienische Nudelgerichte bis hin zu afrikanischer und asiatischer Küche ist alles dabei.

Couscous-Pfanne

Couscous ist das Outdooressen schlechthin. Dieses simple Gericht ist blitzschnell zubereitet und eine richtig gesunde, leckere Energiebombe, die ihr ganz nach euren Vorlieben variieren könnt. Weil du für die Zubereitung nur heißes Wasser brauchst, kannst du die Couscouspfanne auch ohne Kocher und nur mit Wasser aus der Thermoskanne zubereiten.

---

10 Min. | vegan | Campingkocher | Trekking-geeignet

Zutaten (für 4 Ausbüxer)

350 g Couscous
400 ml Wasser
10 getrocknete Tomaten
6 EL Erdnüsse, ungesalzen
1 TL Gemüsebrühe
½ TL Knoblauchpulver
1 Handvoll Rosinen
2 EL Salatkräuter
Salz
Pfeffer
Olivenöl
Chilipulver (optional)

Vorbereitung zu Hause

1. Die getrockneten Tomaten in kleine Stücke schneiden.
2. Alle trockenen Zutaten in einer Tupperdose oder in einem Ziplock-Beutel mischen.

Zubereitung

1. 400 ml Wasser in einem Topf zum Kochen bringen.
2. Couscousmischung einrühren und bei geschlossenem Deckel 5 Minuten quellen lassen.
3. Etwas Olivenöl daruntermischen und mit Salz und Pfeffer abschmecken.

Tortellini in Thunfisch-Tomatensoße

Nudeln mit Tomatensoße kommen bei Kindern meistens ziemlich gut an. Für leckere Abwechslung sorgen Tortellini und Thunfisch – bei diesem Gericht wird garantiert keine Nudel übrig bleiben!

---

20 Min. | Fisch | Campingkocher

Zutaten (für 4 Ausbüxer)

600 g frische vegetarische Tortellini
1 Dose Stücktomaten (400 g)
1 Dose Thunfisch in Öl
2 Knoblauchzehen
1 Zwiebel
2 TL Gemüsebrühe
Salz
Pfeffer

Zubereitung

1. Zwiebeln und Knoblauch fein würfeln.
2. Das Öl aus der Thunfisch-Dose in einen Topf abgießen und auf kleiner bis mittlerer Flamme erhitzen.
3. Zwiebeln und Knoblauch darin für 2 Minuten dünsten, dann Thunfisch, Stücktomaten und Gemüsebrühe unterrühren.
4. Etwa 300 ml Wasser zur Soße geben. Dafür die leere Dose mit Wasser füllen, einmal durchschwenken und reingießen.
5. Wenn die Soße kocht, Tortellini dazugeben und für 4–6 Minuten garen lassen. Dabei immer wieder umrühren.
6. Mit Salz und Pfeffer abschmecken.

Lässt sich mit diesen Wildpflanzen verfeinern/ersetzen: Oregano, Thymian

Kartoffelpüree mit Wurst

Für dieses deftige und leckere Essen machen wir gerne eine Ausnahme von unserem Tütenverzicht. Zumal es inzwischen wirklich gutes Bio-Instant-Püree zu kaufen gibt. Somit ist es auch ein perfektes Essen für Mehrtagestouren.

---

10 Min. | Fleisch | Campingkocher | Trekking-geeignet

Zutaten (für 4 Ausbüxer)

2 Beutel à 80 g Kartoffelpüree (z. B. von Alnatura)
50 g Bio-Vollmilchpulver (oder 500 ml Milch)
4 Bio-Landjäger
4 EL Röstzwiebeln
Salz
Pfeffer

Zubereitung

1. 1 l Wasser in einem Topf lauwarm erhitzen.
2. Das Milchpulver im lauwarmen Wasser auflösen und weiter erhitzen, bis die Milch heiß ist, aber noch nicht kocht.
3. Kocher ausschalten und das Kartoffelpüree in die heiße Milch einrühren. Mit Salz und Pfeffer würzen.
4. Die Landjäger in Stücke schneiden und mit den Röstzwiebeln zum Püree geben.

Bannokbrot mit frischen Kräutern

So einfach kann Brotbacken sein! Diese würzige Kräutervariante ist perfekt, um frisch gesammelte Wildkräuterfunde zu verwandeln. Der Bannokteig lässt sich aber auch wunderbar mit getrockneten Tomaten, Nüssen oder Schokostücken verfeinern.

---

20 Min. | vegan | Campingkocher | mit Wildpflanzen | Trekking-geeignet

Zutaten (für 4 Ausbüxer)
400 g Mehl
180 ml Wasser
1 TL Backpulver
½ TL Salz
1 Handvoll frischer Kräuter (Thymian, Oregano, Bärlauch)
Öl

Besonderes Kochgeschirr
eine beschichtete Pfanne (optional)
ca. 30 cm langer, daumendicker Stock, von dem du die Rinde im vorderen Bereich abschnitzt. Fertig ist ein sauberer, improvisierter Kochlöffel. (optional)

Vorbereitung zu Hause
Mehl, Backpulver und Salz in einer Tupperdose oder in einem Ziplock-Beutel mischen.

Zubereitung

1. Brotmischung in einen Topf geben und mit dem Finger eine Mulde in die Mitte drücken.
2. Etwas Wasser und 1 EL Öl in die Mulde geben und mit dem improvisierten Kochlöffel nach und nach Mehl von außen einrühren. Das geht natürlich auch mit der Hand.

3. Auf diese Art nach und nach das komplette Wasser in den Teig einkneten. Dann mit viel Geduld so lange weiterkneten, bis ein glatter, nicht mehr klebriger Teig entsteht.
4. Kräuter hacken und ebenfalls unter den Teig kneten.
5. Öl in Topf oder Pfanne erhitzen und Brotfladen (ca. 1 cm dick) bei kleiner bis mittlerer Flamme darin ausbacken. Damit das Brot im unbeschichteten Topf nicht anbrennt, ruhig viel Öl benutzen.

Lässt sich mit diesen Wildpflanzen verfeinern/ersetzen: Giersch, Brennnessel, Haselnuss

Käsespätzle

Dieses Gericht passt besonders gut, wenn ihr euch draußen so richtig ausgepowert habt. Dazu der Duft von Zwiebeln, der Anblick der Käsefäden und der saftig-knusprige Biss – uns läuft immer schon beim Gedanken daran das Wasser im Mund zusammen!

---

10 Min. | vegetarisch | Campingkocher

Zutaten (für 4 Ausbüxer)

500 g frische Schwäbische Eierspätzle aus dem Kühlregal

1 große Zwiebel
6 EL Olivenöl

150 g Reibekäse (z. B. Emmentaler)
4 EL Röstzwiebeln
Salz
Pfeffer

Zubereitung

1. Die Zwiebel in Würfel schneiden.
2. Das Öl in einem Topf erhitzen und die Zwiebelwürfel darin dünsten, bis sie leicht braun sind.
3. Die Spätzle dazugeben und 2–3 Minuten mit anbraten.
4. Den Käse darüberstreuen und mit Salz und Pfeffer würzen. Dann alles gut verrühren.
5. Zum Schluss noch Röstzwiebeln dazugeben und dann ran an die Löffel!

Mehlknödel mit Apfelmus

Falls du dieses Rezept noch nicht kennst: Es ist keineswegs nur für draußen geeignet, sondern schmeckt auch zu Hause einfach einmalig. Für uns ist es eines der Gerichte, die uns an Kindheit und Nachmittage bei Oma erinnern. Draußen könnt ihr noch frisch gesammelte und gehackte Giersch- oder Brennnesselblätter unter den Teig kneten.

---

20 Min. | vegetarisch | Campingkocher | Trekking-geeignet

Zutaten (für 4 Ausbüxer)
400 g Mehl
50 g Bio-Volleipulver
(oder 4 Eier)
120 ml Wasser
1½ TL Salz
Butter oder Öl
1 Glas Apfelmus

Besonderes Kochgeschirr
selbst geschnitzter Kochlöffel (siehe Bannokbrot-Rezept)

Zubereitung

1. Eipulver, 1 TL Salz und ¼ des Mehls in einem Topf vermischen. Nach und nach mit Wasser zu einem glatten Teig verrühren.
2. Anschließend das restliche Wasser und Mehl mit dem improvisierten Kochlöffel unterschlagen.
3. Wasser mit ½ TL Salz in einem großen Topf zum Kochen bringen. Mit einem Löffel kleine Teigklößchen ins kochende Salzwasser geben. Nach ein paar Minuten schwimmen sie an der Oberfläche und sind gar. So lange weiterlöffeln, bis der Teig aufgebraucht ist.

4. Jetzt die Knödel noch mal kurz in Butter oder Öl anbraten und zusammen mit Apfelmus genießen.

Lässt sich mit diesen Wildpflanzen verfeinern/ersetzen: Giersch, Brennnessel

Gebratene Mie-Nudeln mit Gemüse

Los geht die Schnippel-Party! Bei der Zubereitung von diesem leckeren Gericht können deine Kinder wunderbar mithelfen, denn da muss so einiges klein geschnitten werden. Alternativ eignet sich auch selbst gedörrtes und vorgeschnittenes Gemüse.

---

25 Min. | vegan | Campingkocher

Zutaten (für 4 Ausbüxer)

400 g Mie-Nudeln

2 Karotten
3 Frühlingszwiebeln
1 rote Paprika
100 g Erdnüsse
6 EL Sojasoße
5 EL Sesamöl
getrocknete Korianderblätter
Chili

Besonderes Kochgeschirr

ein kleines Holzbrettchen zum Schneiden (optional)

Zubereitung

1. 2 l Wasser zum Kochen bringen. Die Mie-Nudeln ins Wasser geben und bei ausgeschaltetem Kocher und geschlossenem

Deckel 4 Minuten ziehen lassen. Dann das Wasser abgießen und 2 EL Sesamöl zu den Nudeln geben, damit sie nicht verkleben.

2. Karotten und Paprika in dünne Stifte schneiden, Frühlingszwiebeln in Ringe schneiden.

3. 3 EL Sesamöl auf kleiner bis mittlerer Flamme erhitzen. Karotten, Frühlingszwiebeln und Paprika darin 2–3 Minuten anbraten. Mit der Sojasoße ablöschen.

4. Nudeln und Erdnüsse dazugeben und alles gut durchmischen. Noch mal kurz erhitzen, dann den Kocher ausschalten und die Nudeln mit Salz, Chili und Koriander abschmecken.

Lässt sich mit diesen Wildpflanzen verfeinern/ersetzen: Giersch, Sauerampfer

Afrikanische Erdnusssoße mit Reis

Diese cremig-fruchtige Erdnusssoße gibt's bei uns nicht nur unterwegs. Sie ist so einfach und lecker, dass wir sie auch regelmäßig zu Hause kochen. Zusammen mit Reis verleiht sie euch geballte Nuss-Power für den nächsten steilen Anstieg!

---

20 Min. | vegan | Campingkocher

Zutaten (für 4 Ausbüxer)

450 g Express-Reis
2 EL Öl
1 kleine Zwiebel
1 kl. Dose Tomatenmark (70 g)
300 ml Wasser
130 g Erdnussmus
½ TL Salz
Chili

Zubereitung

1. Den Express-Reis nach Anleitung mit etwa 60 ml Wasser für 3 Minuten in einem Topf garen.
2. Die Zwiebel fein hacken.
3. In einem zweiten Topf das Öl auf mittlerer Flamme erhitzen und die Zwiebel darin glasig dünsten. Mit 300 ml Wasser ablöschen.
4. Salz, Chili und Tomatenmark unterrühren und kurz aufkochen lassen.
5. Kocher ausschalten und das Erdnussmus in die Soße einrühren, bis es vollständig geschmolzen ist.
6. Jetzt die Soße noch einmal unter Rühren auf kleiner Flamme aufkochen lassen und anschließend zum Reis geben.

Kunterbuntes Stockbrot

Stockbrot kennst du, klar! Aber wie sieht's mit Pizza-, Knoblauch- oder Wildkräuter-Stockbrot aus? Der Lagerfeuer-Klassiker schmeckt in allen Variationen und bringt deinen Kindern doppelt Spaß!

60 Min. | Fleisch/vegetarisch/vegan | Lagerfeuer | mit Wildpflanzen | Trekking-geeignet

Zutaten (für 4 Ausbüxer)

Grundzutaten:

400 g Mehl

1 Päckchen Trockenhefe
2 TL Salz
250 ml Wasser
4 EL Öl

… für Pizza-Stockbrot:

3 TL mediterrane Kräuter (oder Pizzagewürz)
100 g Bio-Salami, klein gewürfelt
50 g Reibekäse

… für Wildkräuter-Stockbrot:

1 Handvoll Wildkräuter (z. B. Brennnessel, Giersch, Spitzwegerich, Gundermann), fein gehackt

… für Knoblauch-Stockbrot:

4 Knoblauchzehen, fein gehackt

… für Schoko-Stockbrot:

150 g Schokolade, grob gehackt

Zubereitung

1. Das Wasser in einem Topf lauwarm erhitzen, dann Mehl und Hefe zugeben und alle Zutaten verkneten.

2. Öl dazugeben und so lange weiterkneten, bis ein glatter, nicht mehr klebriger Teig entsteht. Diesen 30 Min. zugedeckt neben dem Feuer gehen lassen.

3. Teig noch mal ordentlich durchkneten. Eine Portion dünn um den Stock wickeln und über dem Feuer backen. Auch die Stockspitze sollte mit Teig bedeckt sein, damit sie im Feuer nicht verbrennt.

Für alle Stockbrot-Variationen gilt: Die Gewürze und Kräuter kannst du schon vor dem Gehen unterkneten, alle anderen Zutaten (Knoblauch, Schokolade, Salami, ...) erst danach zum Teig geben.

Fleisch vom Stock

Einfach weil das Naheliegende uns manchmal ganz fern ist, haben wir diesem ursprünglichen Gericht auch einen Platz eingeräumt. Fleisch vom Stock überm Lagerfeuer schmeckt einfach tausend Mal besser als vom Rost, und ähnlich wie beim Stockbrot steckt das Abenteuer schon in der Zubereitung!

---

15 Min. | Fleisch | Lagerfeuer

Zutaten (für 4 Ausbüxer)

24 Stücke vom Bio-Rindergulasch oder 4 dicke Bratwürstchen

Zubereitung

1. Von einem mindestens 1 Meter langen und ca. 1–2 cm dicken Stock vorne die Rinde abschnitzen und dünn zuspitzen.

2. Die Fleischstücke oder eine Bratwurst vorsichtig aufspießen.
3. Das Fleisch über die Glut halten und von allen Seiten garen.

Wildkräuterquark mit Brot

Für dieses besondere Picknickgericht brauchst du kein großes Wildkräuter-Wissen. Im einfachsten Fall nimmst du Brennnessel, Spitzwegerich und Gänseblümchen. Die kennst du bestimmt und machen geschmacklich schon einiges her.

---

15 Min. | vegetarisch | mit Wildpflanzen

Zutaten (für 4 Ausbüxer)

250 g Bio-Quark
3 EL Bio-Frischkäse (optional)
1 gute Handvoll frische Wildkräuter (z. B. Brennnessel, Gänseblümchen- und Löwenzahnblüten, Bärlauch, Giersch, Spitzwegerich, Oregano, Sauerampfer, Gundermann)
1 frisches Brot oder Baguette
Salz
Pfeffer

Zubereitung

1. Wildkräuter kurz abwaschen und abschütteln.
2. Brennhaare der Brennnesseln in einem Stück Stoff durch Rubbeln unschädlich machen.
3. Die Blätter der Kräuter hacken, die Blüten zerzupfen und alles unter den Quark mischen.

4. Mit Salz und Pfeffer abschmecken und schön dick auf die Brotscheiben streichen.

Gebackene Holunderblüten

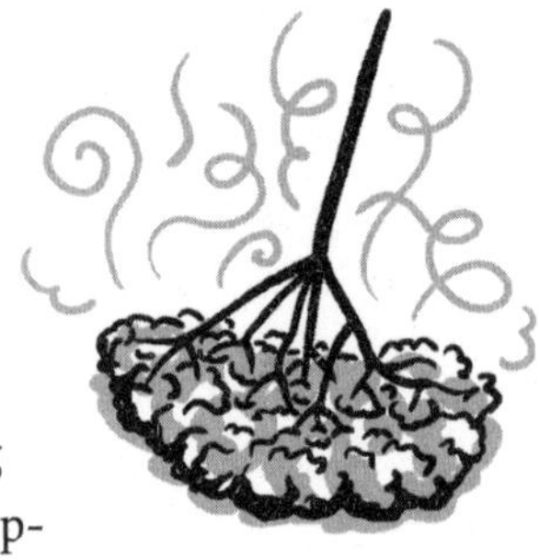

Holundersträucher findest du an jeder Ecke. Von Mai bis Juni kannst du die duftenden weißen Blüten ernten und sie in einem leckeren Teig ausbacken. Der leicht süße Geschmack des knusprigen Teigs wird euch garantiert begeistern!

---

20 Min. | vegetarisch | Campingkocher | mit Wildpflanzen | Trekking-geeignet

Zutaten (für 4 Ausbüxer)

12 Holunderblüten mit Stiel
200 g Mehl
20 g Bio-Vollmilchpulver (oder 200 ml Milch)
30 g Bio-Volleipulver (oder 2 große Eier)
1 Prise Zucker
1 Prise Salz
1 EL Öl
Öl zum Ausbacken

Vorbereitung zu Hause

1. Mehl, Milchpulver, Eipulver, Zucker und Salz in einer Tupperdose oder in einem Ziplock-Beutel mischen.
2. (Statt Milch- und Eipulver zu verwenden kannst du den Teig auch zu Hause schon fertig zubereiten und in einer auslaufsicheren Tupperdose mit auf Tour nehmen.)

Zubereitung

1. 300 ml Wasser in einem Topf lauwarm erhitzen.
2. Mit einer Gabel die trockene Backmischung ins lauwarme Wasser einrühren. 1 EL Öl dazugeben.
3. Bratöl in einem Topf oder in einer Pfanne bei mittlerer Flamme erhitzen.
4. Die Holunderblüten am Stiel greifen und in den Teig tunken. Kurz abtropfen lassen, bis die Blütenstruktur wieder sichtbar wird.
5. Die Blüten in das heiße Öl legen und ca. 5–10 Minuten goldbraun ausbacken.

Lässt sich mit diesen Wildpflanzen verfeinern/ersetzen: Wilde Möhre

Maultaschen in Brühe

Dieses Gericht ist perfekt für kalte Tage: Die Maultaschen machen ordentlich satt, und die heiße Brühe wärmt euch wunderbar von innen. Ein wirklich einfaches Essen mit hohem Wohlfühlfaktor.

15 Min. | vegetarisch/vegan | Campingkocher | Trekking-geeignet

Zutaten (für 4 Ausbüxer)

8–12 Gemüse-Maultaschen
1,5 l Wasser
3 EL Gemüsebrühe

Zubereitung

1. Die Maultaschen in löffelgerechte Stücke schneiden.
2. 1,5 l Wasser in einem Topf zum Kochen bringen und die Gemüsebrühe einrühren.
3. Kocher ausschalten, die Maultaschenstücke in die Brühe geben und darin ca. 10 Minuten ziehen lassen.

Kichererbsen-Curry mit Fladenbrot

Dieses Curry hat es in sich: So unscheinbar es auch aussieht während es noch im Topf vor sich hin köchelt, so sehr wird euch der sämige, würzige Geschmack beim ersten Probieren umhauen! Eines unserer liebsten Rezepte.

---

15 Min. | vegan | Campingkocher

Zutaten (für 4 Ausbüxer)

500 g Kichererbsen
aus der Dose
500 ml passierte Tomaten
35 g Bio-Kokosmilchpulver
(oder 120 ml Kokosmilch)

½ TL Salz

1½ TL Garam Masala
1½ TL Ingwerpulver
1 TL getrockneter Koriander
3 EL
Ö 8 Scheiben dünnes
arabisches Fladenbrot

Vorbereitung zu Hause

Die Kichererbsen in einem Sieb gründlich abspülen, abtropfen und in einem Ziplock-Beutel oder einer Tupperdose verpacken. Die Gewürze zusammen in ein kleines Glas oder ein Döschen abfüllen.

Zubereitung

1. Das Öl auf mittlerer Flamme in einem Topf erhitzen.
2. Kichererbsen und die Gewürzmischung dazugeben und unter Rühren 3 Minuten anbraten.
3. Mit passierten Tomaten ablöschen und das Kokospulver unterrühren.
4. Das Curry noch einmal aufkochen lassen und mit Fladenbrot genießen.

Parasolschnitzel

Das Tolle am Parasol ist nicht nur sein herrlicher Erdnussgeschmack. Mit seiner imposanten Größe hat er auch das Zeug dazu, euch richtig satt zu machen. Sein Fruchtfleisch ist weich, die Hutoberseite bissfest, dazu die knusprige Panade – zum Dahinschmelzen!

---

20 Min. | vegan | Campingkocher | mit Pilzen | Trekking-geeignet

Zutaten (für 4 Ausbüxer)

8 Parasole
50 g Mehl
100 ml Wasser
8 EL Maisgrieß oder Paniermehl
Salz
Pfeffer
Sonnenblumen- oder Rapsöl

Besonderes Kochgeschirr

eine beschichtete Pfanne (optional)

Zubereitung

1. Ungenießbare Stiele von den Pilzhüten ablösen.
2. Ein paar Mal vorsichtig von oben auf den Hut klopfen, damit kleine Insekten sich vor dem Hitzetod retten können.
3. Mehl und Wasser in einem Topf oder Teller vermischen und mit Salz und Pfeffer würzen.
4. Parasolhut ausgiebig von beiden Seiten in der Wasser-Mehl-Mischung wenden.
5. 2–3 EL Öl in einer Pfanne auf kleiner bis mittlerer Flamme erhitzen. Wenn du im Topf kochst, nimm ruhig mehr Öl und halte die Flamme eher klein.
6. Den Parasol von einer Seite mit Paniermehl oder Maisgrieß bestreuen und mit dieser Seite ins heiße Fett legen. Anschließend auch die andere Seite mit Panade bestreuen und von beiden Seiten knusprig und goldbraun ausbacken.

Nudeln mit Waldpilzragout

Dieses Gericht ist der perfekte Abschluss für ein erfolgreiches Pilzsammelabenteuer. Warum nicht eure Funde gleich draußen frisch vom Kocher genießen?

---

20 Min. | vegetarisch/vegan | Campingkocher | mit Pilzen | Trekking-geeignet

Zutaten (für 4 Ausbüxer)

400 g 3-Minuten-Spaghetti
250 g gemischte Waldpilze
1 Zwiebel
1 TL Gemüsebrühe
200 ml Schlagsahne oder Hafercuisine
Salz
Pfeffer
3 EL Öl

Besonderes Kochgeschirr

eine beschichtete Pfanne (optional)

Zubereitung

1. Pilze säubern und in Stücke schneiden. Zwiebel würfeln.
2. Wasser in einem großen Topf zum Kochen bringen und die Spaghetti darin 3 Minuten kochen. Wasser abgießen und Nudeln beiseitestellen.
3. Öl in einem Topf oder in einer Pfanne erhitzen und die Zwiebeln darin anbraten.
4. Pilze dazugeben und bei mittlerer Flamme ca. 5 Minuten weiter braten.

5. Mit 200 ml Wasser und der Sahne ablöschen, Gemüsebrühe unterrühren und noch mal kurz aufkochen lassen.

6. Pilzsoße mit Salz und Pfeffer abschmecken und unter die Spaghetti mischen.

Spaghetti Carbonara

Spätestens nachdem wir dieses Rezept ausprobiert hatten, waren wir von Eipulver überzeugt. Ohne dieses würden wir unterwegs wohl kaum in den Genuss des Spaghetti-Klassikers kommen, der auch bei Kindern richtig gut ankommt.

---

15 Min. | Fleisch | Campingkocher | Trekking-geeignet

Zutaten (für 4 Ausbüxer)

400 g 3-Minuten-Spaghetti
250 g Bio-Speckwürfel oder Bio-Kochschinken
50 g Bio-Volleipulver (oder 4 Eier)
40 g Bio-Vollmilchpulver (oder 350 ml Milch)
150 g Bio-Parmesan, gerieben
Salz
Pfeffer
Muskat

Besonderes Kochgeschirr

ein extra Kocher (optional)

Zubereitung

1. Die Speckwürfel in einer Pfanne oder in einem Topf braten und beiseitestellen.
2. Nudeln in einem großen Topf 3 Minuten lang kochen.
3. Beim Abgießen des Kochwassers 300 ml in einem zweiten Topf auffangen und mit 200 ml kaltem Wasser mischen.
4. Milch- und Eipulver in dem lauwarmen Wasser auflösen. Dann Parmesan dazugeben und mit Pfeffer und Muskat würzen.
5. Die Speckwürfel oder den in Stücke geschnittenen Kochschinken unter die Spaghetti rühren.
6. Die Eimischung darübergießen und alles bei sehr kleiner Flamme unter Rühren vermischen bis das Ei stockt, dann erst mit Salz abschmecken.

DESSERTS

Wo ein Mittag- oder Abendessen, da muss auch ein Dessert her! Im einfachsten Fall sind das Trockenfrüchte, Obst, Schokolade oder Kekse. Wenn du aber gar nicht genug vom Outdoorkochen bekommst, dann probier doch mal diese leckeren Schokorezepte aus. Sie sind im Handumdrehen zubereitet und so lecker!

Schoko-Gundermann

Gundermann findet ihr fast überall. Packt also zur Sicherheit immer mal eine Tafel Schokolade ein, dann seid ihr allzeit bereit für diesen wirklich leckeren und aromatischen Wildpflanzen-Snack.

---

15 Min. | vegetarisch | Campingkocher | mit Wildpflanzen | Trekking-geeignet

Zutaten (für 4 Ausbüxer)
100 g Zartbitterschokolade
20 Stängel Gundermann

Zubereitung

1. Die Schokolade in einem Topf bei kleiner Flamme schmelzen.
2. Die Gundermann-Stängel in die geschmolzene Schokolade tunken und zum Abkühlen auf einen Teller legen. Kann verputzt werden, sobald die Schokolade wieder hart ist.

Lässt sich mit diesen Wildpflanzen verfeinern/ersetzen: Minze

Cremiger Schokopudding

Ein umwerfender Nachtisch, der die Augen deiner Kinder garantiert zum Leuchten bringt. Kleiner Tipp: Falls dir der Löffel zum Rühren nicht ausreicht, kannst du dir aus mehreren zusammengebogenen dünnen Zweigen ganz leicht einen improvisierten Schneebesen basteln.

---

15 Min. | vegetarisch | Campingkocher

Zutaten (für 4 Ausbüxer)
80 g Zartbitterschokolade
75 g Bio-Vollmilchpulver (oder 750 ml Milch)
1½ EL Kakaopulver
1–2 EL Zucker
5 EL Speisestärke

Zubereitung

1. 500 ml Wasser in einem Topf lauwarm erhitzen.
2. Milchpulver in das lauwarme Wasser einrühren und die Schokolade dazugeben. Unter Rühren weiter erhitzen, bis die Schokolade vollständig geschmolzen ist.
3. Kakaopulver, Zucker und Speisestärke in den restlichen 250 ml Wasser auflösen. In die Schokoladenmilch einrühren und aufkochen lassen. So lange rühren, bis der Pudding dickflüssig wird.
4. Kurz abkühlen lassen (auch wenn's schwerfällt) und Löffel schnappen.

Lässt sich mit diesen Wildpflanzen verfeinern/ersetzen: Brombeere, Himbeere, Heidelbeere, Haselnuss, Walderdbeere

Schokobanane

Wenn du die noch nicht kennst, solltest du unbedingt bald das nächste Abenteuer mit Lagerfeuer planen: Allein die Kombination aus warmer, geschmolzener Schokolade und heißer Banane ist schon umwerfend. Dazu dann noch das Feuer, der Geruch, die Stimmung … einfach unvergesslich!

15 Min. | vegetarisch | Lagerfeuer |

Zutaten (für 4 Ausbüxer)

4 reife Bananen
100 g Schokolade

Zubereitung

1. Die ungeschälten Bananen auf der Innenseite mit einem Messer tief aufschlitzen (ca. 2/3), und den Schlitz jeder Banane mit Schokostückchen füllen.
2. Die Bananen in die Glut des Lagerfeuers legen und so lange warten, bis die Schokolade geschmolzen und das Fruchtfleisch weich ist.
3. Schokobananen aus der Glut nehmen, kurz abkühlen lassen und auslöffeln.

SNACKS

Gerade weil Hunger so ein großer Stimmungskiller ist, solltest du draußen immer genügend Snacks zur Hand haben. Einfach als Stärkung für Zwischendurch oder als Appetithappen, um das Warten auf die richtige Mahlzeit zu verkürzen. Die Snacks, für die ihr im Folgenden Rezepte findet, geben euch auf euren Abenteuern ordentlich Power, enthalten dabei aber relativ wenig bis gar keinen Industriezucker. So kannst du mit deinen Kindern guten Gewissens so viele von den Energiebomben essen, wie ihr wollt und braucht. Es lohnt sich auch, die Snacks auf Vorrat anzulegen, sie lassen sich sehr gut aufbewahren. Im Gegensatz zu allen anderen Rezepten der Ausbüx-Küche bereitest du sie nicht draußen, sondern zu Hause vor.

Power Müsliriegel

Viele Müsliriegel sind uns einfach zu süß. Diese hier sind anders: Sie strotzen nur so vor Energie und stecken voller guter Zutaten. 200 g Honig klingt zwar auch erst mal nach viel Zucker, ist für uns geschmacklich aber genau im richtigen Rahmen.

---

30 Min. | vegetarisch | zu Hause | Trekking-geeignet

Zutaten (für 1 Blech)

600 g Früchte-Müsli ohne Zucker
200 g Kerne und Nüsse (z. B. Haselnüsse, Sonnenblumen-, Kürbis- oder Pinienkerne)
200 g Mehl
300 g Apfelmus
200 g Honig

Zubereitung

1. Backofen auf 170 °C Umluft vorheizen.
2. Alle Zutaten in einer großen Schüssel gut vermengen und die Masse gleichmäßig auf einem mit Backpapier ausgelegten Backblech ausstreichen. Achte darauf, dass du sie gut festdrückst und die Lücken gefüllt sind.
3. 20 Minuten backen und den Müslikuchen anschließend noch warm in Riegel schneiden.

Energiekugeln

Diese Kugeln sind meistens schneller weg, als du gucken kannst. Aber weil sie so einfach zuzubereiten sind, kannst du schnell für Nachschub sorgen. Und deine Kinder können dich tatkräftig beim Kneten, Rollen und Wälzen unterstützen.

---

20 Min. | vegan | zu Hause | Trekking-geeignet

Zutaten (für 20 Kugeln)

100 g feine Haferflocken
4 EL Erdnussbutter
4 EL Kakaopulver (ungesüßt)
8 EL Pflanzenmilch
8 Soft-Datteln
6 EL Kokosraspel oder Sesamkörner

Zubereitung

1. Die Datteln entsteinen und grob hacken.
2. Haferflocken, Erdnussbutter, Kakaopulver, Pflanzenmilch und Datteln in einer Schüssel mit der Hand gut verkneten.
3. Mit den Händen kleine Kugeln formen und sie in Kokosraspeln oder Sesam wälzen. Zum Schluss kühl stellen.

Früchtebrot

Ein Weihnachtsgebäck, das einfach zu gut schmeckt, um es nur einmal im Jahr zu essen. Das Früchtebrot steckt voller Energie, ist lange haltbar und total lecker! Ein perfekter Snack für unterwegs und dazu noch vegan und zuckerfrei.

1 Std. 30 Min. | vegan | zu Hause | Trekking-geeignet

Zutaten (für 2 kleine Brote)

400 g Äpfel
2 gestrichene EL Lebkuchengewürz
150 g Walnüsse
150 g Cranberrys
100 g getrocknete Aprikosen
50 g getrocknete Feigen
50 g getrocknete Pflaumen
50 g Rosinen
60 ml Apfelsaft
250 g Mehl
1 Päckchen Backpulver

Vorbereitung am Vortag

1. Die Äpfel reiben, Walnüsse grob hacken und Aprikosen, Pflaumen und Feigen in Stücke schneiden.
2. Alle Zutaten außer Mehl und Backpulver vermischen und über Nacht zugedeckt im Kühlschrank durchziehen lassen.

Zubereitung

1. Den Ofen auf 170 °C Umluft vorheizen.
2. Mehl und Backpulver unter die Fruchtmischung heben und so lange vermengen, bis ein formbarer Teig entsteht.
3. Mit feuchten Händen zwei Brote formen und diese 45 Minuten backen.

Knäckebrot

Knäckebrot lässt sich unglaublich leicht selber machen. Und du kannst entscheiden, was genau reinkommen soll. Packt euch dazu noch einen leckeren Aufstrich ein, fertig ist der Ausbüx-Snack.

1 Std. 10 Min. | vegan | zu Hause | Trekking-geeignet

Zutaten (für 2 Bleche)

120 g Dinkelmehl
120 g feine Haferflocken
50 g Sonnenblumenkerne
50 g Kürbiskerne
50 g Sesam
50 g Leinsamen
½–1 TL Salz
2 EL Olivenöl
500 ml Wasser

Zubereitung

1. Backofen auf 170 °C Umluft vorheizen.
2. Alle Zutaten in einer Schüssel vermischen und auf zwei mit Backpapier ausgelegten Backblechen dünn ausstreichen.
3. Das Knäckebrot nach 15 Minuten im Ofen in Scheiben schneiden, dann 35–45 Minuten weiterbacken.

GETRÄNKE

Besonders am Morgen oder im Winter ist ein warmes Getränk an der frischen Luft etwas Feines. Wenn ihr mal keine Zeit oder Lust habt, euer Abenteuer mit einer richtigen Outdoomahlzeit zu verbinden, schafft ein warmes Getränk vom Kocher zusammen mit einem leckeren Snack trotzdem im Handumdrehen ein wohliges Zuhause-Gefühl. Besonders einfach lässt sich draußen Tee aus gesammelten Wildkräutern zubereiten. Alles, was du dafür brauchst, ist heißes Wasser. Und wenn es ein bisschen ausgefallener sein darf, wirst du auf den nächsten Seiten fündig.

Kaffee

Für die einen ist er ein Graus, andere kommen keinen Tag ohne ihn aus. Beim Thema Kaffee und Draußensein scheiden sich die Geister. Bestimmt kennst du diese tollen Bilder von kleinen Espressokannen auf dem Gaskocher mit wunderschöner Landschaft im Hintergrund. Ja, das hat schon was. Ob die beiden kleinen Espressi das Gewicht von Kanne und Gaskocher aber wirklich wert sind? Zum Glück gibt es abgesehen vom typischen Espresso auch Alternativen, die mit weniger Gewicht auskommen und deine Kaffeegelüste unterwegs trotzdem stillen können.

ESPRESSO

Auch draußen schwören viele auf den geliebten Espresso aus der Bialetti und nehmen die 500 Gramm Zusatzgewicht gerne in Kauf. Zugegeben: Es ist wirklich immer wieder aufs Neue ein wunderschöner Moment, wenn der Espressokocher zu glucksen und fauchen beginnt und der dunkle, aufsteigende Kaffee seinen Duft verströmt. Stelle vorher aber unbedingt sicher, dass die Kanne auf deinen Kocher passt.

COWBOY-KAFFEE

Die spartanischste Art, Kaffee zu kochen, ist die Zubereitung von »Cowboy-Kaffee«. Dafür gibst du 1 Teelöffel Kaffeepulver in deine Tasse, gießt es mit heißem Wasser auf und rührst einmal um. Nach 2–3 Minuten hat sich das Pulver am Boden abgesetzt und du kannst den Kaffee trinken. Das Wasser darf aber nicht mehr kochend heiß sein, sonst wird der Kaffee bitter.

FILTERKAFFEE

Viel leichter als kleine Espressomaschinen sind faltbare Kaffeefilter aus Silikon (z. B. von GSI). Zusammengefaltet sind sie etwa so groß wie eine CD und wiegen nur knapp 140 g. Damit kannst du bis zu 4 Tassen Kaffee direkt über dem Becher zubereiten und alles, was du zusätzlich brauchst, ist frisches Kaffeepulver und Filtertüten in Gr. 4.

INSTANT-KAFFEE

Geschmacklich kommt Instant-Kaffee zwar nicht an echtes Kaffeepulver ran, dafür bleibt dein Kaffee damit aber absolut krümelfrei. Instant-Kaffee gibt es in den unterschiedlichsten Variationen: von Fairtrade-Kaffee über Cappuccino bis hin zu aromatisiertem Haselnuss-Kaffee.

GETREIDE-KAFFEE

Dieses »kaffeeähnliche Getränk« hat zwar nicht mehr viel mit Bohnenkaffee zu tun, ist für uns aber immer mal wieder eine leckere Abwechslung. Das Pulver löst sich sehr leicht in heißem Wasser auf, nur der Koffeinkick bleibt eben aus. Wegen der Röststoffe darin ist er aber nur für Kinder ab 7 geeignet – und auch dann sollten sie nur gelegentlich davon trinken.

Heiße Zimt-Schokolade

Selbst gemachter Kakao aus Schokolade ist einfach lecker und durch kein Instant-Kakaopulver zu toppen. Falls ihr aufgrund des Gewichts nicht auf Trockenmilch angewiesen seid, lohnt es sich auch, die Heiße Zimt-Schokolade mal mit Hafermilch auszuprobieren! Und so richtig warm ums Herz wird's euch, wenn ihr anstatt Zimt eine Prise Chilipulver darüberstreut.

---

10 Min. | vegetarisch | Campingkocher | Trekking-geeignet

Zutaten (für 1 l Schokolade)

100 g Bio-Vollmilchpulver (oder 1 l Milch)
1 l Wasser
180 g Zartbitterschokolade
½ TL Zimt
Zucker nach Geschmack

Zubereitung

1. Ca. 250 ml Wasser in einem Topf lauwarm erhitzen.
2. Das Milchpulver und den Zimt einrühren, dann die in Stücke gebrochene Schokolade dazugeben.
3. Weiter erhitzen und rühren, bis die Schokolade komplett geschmolzen ist.
4. Das restliche Wasser (750 ml) dazugeben und erwärmen. Nach Geschmack Zucker dazugeben oder einfach so genießen.

Heißer Fruchtpunsch

Bei uns kam es schon vor, dass wir in der kalten Jahreszeit nur deshalb ausgebüxt sind, um uns draußen einen leckeren Punsch zu kochen. Er verströmt einfach einen herrlich fruchtig-weihnachtlichen Duft!

---

25 Min. | vegan | Campingkocher | Trekking-geeignet

Zutaten (für 1,5 l Punsch)

1 Liter Wasser
4 Beutel Waldbeerentee
500 ml Apfelsaft
15 Nelken
2 Stangen Zimt
1 Zitrone
1 Bio-Orange

Zubereitung

1. Das Wasser kochen und den Tee darin 10 Minuten ziehen lassen.
2. Apfelsaft, Nelken und Zimtstangen dazugeben.
3. Zitrone und Orange auspressen. Die ganzen Orangenschalen anschließend auch zum Punsch geben.
4. Den Punsch erwärmen, aber nicht kochen und 10 Minuten ziehen lassen. Fertig!

Waldmeister-Apfelsaft

Das wahrscheinlich einfachste Bowle-Rezept: Alles, was du brauchst, ist eine Flasche Apfelsaft, frischen Waldmeister und ein bisschen Geduld.

---

1 Tag und 2 Std. | vegan | zu Hause | mit Wildpflanzen

Zutaten (für 4 Ausbüxer)
1 l Apfelsaft
3 Stängel Waldmeister

Besonderes Kochgeschirr
1 Faden

Zubereitung

1. Den Waldmeister für einen Tag gut durchlüftet anwelken lassen. Dazu die Pflanzen aufhängen oder auf einem Rost ausbreiten.
2. Die Stängel am Ende mit einem Stück Faden zusammenbinden und kopfüber in den Apfelsaft hängen. Dabei darauf achten, dass die Enden der Stängel keinen Kontakt mit dem Apfelsaft haben, sonst könnte er bitter werden.
3. Nach 2 Stunden den Waldmeister herausnehmen und den Saft kühl genießen.

Und weiter geht's!

JANA

Wir sitzen am Küchentisch. Nur ein paar Brotkrümel und der Blick auf die leeren Suppenteller verrät, was es zum Abendessen gab. Vor einer halben Stunde ist der Kleine eingeschlafen, sodass wir nun ganz entspannt unser alkoholfreies Feierabendbier genießen können. Durch das offene Küchenfenster strömt warme Sommerluft in unsere Altbauwohnung. In den ersten Bundesländern haben gerade die Ferien angefangen. Und auch wir fühlen uns urlaubsreif. Die letzten Monate haben uns ganz schön geschlaucht. Noch dazu wird unser Leben in nur wenigen Monaten mal wieder auf den Kopf gestellt werden, wenn das zweite Baby kommt. »Wir könnten mit dem Zug nach Oberstdorf fahren und von dort aus Tagestouren unternehmen«, schlage ich vor. Auch das Ferienhaus einer Bekannten in der Nähe von Füssen kommt uns in den Sinn. »Mhm, Berge wären schon toll …«, antwortet Paddy, ohne sich wirklich dazu entschließen zu können. Er zögert noch kurz, dann gibt er zu: »Jana, ganz ehrlich, am liebsten würde ich wieder mit euch Trekking in der Eifel machen. Irgendwie hab ich darauf am meisten Lust, auch wenn es vielleicht unspektakulär klingt.« Eifel statt Alpen? Schon wieder? Das ist doch bescheuert! Wer fährt ins Mittelgebirge, wenn er richtige Berge haben kann? So ungefähr lauten die ersten Gedanken, die mir zu diesem Vorschlag in den Sinn kommen. Aber dann muss ich mir eingestehen, dass ich Paddy gut verstehen kann. »Wir werden mit dem Kleinen wahrscheinlich nur fünf bis sieben Kilometer am Tag schaffen«, werfe ich trotzdem noch mal ein. Doch noch während ich das sage, merke ich, wie unwichtig unsere Streckenleistung ist. Die Aussicht darauf, jeden Morgen mitten in der Natur aufzuwachen, schon am Ziel zu sein, bevor wir überhaupt losgehen, alles Wichtige dabeizuhaben und nichts mehr entscheiden zu müssen, ist genau das, was wir uns von Urlaub versprechen. Damit ist die Entscheidung gefallen.

Seit wir begonnen haben, die Augen für die Naturerlebnisse zu öffnen, die wir jeden Tag erleben können, hat sich unser Leben ganz schön verändert. Wir waren irgendwann so begeistert von der Idee des Ausbüxens, dass wir uns damit selbstständig gemacht haben – wahrscheinlich eine der größten Entscheidungen, die wir bis dahin getroffen hatten.

Wir spürten aber auch, wie sich in anderen Bereichen Dinge veränderten: Die vielen kleinen Naturerlebnisse im Alltag ließen unseren Drang nach weiten Reisen schrumpfen. Immer wieder wurden wir während unserer Mikroabenteuer von Situationen und Gefühlen überwältigt, die wir sonst nur von abenteuerlichen Fernreisen kannten. Wir ertappten uns auf einmal dabei, wie wir auf die Landschaft vor unserer Haustür blickten und plötzlich erkannten, wie sehr sie in Sachen Schönheit und Einzigartigkeit mit anderen Ländern und Kontinenten mithalten kann. Schon mehr als einmal meinten wir »nun aber wirklich alles in unserer Gegend zu kennen«, um dann drei Mikroabenteuer später schon wieder einen neuen, einzigartigen Ort zu entdecken, der uns gefühlte Lichtjahre von zu Hause wegbeamte.

»Im Abenteuer vor der (Haus)Tür vereint sich offenbar sehr viel von dem, was uns guttut.«[91]

CHRISTO FOERSTER

URLAUB ANDERS DENKEN

Durchs Ausbüxen hat sich unser Blick auf Urlaub komplett verändert. Während wir früher mindestens eine Fernreise im Jahr unternommen haben, zieht es uns inzwischen immer öfter in die Wälder und Wiesen in unserer unmittelbaren Umgebung. Wahrscheinlich hat es damit zu tun, dass wir immer und immer wieder die Erfahrung machen, dass es genau diese Art des Unterwegsseins ist, die uns alles gibt, was wir im Urlaub suchen. Mal abgesehen davon, dass Urlaub dadurch günstiger und nachhaltiger wird, hat es den wunderbaren Nebeneffekt, dass er viel leichter zu realisieren ist.

Urlaub vor der Haustür

Im Jahr 2019 startete die Deutsche Bahn unter dem Slogan »Spar dir den Flug« eine Social-Media-Kampagne. Darin wurden Bilder zweier ähnlich aussehender Reiseziele sowie die Preise, die jeweils für die Anreise eingeplant werden müssen, nebeneinandergestellt. Die Aussicht auf eine Flussschleife des Colorado River in Arizona wird darin mit der auf die Moselschleife am Calmont in Rheinland-Pfalz verglichen, Felslandschaften Sri Lankas mit denen der Sächsischen Schweiz, die Berge Kanadas mit denen in Bayern. Das Ergebnis ist verblüffend. Ganz unabhängig von der persönlichen Einstellung zum Fliegen oder zur Deutschen Bahn erinnert diese Kampagne daran, wie viele beeindruckende Reiseziele in Deutschland auf uns warten.

Wir kannten den Calmont an der Mosel schon gut. Als wir uns aber im Rahmen eines Vortrags daranmachten, weitere Reiseziele in Rheinland-Pfalz zu recherchieren, kamen wir aus dem Staunen nicht mehr raus. Von so vielen Orten hatten wir zwar schon gehört, waren aber letztlich noch nie dort gewesen. Ferne Länder waren für uns lange Zeit immer reizvoller gewesen. Plötzlich kapierten wir, wie viel wir verpassten, indem wir unseren Urlaub weit weg verbrachten. Und beim nächsten Gedanken wurde uns dann fast schwindelig: Das waren ja nur die Reiseziele in Rheinland-Pfalz. Wenn wir davon ausgingen, dass jedes der 15 anderen Bundesländer im Schnitt auch so viel zu bieten hatte, würde es viele Jahre, ja vielleicht sogar ein ganzes Leben dauern, um sie alle zu besuchen.

Seitdem hat uns die Begeisterung für Urlaubsziele in Deutschland oder angrenzenden Ländern nicht mehr losgelassen. Viel mehr noch: Mit jedem neuen Reiseziel entdecken wir dort weitere besondere Orte, und unsere Liste von Urlaubsideen und -wünschen wird länger und länger. So viel von dem, was wir in der Ferne suchen, finden wir im Urlaub vor der Haustür: Ruhe und Entspannung, Freiheit und Abenteuer, das Gefühl, weit weg zu sein, und beeindruckende Natur. Und hey, es gibt keine nachhaltigere und entspanntere Art zu reisen. Die kurze Anreise mit dem Auto, mit dem Fahrrad oder der Bahn ist im Vergleich zu vielen anderen Zielen kaum der Rede wert, und das Beste: Wenn dir danach ist, kannst du jederzeit wieder an dein Urlaubsziel zurückkehren.

Urlaub und Leben verbinden

Urlaub sollte in erster Linie eins sein: stressfrei. Niemand muss morgens pünktlich zur Arbeit, in die Schule oder in die Kita kommen, das Essen muss nicht zu einer bestimmten Zeit fertig sein, es warten keine Wäscheberge und keine Termine. Im Idealfall müssen wir für ein paar Wochen mal nichts planen und nicht funktionieren. Stattdessen haben wir ganz viel Familienzeit, unternehmen spannende Ausflüge, erleben Kultur, Landschaften, leckeres Essen und Entspannung. Urlaub ist für viele die ersehnte Unterbrechung des Alltags, nur leider oft viel zu kurz, um alle Speicher nachhaltig wieder aufzufüllen. Viele von uns sitzen schon zwei Tage danach wieder müde am Schreibtisch, während ihnen die letzten Wochen am Strand oder in den Bergen vorkommen wie aus einem anderen Leben.

So richtig gut wäre es doch, wenn wir gar nicht erst an den Punkt kämen, uns total urlaubsreif zu fühlen und unbedingt eine Pause vom Alltag zu brauchen. Mikroabenteuer machen genau das möglich: Mit ihnen kannst du auch im Alltag auftanken. Du kannst sie als eine Art Stressprävention betrachten, die dich immer wieder ins Hier und Jetzt bringt. Durch diese kleinen, aber wirksamen Unterbrechungen des täglichen Einerleis sind Urlaub und Leben auf einmal nicht mehr voneinander getrennt. Ausbüxen ist Mini-Urlaub! Die Vorfreude auf den zweiwöchigen Jahresurlaub wird dadurch bestimmt nicht kleiner – das Bedürfnis danach aber vielleicht schon.

Familien-Trekkingurlaub

Wir haben das Thema Trekking bisher immer nur am Rande erwähnt. Weil es für uns eine der schönsten und intensivsten Arten ist, als Familie Urlaub zu machen, möchten wir an dieser Stelle noch einmal näher darauf eingehen. Trekkingurlaub kann eine mehrtägige Wanderung, Fahrrad- oder Kanutour sein, bei der du und deine Familie jeden Tag in der Natur unterwegs seid und im Freien übernachtet.

VIEL NATUR UND REDUKTION AUF DAS WESENTLICHE

Mehr Naturerleben als bei einer Trekkingtour geht gar nicht! Jeden Tag seid ihr mittendrin, dazu kommt viel Bewegung, frische Luft und natürlich diverse Abenteuer, die ihr gemeinsam besteht. Und weil ihr euch sowieso irgendwo draußen unter freiem Himmel euren Schlafplatz sucht, könnt ihr jeden Tag in genau dem Tempo unterwegs sein, wie es in dem Moment für euch passt. Es gibt keine gebuchte Unterkunft, die auf euch wartet, kein Tagesziel und keine feste Check-in-Zeit. Alleine das macht Trekking besonders mit Kindern so attraktiv und erholsam. Ihr werdet vielleicht nicht so viele Kilometer zurücklegen, werdet vielleicht jeden Tag mit Müsli beginnen und mit Couscous beenden, werdet nach ein paar Tagen vielleicht auch ein bisschen müffeln und drei Tage lang dieselben Socken tragen. Aber im Trekking steckt die Chance, euch als Team zu erfahren und zu spüren, wie wenig es braucht, um glücklich zu sein.

EINE PASSENDE ROUTE FINDEN

Eine spannende Trekkingroute kann im einfachsten Fall eine schöne und abwechslungsreiche Wander-, Fahrrad- oder Kanustrecke sein, die du vorab recherchierst. Wichtig ist, dass du eure Route so legst, dass ihr mindestens einmal am Tag eure Wasserflaschen auffüllen könnt und dass euch die Route in Länge und Anstrengung nicht überfordert. Plane genügend Puffer für Pausen und Spiele ein. Besonders aufregend ist es, die Trekkingtour direkt von eurer Heimatstadt aus zu beginnen und am Ende entweder über einen Rundweg wieder dorthin zurückzukehren oder mit Bus oder Bahn nach Hause zu fahren.

TREKKINGVARIATIONEN FÜR DEN EINSTIEG

Hier ein paar Tipps, wie du den Urlaub mit deinen Kindern ganz einfach an eure Bedürfnisse anpassen kannst:

- Wähle die Route für den Einstieg so, dass ihr immer mal wieder an Siedlungen und Einkaufsmöglichkeiten vorbeikommt. So habt ihr regelmäßig die Gelegenheit, eure Essensvorräte aufzustocken, euch ein Eis zu gönnen oder vielleicht auch mal ein Schwimmbad mit Dusche zu besuchen.

- Eine Trekkingtour entlang einer Bahnstrecke hat den Vorteil, dass ihr jederzeit ein Stück mit dem Zug weiterfahren könnt, falls euch danach ist. Besonders dann, wenn du noch nicht so gut einschätzen kannst, wie viel Strecke ihr machen werdet, ist das eine entspannte Option, die dazu noch Spaß macht.
- Startet doch einfach mal mit einer Ein- oder Zweitagestour mit Übernachtung. Danach könnt ihr nach Lust und Laune weitere Tage und Nächte dranhängen.
- Statt die Nächte unter freiem Himmel zu verbringen, könnt ihr natürlich auch auf Trekkingplätzen, Campingplätzen, in Jugendherbergen oder Pensionen übernachten. Achte nur darauf, eure Tagesetappen nicht zu optimistisch zu planen und lieber ein bisschen mehr zeitlichen Puffer einzukalkulieren.

SPEZIELLE TREKKINGAUSRÜSTUNG

Im Vergleich zu einem Tagesausflug oder einem kurzen Übernachtungs-Abenteuer braucht es beim Trekking mit Kindern hier und da ein wenig Anpassung bei der Ausrüstung. Einiges davon ergibt sich schon allein aus der Entscheidung, ob ihr euch zu Fuß, mit dem Fahrrad oder auf dem Wasser fortbewegt. Je nachdem braucht ihr Wanderstöcke und Trekkingrucksack, Ersatzschläuche fürs Fahrrad oder Schwimmwesten.

Außerdem solltet ihr folgende Dinge dabeihaben, wenn ihr mehrere Tage unterwegs seid:

- **Hygiene:** Seife, Shampoo, einen Waschlappen, Handtuch, Tampons oder Menstruationstasse
- **Wasser:** Je nachdem wie »wild« ihr unterwegs seid, kann es sinnvoll sein, einen Wasserfilter oder Tabletten zur Wasserentkeimung mitzunehmen.

- **Proviant:** Lebensmittel für Trekkingtouren sollten möglichst leicht sein und euch trotzdem Energie spenden und satt machen. In den Rezepten der Ausbüx-Küche haben wir die markiert, die speziell für Trekking geeignet sind.
- **Spielzeug:** Auch wenn die Natur unterwegs alles zu bieten hat, was das Spieleherz begehrt: Abends am Schlafplatz freuen sich deine Kinder vielleicht trotzdem über ein wenig kleines (leichtes!) Spielzeug, Bücher, Kuscheltiere oder Papier und Stifte.

Ausführlichere Infos zu den Themen Hygiene und Wasser auf Übernachtungstouren findest du im Kapitel »Outdoorwissen«.

NATURVERBINDUNG FÜR ALLE

Die mit Abstand häufigste Kritik, die uns in unserer Arbeit entgegengebracht wird, beschäftigt sich mit der Angst, dass »nun bald alle in den Wald ziehen, um dort zu schlafen«. Dahinter steckt meist die Sorge, dass mehr Menschen Müll in die Wälder tragen könnten und eine größere Störung für die Natur bedeuten. Doch wenn wir die Natur und ihre große Artenvielfalt wirklich nachhaltig erhalten wollen, müssen wir zulassen, dass jeder Mensch seine persönliche Verbindung zur Natur aufbauen kann – allen voran unsere Kinder.[92] Und das funktioniert nun einmal nicht nur von der Schulbank oder dem Stadtpark aus.

Unser Ziel sollte es sein, dass jeder Mensch die Möglichkeit bekommt, ganz ursprüngliche und unmittelbare Naturerfahrungen zu machen. Das muss nicht zwingend bedeuten, dass sensible Natur darunter leidet. Wir sollten nicht selbstverständlich davon ausgehen, dass Menschen sich überwiegend rücksichtslos und verantwortungslos in der Natur verhalten. Stattdessen können wir darauf vertrauen, dass die Natur etwas in den Menschen berührt, dass sie Mitgefühl und Empathie weckt und die Augen für den großen Schatz öffnet, der sich in ihr verbirgt. Also lasst uns aktiv werden, damit mehr Menschen und vor allem Kinder eine enge Bindung zur Natur aufbauen können!

Mehr Natur in Kita und Schule bringen

Es gibt jetzt schon Waldkindergärten in der Großstadt, Kitas und Schulen mit festen wöchentlichen Waldtagen, Waldklassenzimmer und Bauernhofkindergärten. Viele dieser Angebote wurden von engagierten und ausdauernden Eltern ins Leben gerufen. Wenn du dir auch so etwas für deine Kinder wünschst, dann starte doch selbst eine Initiative. Bestehende Projekte beraten dich bestimmt gerne. Bewegen kannst du aber schon etwas, indem du die Idee und den Wunsch mit anderen Vätern und Müttern und der Kita- oder Schulleitung teilst. Sprich die Verantwortlichen und andere Eltern darauf an! So kannst du direkt daran mitwirken, dass neue Naturangebote in deiner Nähe entstehen.

Trekkingplätze und offizielle Feuerstellen anregen

Die meisten Wälder und ihre tierischen Bewohner wären irgendwann überfordert, würden dort zu viele Menschen übernachten. Trekkingplätze sind eine wunderbare legale Möglichkeit, das Erlebnis einer Nacht in der Natur für alle zu ermöglichen und dabei gleichzeitig zu steuern, wo und wie viele Menschen dort übernachten. Wenn du zusammen mit anderen Naturliebenden euren lokalen Tourismus- und Forstverband immer wieder ganz direkt darauf ansprichst, steigt die Chance, dass es bald auch Trekkingplätze in deiner Region geben wird.

Bei 1NiteTent mitmachen

Du hast einen großen Garten oder ein Wald- oder Wiesenstück mit einigermaßen ebenem Untergrund? Dann kannst du schon jetzt daran mitwirken, dass es mehr legale Möglichkeiten zum Draußenübernachten und Zelten gibt. 1NiteTent funktioniert wie Couchsurfing – nur draußen. Auf einer Karte kannst du dein Grundstück eintragen und naturliebenden Menschen damit die Möglichkeit bieten, dort kostenlos eine Nacht zu verbringen.

Familiengruppe gründen

Viele Naturerlebnisangebote richten sich ausschließlich an Kinder. Durch die Ausgebüxt-Familie merken wir aber immer wieder, wie wertvoll gemeinsam erlebte Naturzeit für Familien ist. Wenn du dir solche Naturangebote auch bei dir zu Hause wünschst, dann wollen wir dich an dieser Stelle dazu ermutigen, selbst zum Anbieter zu werden. Hier zur Inspiration ein paar Beispiele für bereits bestehende Angebote:

AUSGEBÜXT-FAMILIE

Ein Jahr lang trifft sich eine feste Gruppe von Familien jeden Monat zu einem Waldabenteuertag. Gemeinsam tauchen sie in alle Jahreszeiten ein, entdecken die vielen Abenteuer vor der Haustür, kochen, spielen, werkeln und feiern. Ganz besonders ist die Finanzierung dieser Gruppe: Jede Familie trägt mit einem festen monatlichen Beitrag dazu bei, dass die Abenteuertage geplant und organisiert werden können. Die jeweiligen Beiträge richten sich dabei nach den finanziellen Möglichkeiten der Familien.

ELTERN-KIND-WALDSPIELGRUPPEN

Ähnlich wie Krabbelgruppen treffen sich die Teilnehmer von Eltern-Kind-Waldspielgruppen einmal die Woche. Für zwei bis drei Stunden erkunden die Eltern und Kinder den Wald mit allen Sinnen, spielen, bauen und tanzen zusammen. Die meisten Waldspielgruppen werden für Klein- und Kindergartenkinder gegen eine feste Teilnahmegebühr angeboten.

FAMILIENGRUPPEN DES DAV

Auch in einigen Sektionen des Deutschen Alpenvereins haben sich Familiengruppen gegründet: offene Gruppen, die sich zu geplanten oder spontanen Unternehmungen in der Natur treffen. Im Mittelpunkt dieser Gruppen stehen vor allem Aktivitäten, die mit den Alpen oder den deutschen Mittelgebirgen verbunden sind. Dazu gehören zum Beispiel Wanderungen, Kletter-, Mountainbike-, Rad- und Kanutouren.

DIE WELT VERÄNDERN

Unsere Kinder geben der Zukunft ein Gesicht. Prognosen über Ereignisse der nächsten 30, 50 oder 100 Jahre betreffen auf einmal nicht mehr nur uns im Alter, sondern finden mitten im Leben unserer Kinder und Enkel statt. Als wir zum ersten Mal Eltern wurden, hat uns diese Erkenntnis wie der Schlag getroffen und das, worauf Klimaschützer und Wissenschaftler schon lange hinweisen, drang erst jetzt wirklich zu uns durch. Mit einem Mal begriffen wir, dass die wunderschöne Natur, die uns da draußen jedes Mal so sehr berührt, für unseren Sohn nicht selbstverständlich ist. Aus der Elternschaft und unserer Begeisterung für die Natur formte sich der Wunsch, die Zukunft des Planeten aktiv mitzugestalten.

> »Wie gut wir unsere Kinder auch immer großziehen, es hilft nichts, wenn wir nicht auch ein paar Dinge ändern. Denn wir entziehen unseren Kindern und Enkeln die Lebensgrundlage, wenn wir so weiter konsumieren wie bisher.«[93]
>
> NICOLA SCHMIDT

Der Wille, etwas zu verändern, ist aber nur das eine. Früher oder später kommen viele von uns an den Punkt, an dem sie sich fragen, ob das, was sie tun, einen Unterschied macht. Ob es genug ist. Ernährung, Kleidung, Mobilität, Plastikmüll, Artenvielfalt, Stärkung der Demokratie und Menschenrechte. Uns in all diesen Bereichen ständig und überall nachhaltig und bewusst zu verhalten, ist unmöglich. Im schlimmsten Fall führt diese Erkenntnis zu Resignation und Lähmung – einer wirklich miserablen Mischung auf dem Weg, die Welt zu verändern.

Statt bis ins letzte Detail an deinem persönlichen Fußabdruck zu feilen, konzentriere dich darauf, etwas gemeinsam mit deinen Mitmenschen zu bewegen. Suche dir einen Bereich, der dich besonders begeistert und in dem du als gutes Vorbild voranschreiten möchtest. Starte eine Müllsammelaktion, organisiere Kleidertauschpartys, halte einen Vortrag über nachhaltiges Reisen oder starte einen veganen Kochzirkel mit Freunden. Es müssen keine aufwendigen Dinge sein, wichtig ist nur, dass dich das Thema wirklich berührt. Auf diesem Weg wirst du immer mehr Menschen mit deiner Begeisterung anstecken. So kommt auf einmal ganz viel in Bewegung. Denn die Menschen, die du erreichst, werden die Botschaft weitertragen. Und jetzt stell dir vor, jeder Mensch auf dieser Erde begeistert nur ein paar andere für sein Thema – was haben wir Kraft zur Veränderung!

IMMER WIEDER NEU

JANA

Wir liegen in unserem Doppelschlafsack. Nur wir zwei. Kein Kind rekelt sich zwischen uns. Paddy blickt auf dem Rücken liegend in den wolkenlosen Nachthimmel, seine Arme hinter dem Kopf verschränkt. Dafür, dass wir in unserem Garten mitten in der Stadt liegen, ist es verblüffend ruhig. Nur vereinzelt tönen Geräusche aus der Nachbarschaft: eine miauende Katze, Jalousien, die heruntergelassen werden. Ich rutsche noch ein paar Zentimeter näher an Paddy heran und habe das Gefühl, diesen Moment für immer festhalten zu wollen. Ich kann kaum glauben, wie sehr sich unser Leben mit Kind verändert hat. Hätte man mir erzählt, dass es fast zwei Jahre dauern würde, bis wir noch mal zu zweit draußen schlafen, ich hätte mich schlappgelacht. Paddy dreht seinen Kopf zur Seite und sieht mich an: »Meinst du, es klappt heute?« »Ja, ich glaube schon. Zumindest habe ich ein gutes Gefühl.« Schon in wenigen Wochen erwarten wir unser zweites Baby. Nur ein paar Meter entfernt, in unserem Schlafzimmer, gewöhnen sich Oma und der Kleine deshalb gerade ans gemeinsame Schlafen. Schon wieder Veränderung. Und diesmal wissen wir, wie wenig wir über die Zeit danach vorhersehen können. Wie wird sich unser Alltag verändern? Wie werden der große Bruder und das Baby miteinander klarkommen? Was macht das kleine Menschlein mit unserer Paarbeziehung? »Was das Ausbüxen angeht, ärgere ich mich manchmal, dass wir uns nicht gleich den 100-Liter-Tourenrucksack gekauft haben«, bringt Paddy schmunzelnd ein. Ich muss lachen. Ja, an solche Kleinigkeiten hatten wir zu dem Zeitpunkt nun wirklich nicht gedacht. Mit zwei Kindern würden sich auch unsere Naturabenteuer verändern. Gerade jetzt, wo wir mit dem Kleinen unterwegs so gut eingespielt waren … »Na ja, so wird uns jedenfalls nicht so schnell langweilig.«

Wir sind keine Experten im Ausbüxen. Die gibt es mit Kindern auch nicht. Einfach weil sich ständig alles verändert. Als Erwachsene, allein oder als Paar, können wir uns über die Zeit eine Art Kompetenz und Routine aneignen. Da gibt es die persönliche Packliste für die verschiedensten Abenteuer, man kennt sich mit der nötigen Ausrüstung aus und weiß, was man draußen sucht und was nicht. Mit Kindern ist das anders. Kinder stecken immerzu in der Entwicklung, verändern ihre Vorlieben, ihre Bedürfnisse und Fähigkeiten. Da hilft zwar Erfahrung und Wissen, um auch in brenzligen und unvorhergesehenen Situationen gelassen zu bleiben, aber ansonsten kannst du noch so gut Karten lesen, noch so schöne Packlisten schreiben und noch so gerne wandern – anhaltende Planbarkeit und Routine kommen niemals auf.

Genau in dieser ständigen Veränderung steckt eine große Chance. Du wirst dadurch immer wieder aufs Neue eingeladen, die Zeit mit deinen Kindern aktiv zu gestalten und dich auf die Bedürfnisse und Fähigkeiten einzulassen, die sie gerade mitbringen. Mikroabenteuer sind dafür gemacht, sich in euer Leben einzufügen. Sie sind ein Spiegel dessen, was du, was deine Kinder gerade wollen und brauchen. Die Natur ist dabei der Anker und der schützende Rahmen, in dem ihr gemeinsam eure Ideen ausleben könnt, ohne dass ihr euch verliert.

Vieles, was dir in diesem Buch begegnet ist, wirst du hoffentlich schon bald selbst kennenlernen: draußen mit deinen Kindern. Such dir das heraus, was am besten in euer Familienleben passt und was sich für euch alle gut anfühlt. Es wäre wundervoll, wenn dein Kopf an dieser Stelle nur so übersprudelt vor Ideen und Möglichkeiten. Wenn du es kaum erwarten kannst, mit deinen Kindern Ausbüx-

Pläne zu schmieden. Wenn du schon das Telefon in der Hand hältst, um Freunde oder Verwandte zu eurem nächsten Abenteuer einzuladen. Wenn du dich trotz Job und Verpflichtungen beflügelt und frei fühlst, eure Familienzeit in der Natur zu gestalten.

Gerade weil wir keine Experten sind, sondern eben »nur« Eltern mit viel Natur- und Abenteuererfahrung, freuen wir uns immer sehr, von den Erlebnissen, Fragen und Gedanken anderer Ausbüxer zu erfahren und noch mehr dazuzulernen. Erzähle uns davon in einer persönlichen Nachricht an hallo@ausgebuext.info oder teile deine Abenteuer über #wirsindausgebüxt bei Instagram, um viele andere Familien mit eurer Begeisterung anzustecken. Auf unserem Blog ausgebuext.info findest du außerdem regelmäßig neue Ideen und Inspiration rund ums Ausbüxen.

Und jetzt: Schnapp dir deine Kinder, tretet gemeinsam vor die Haustür, packt euch an den Händen und zieht los!

DANKE!

Hätte uns jemand vor zwei Jahren gesagt, dass wir bald ein Buch übers Ausbüxen schreiben würden, wären wir wahrscheinlich lachend jede Wette dagegen eingegangen – was für ein Glück, dass wir nicht gewettet haben! Seit dem Tag, an dem wir unsere Jobs gekündigt haben, um uns unserer Leidenschaft fürs Draußensein und dem Arbeiten mit Menschen zu widmen, ist so viel Unvorhersehbares passiert. Inzwischen trauen wir dem Leben so einiges an verrückten und spontanen Richtungswechseln zu. Einer davon ist dieses Buch.

Ein Artikel über *Ausgebüxt* bei Spiegel-Online gepaart mit ihrer eigenen Begeisterung für die Natur hat Isabella Jaross, unsere liebe Lektorin beim Malik-Verlag, dazu gebracht, uns im Juli 2019 anzuschreiben, seitdem ist sie unsere wichtigste Begleiterin. Danke, dass du von Anfang an an dieses Buch geglaubt hast – wir freuen uns auf alles, was noch kommt! Ein großes Dankeschön geht auch an den Rest des Piper-Teams, das unser Buch auf so vielen Ebenen unterstützt hat und es immer noch tut!

Noch bevor die Idee für dieses Buch geboren wurde, lernten wir dich, lieber Christo Foerster, kennen. Es ist immer wieder eine Freude, die Begeisterung für Mikroabenteuer mit dir zu teilen, und unsere Nacht am Hamburger Elbstrand wird uns immer in guter Erinnerung bleiben. Es bedeutet uns sehr viel, dass du diesem Buch ein Vorwort geschenkt hast – ein fettes Dankeschön dafür!

Wir danken auch den Eltern und Kindern der *Ausgebüxt-Familie Trier* – im Zusammensein mit euch durften wir so viele wertvolle Erfahrungen machen und Einblicke in das Ausbüxen mit älteren

Kindern erhalten. Danke, dass ihr mit uns gemeinsam die Idee der *Ausgebüxt-Familie* weitertragt. Und ohne euch, Michaela Hausdorf und Timo Wans vom MYZELIUM, wäre unsere Idee nie in dieser Form entstanden. Danke, dass ihr uns mit eurer Vision angesteckt, uns immer wieder Lösungen aufgezeigt und uns so wegweisend unterstützt habt!

Danke an die wunderbaren Autorinnen Nicola Schmidt und Stefanie Stahl sowie den Autor Herbert Renz-Polster. Eure Bücher und die persönlichen Gespräche mit euch waren für uns und für das Entstehen dieses Buchs unglaublich wertvoll! Auch dir ein großes Dankeschön, liebe Steffi Schindler. Der Austausch mit dir und die vielen wertvollen Inhalte deines Blogs waren für uns an vielen Stellen sehr hilfreich.

Dem Team des Waldkindergartens in Trier *Waldpänz e.V.* danken wir für die Möglichkeit, bei euch zu hospitieren, und für die spannenden Einblicke in den Alltag der Kinder. Danke, Kai Fuchs von *Monowalker Design* und Johannes Bahle von der *Hike Instinct GmbH* für den netten Kontakt und dafür, dass ihr uns eure mit Leidenschaft hergestellten Produkte zum Testen zur Verfügung gestellt habt.

Danke auch an unsere liebe Online-Community auf dem Ausgebüxt-Blog, Facebook und Instagram. Dank euch dürfen wir und andere Eltern immer wieder erfahren, dass wir in ganz Deutschland und sogar darüber hinaus durchs Ausbüxen verbunden sind.

Wir danken auch all denen, die erste Entwürfe oder gar das komplette Manuskript durchgelesen und mit ihren wertvollen Kommentaren versehen haben: Delania Ramos, Martin Franger, Rosamunde Popcorne, Carmen Meerkamp, Katharina Kneip, Christine Schübel, Josephine Nothacker und Linda Leuf.

Zum Schluss nun noch unser persönlichstes Dankeschön: Es geht an euch, Carmen, Rosemarie, Manfred und Raimund – ihr habt uns als Kinder das große Geschenk gemacht, draußen wild und frei sein zu dürfen. Dank eurem Vertrauen durfte die Natur für uns zu einem zweiten Zuhause werden und damit zu einem Ort, mit dem wir uns immer verbunden fühlen.

Und an euch, unsere Kinder – so wie ihr seid, zeigt ihr uns jeden Tag, wie wundervoll diese Welt ist, warum es sich lohnt, an das Gute zu glauben und die Zukunft zu gestalten. Von euch geliebt zu werden, ist das größte Glück der Welt!

LITERATUR

Cornell, Joseph: »Mit Cornell die Natur erleben – Naturerfahrungsspiele für Kinder und Jugendliche – Der Sammelband«, Verlag an der Ruhr 2017

Danks, Fiona; Schofield, Jo: »Spielplatz Natur – Mit Kindern die Natur spielerisch entdecken, erleben und gestalten«, AT Verlag 2008

Fleischhauer, Steffen Guido; Guthmann, Jürgen; Spiegelberger, Roland: »Essbare Wildpflanzen – 200 Arten bestimmen und verwenden. Das Pflanzenbestimmungsbuch der häufigsten Wildpflanzen«, AT Verlag 2015

Foerster, Christo: »Mikroabenteuer – Raus und machen! Einfach gute Outdoor-Erlebnisse vor der Haustür. Ideen, Ausrüstung, Motivation«, Amazon Media EU S.à.r.l. Luxembourg 2018

Foerster, Christo: »Raus und machen! – Die große Kraft der kleinen Abenteuer«, Harper Collins 2019

Frank-Schagerl, Jennifer; Frank, Corinna: »Wildkräuter Outdoor Küche für Kinder«, Freya 2020

Höh, Rainer: »Outdoor-Handbuch – Alles zum Leben und Überleben in der Wildnis zu jeder Jahreszeit«, Reise Know How Verlag 2018

Humphreys, Alastair: »Microadventures – Local Discoveries for Great Escapes«, William Collins 2014

Louv, Richard: »Last Child in the Woods – Saving Our Children from Nature-Deficit Disorder«, Algonquin Books 2008

Mikosch, Sophie: »Mit Kindern im Wald durch die Jahreszeiten – Kreative Ideen zum Bauen, Basteln und Spielen für Waldspielgruppen und Familien«, 2019 (über www.muetterimpulse.de)

Nehberg, Rüdiger: »Survival-Abenteuer vor der Haustür«, Piper 2009

Raith, Andreas; Lude, Armin: »Startkapital Natur – Wie Naturerfahrung die kindliche Entwicklung fördert«, Oekom-Verlag 2014

Renz-Polster, Herbert; Hüther, Gerald: »Wie Kinder heute wachsen – Natur als Entwicklungsraum. Ein neuer Blick auf das kindliche Lernen, Fühlen und Denken«, Beltz 2013

Schmidt, Nicola: »artgerecht – Das andere Baby-Buch – Natürliche Bedürfnisse stillen. Gesunde Entwicklung fördern. Naturnah erziehen«, Kösel 2015

Schmidt, Nicola: »artgerecht – Das andere Kleinkinderbuch – Gefühle liebevoll begleiten – Entwicklungsschritte verstehen – Mit Kindern wachsen. Von 2 bis 6 Jahren«, Kösel 2018

Stahl, Stefanie; Tomuschat, Julia: »Nestwärme, die Flügel verleiht – Halt geben und Freiheit schenken – wie wir erziehen, ohne zu erziehen«, Gräfe und Unzer 2018

Stockmann, Regina; Holtkamp, Stefanie; Kraus, Johanna: »Trekkingträume für Familien – Vom Mikroabenteuer zur mehrtägigen Trekkingtour«, Naturzeit Reiseverlag 2020

Weber, Andreas: »Mehr Matsch! – Kinder brauchen Natur«, Ullstein 2012

Wehde, Sven: »Abenteuer mit Kindern – Inspiration, Geschichten, Tipps, Interviews«, Independently published 2020

ANMERKUNGEN

1 Renz-Polster/Hüther , 2013, S. 9
2 »Naturbewusstsein 2015 – Bevölkerungsumfrage zu Natur und biologischer Vielfalt«, 2015, unter: https://bfn.de/fileadmin/BfN/gesellschaft/Dokumente/Naturbewusstsein-2015_barrierefrei.pdf
3 »Anzahl der Einwohner in Deutschland nach Gemeindegrößenklassen«, 2019, unter: https://de.statista.com/statistik/daten/studie/161806/umfrage/anzahl-der-einwohner-nach-gemeindegroessenklassen-in-deutschland/
4 Renz-Polster/Hüther, 2013, S. 99
5 »Welche der folgenden Erziehungsziele halten Eltern für wichtig?«, 2009, unter: https://de.statista.com/statistik/daten/studie/39028/umfrage/wichtige-erziehungsziele-fuer-eltern/
6 Juul, Jesper: »Vier Werte, die Kinder ein Leben lang tragen«, Gräfe und Unzer 2012
7 Renz-Polster/Hüther, 2013, S. 23–24
8 Stahl/Tomuschat, 2018, S. 71
9 Weber, 2012, S. 21
10 Häfner, Peter: »Natur- und Waldkindergärten in Deutschland – eine Alternative zum Regelkindergarten in der vorschulischen Erziehung«, Inauguraldissertation, Vdm Verlag Dr. Müller 2002, S. 167
11 Villarroel, J.D.: »Environmental judgment in early childhood and its relationship with the understanding of the concept of living beings«, SpringerOpen 2013
12 Lude/Raith, 2014
13 »New WHO-led study says majority of adolescents worldwide are not sufficiently physically active, putting their current and future health at risk«, 2019, unter https://www.who.int/news/item/22-11-2019-new-who-led-study-says-majority-of-adolescents-worldwide-are-not-sufficiently-physically-active-putting-their-current-and-future-health-at-risk
14 Holze, Kerstin: »Es geht um Bewegung nicht um Sport«, 2019, unter: https://www.deutschlandfunk.de/who-studie-zu-bewegungsmangel-es-geht-um-bewegung-nicht-um.1346.de.html?dram:article_id=464103

15 »Naturerleben und Gesundheit«, 2015, unter: https://www.bundesforste.at/uploads/publikationen/WasserWege_Gesundheit.pdf
16 Renz-Polster/Hüther, 2013, S. 77–80
17 Kirady, Maria; Botzenhardt, Tilman: »Natur – die beste Gesundheitsschule«, 2016, unter: https://www.geo.de/magazine/geo-wissen-gesundheit/205-rtkl-naturerfahrung-natur-die-beste-gesundheitsschule
18 Hunter, MaryCarol R. et al.: »Urban Nature Experiences Reduce Stress in the Context of Daily Life Based on Salivary Biomarkers«, 2019, unter https://www.frontiersin.org/articles/10.3389/fpsyg.2019.00722/full
19 »Wald statt Ritalin«, 2014, unter: https://www.focus.de/gesundheit/ratgeber/psychologie/news/adhs-wald-statt-ritalin_aid_341144.html
20 Renz-Polster/Hüther, 2013, S. 9
21 Kemper, Hella: »Spring!«, 2018, unter: https://www.zeit.de/zeit-wissen/2018/03/waldbaden-natur-heilung-gesundheit-japan
22 Peter Wohlleben: »Das geheime Band zwischen Mensch und Natur«, Ludwig Verlag 2019
23 Kemper, Hella: »Spring!«, 2018, unter: https://www.zeit.de/zeit-wissen/2018/03/waldbaden-natur-heilung-gesundheit-japan
24 Ebd.
25 Stahl/Tomuschat, 2018, S. 17
26 Neff, Lisa. A.; Karney, Benjamin R.: »Stress and reactivity to daily relationship experiences: How stress hinders adaptive processes in marriage«, *Journal of Personality and Social Psychology, 97*, 2009, S. 435–450
27 Juul, Jesper: »Dein kompetentes Kind«, Rowohlt 2011
28 Stahl/Tomuschat, 2018, S. 90
29 Ebd.
30 »Microadventures with Kids - Everything You Need to Know!«, unter https://alastairhumphreys.com/20224-2/
31 Zeug, Katrin: »Mach es anders!«, 2013, unter https://www.zeit.de/zeit-wissen/2013/02/Psychologie-Gewohnheiten
32 Ebd.
33 Köhler, Hans-Uwe L.: »Zugabe!: Machen ist wie Wollen, nur krasser«, GABAL 2017
34 »Kurzfassung ›Entwicklung des Kindes‹«, unter https://web.archive.org/web/20081226202712/http:/www.brockhaus.de/infothek/infothek_detail.php?nr=12141
35 »7 Tipps für das Wandern mit Kindern«, 2018, unter: https://www.fjella.world/tipps-fuer-das-wandern-mit-kindern/
36 »Die magische Phase«, unter: https://www.kindergesundheit-info.de/themen/entwicklung/entwicklungsschritte/geistige-entwicklung/magische-phase/

37 Zeug, Katrin: »Mach es anders!«, 2013, unter https://www.zeit.de/zeit-wissen/2013/02/Psychologie-Gewohnheiten
38 »Familienbericht Nordrhein-Westfalen«, 2015, S. 158, unter: https://www.mkffi.nrw/sites/default/files/asset/document/familienbericht_langfassung.pdf
39 »Von Eltern genannte Wünsche zur Vermeidung von Stress«, 2019, unter: https://www.kkh.de/content/dam/kkh/presse/bilder-grafiken/erkrankungen/psyche/kkh-stress-eltern-wuensche-zur-vermeidung-von-stress.jpg
40 »In 35 % der Paarfamilien mit Kind unter 3 Jahren arbeiteten 2018 beide Eltern«, 2019, unter: https://www.destatis.de/DE/Presse/Pressemitteilungen/2019/12/PD19_473_122.html
41 Andreae, Kerstin; Dörner, Katja: »Stress, lass nach«, 2016, unter: https://www.zeit.de/2016/26/familie-beruf-vereinbarkeit-stress
42 »Von Eltern genannte Wünsche zur Vermeidung von Stress«, 2019, unter: https://www.kkh.de/content/dam/kkh/presse/bilder-grafiken/erkrankungen/psyche/kkh-stress-eltern-ursachen-fuer-stress.jpg
43 Kästner, Erich: »Die lyrische Hausapotheke«, © Atrium Verlag, Zürich und Thomas Kästner
44 Schindler, Stefanie: »Anleitung für einen möglichst stressigen Wandertag mit Kleinkind«, unter: https://www.adailytravelmate.com/anleitung-fuer-einen-moeglichst-stressigen-wandertag-mit-kleinkind/
45 Humphreys, Alastair: »12 Tips for Microadventures with Children«, unter: https://alastairhumphreys.com/12-tips-for-microadventures-with-children/
46 »Sonnenstich: So beugen Sie richtig vor«, unter: https://www.dak.de/dak/gesundheit/sonnenstich-so-beugen-sie-vor-2074210.html
47 »Temperaturregulation«, 1999, unter: https://www.spektrum.de/lexikon/biologie/temperaturregulation/65772
48 »Tragetuch und Tragehilfe: Was beachten?«, 2017, unter: https://www.baby-und-familie.de/Gesundheit/Tragetuch-und-Tragehilfe-Was-beachten-208267.html
49 Seifert, Ulrike; Fischer, Reinald: »Mit Kindern ins Gebirge«, 2000, unter: https://www.alpenverein.de/chameleon/public/10797/panorama_0005_med_10797.pdf
50 Prell, Christine; Koletzko Berthold: »Stillen und Beikost«, 2016, unter: https://www.aerzteblatt.de/archiv/180178/Stillen-und-Beikost
51 Ebd.
52 WHO/UNICEF Joint Monitoring Programme (JMP) for Water Supply, Sanitation and Hygiene, unter: https://washdata.org/data/household#!/
53 »Stillen und Muttermilchernährung«, 2001, unter: http://www.bzga.de/pdf.php?id=81b187b9ac271f197b1f0985cf54166c

54 Lawrence, Robert M.; Lawrence, Ruth A.: »Breastfeeding: More Than Just Good Nutrition«, 2011, unter: https://pedsinreview.aappublications.org/content/32/7/267
55 Breitenhuber, Amelie: »Wie viel Dreck ist gesund?«, 2017, unter: https://www.zeit.de/zeit-wissen/2017/01/immunsystem-dreck-gesund
56 »Händewaschen«, unter: https://www.infektionsschutz.de/haendewaschen/
57 Burton, Maxine; et al.: »The Effect of Handwashing with Water or Soap on Bacterial Contamination of Hands«, 2011, unter: https://www.ncbi.nlm.nih.gov/pmc/articles/PMC3037063/
58 »Antworten auf häufig gestellte Fragen zu Zecken, Zeckenstich, Infektion«, unter: https://www.rki.de/SharedDocs/FAQ/FSME/Zecken/Zecken.html
59 »Zecken«, unter: https://www.sdw.de/waldwissen/verhalten-im-wald/zecke/index.html
60 »Antworten auf häufig gestellte Fragen zu Zecken, Zeckenstich, Infektion«, unter: https://www.rki.de/SharedDocs/FAQ/FSME/Zecken/Zecken.html
61 »Antworten zu häufig gestellten Fragen zu Borreliose«, unter: https://www.rki.de/SharedDocs/FAQ/Borreliose/Borreliose.html
62 Ebd.
63 »Stellungnahme der Kommission für Infektionskrankheiten und Impffragen der Deutschen Akademie für Kinder und Jugendmedizin«, unter: https://dgpi.de/wp-content/uploads/2012/12/FSME_rev_Stellungnahme.pdf
64 »Beim Herausdrehen müssen Zecken gelockert werden«, 2004, unter: https://www.aerztezeitung.de/Medizin/Beim-Herausziehen-muessen-Zecken-gelockert-werden-316390.html
65 Rahlenbeck, Sibylle; Fingerle, Volker: »Wie man sich vor Zecken schützt«, 2014, unter: https://www.aerzteblatt.de/archiv/160811/Ixodes-ricinus-Wie-man-sich-vor-Zecken-schuetzt
66 »Echinokokkose«, unter: https://www.rki.de/DE/Content/Infekt/EpidBull/Merkblaetter/Ratgeber_Echinokokkose.html#doc2398572bodyText10
67 »Infektionsepidemiologisches Jahrbuch meldepflichtiger Krankheiten für 2018«, 2019, unter: https://www.rki.de/DE/Content/Infekt/Jahrbuch/Jahrbuch_2018.pdf?__blob=publicationFile
68 Kern, Petra; et al.: »Risk Factors for Alveolar Echinococcosis in Humans«, 2004, unter: https://www.ncbi.nlm.nih.gov/pmc/articles/PMC3323393/
69 »Sind Wölfe für Menschen gefährlich?«, unter: https://www.dbb-wolf.de/mehr/faq/sind-woelfe-fuer-menschen-gefaehrlich
70 »25 Jahre Kieling: Das starke Wildschwein«, 2016, unter: https://www.zdf.de/dokumentation/terra-x/25-jahre-kieling-das-starke-wildschwein-102.html

71 »Wildschwein in Sicht – Wie soll ich mich verhalten?«, 2016, unter: https://www.mannheim.de/de/nachrichten/wildschwein-in-sicht-wie-soll-ich-mich-verhalten
72 »Windwarnskala«, unter: https://www.wettergefahren.de/warnungen/windwarnskala.html
73 Renz-Polster/Hüther, 2013, S. 180 ff.
74 Gary Snyder, »The Etiquette of Freedom«, New York Point Press 1990, S. 24
75 § 59 BNatSchG
76 §23 (11) HJagdG und §17 LWaldG Schleswig-Holstein
77 § 23 Abs. 1 Nr 4 LWaldG Berlin
78 »Gebietsschutz/Großschutzgebiete«, unter: https://www.bfn.de/themen/gebietsschutz-grossschutzgebiete.html
79 §33 österreichisches Forstgesetz
80 Art. 699 SR210 Schweizerisches Zivilgesetzbuch
81 Redmoon, A. H.: »No Peaceful Warriors!«, in: *Gnosis #21*, 1991, unter: https://web.archive.org/web/20171202235344/http://lumen.org/issue_contents/contents21.html
82 »Kindliche Ängste«, unter: https://www.kindergesundheit-info.de/themen/entwicklung/entwicklungsschritte/emotionale-entwicklung/kindliche-aengste/
83 »Morgens ein Konzert erleben«, unter: https://www.nabu.de/tiere-und-pflanzen/voegel/vogelkunde/voegel-bestimmen/20663.html
84 »Liste von Meteorenströmen«, unter: https://de.wikipedia.org/wiki/Liste_von_Meteorströmen
85 »Fragen und Antworten zu Aluminium in Lebensmitteln und verbrauchernahen Produkten«, 2020, unter: https://www.bfr.bund.de/cm/343/fragen-und-antworten-zu-aluminium-in-lebensmitteln-und-verbrauchernahen-produkten.pdf
86 Brandt, Aaron: »Outdoor-Küche«, CreateSpace Independent Publishing Platform 2017, S. 56, 76
87 »Eine alte Nutzpflanze wird als Delikatesse entdeckt«, unter: https://kneipp.ch/zeitschrift-kneipp/top-themen/15894-2
88 Lang, Angelika: »Pilze – Die wichtigsten Arten entdecken und bestimmen«, Gräfe und Unzer 2013, S. 208
89 Bundesartenschutzverordnung (BArtSchV), Anlage 1
90 Ebd.
91 Foerster, Christo: Mikroabenteuer – Das Motivationsbuch © HarperCollins in der HarperCollins Germany GmbH, 2020, S. 20
92 Renz-Polster/Hüther, 2013, S. 107 ff.
93 Schmidt, 2018, S. 286

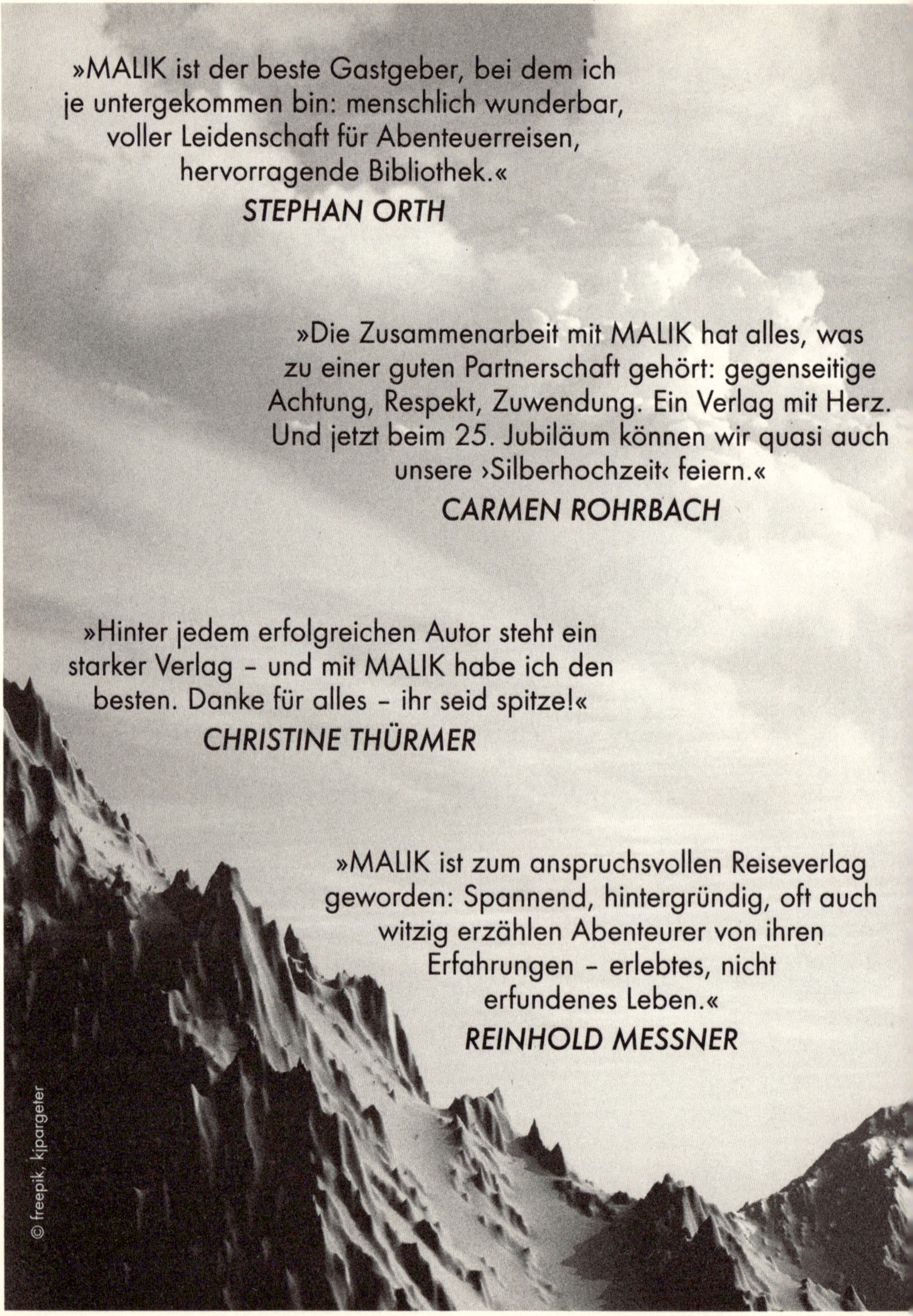

»MALIK ist der beste Gastgeber, bei dem ich je untergekommen bin: menschlich wunderbar, voller Leidenschaft für Abenteuerreisen, hervorragende Bibliothek.«

STEPHAN ORTH

»Die Zusammenarbeit mit MALIK hat alles, was zu einer guten Partnerschaft gehört: gegenseitige Achtung, Respekt, Zuwendung. Ein Verlag mit Herz. Und jetzt beim 25. Jubiläum können wir quasi auch unsere ›Silberhochzeit‹ feiern.«

CARMEN ROHRBACH

»Hinter jedem erfolgreichen Autor steht ein starker Verlag – und mit MALIK habe ich den besten. Danke für alles – ihr seid spitze!«

CHRISTINE THÜRMER

»MALIK ist zum anspruchsvollen Reiseverlag geworden: Spannend, hintergründig, oft auch witzig erzählen Abenteurer von ihren Erfahrungen – erlebtes, nicht erfundenes Leben.«

REINHOLD MESSNER

Zähneputzen, Aufräumen, Anziehen – wie Eltern Konflikte bindungsschonend und liebevoll lösen

*Cover- und Preisänderungen vorbehalten

Eliane Retz /
Christiane Stella Bongertz

Wild Child

Entwicklung verstehen,
Kleinkinder gelassen erziehen,
Konflikte liebevoll lösen

Piper Paperback, 384 Seiten
€ 18,00 [D], € 18,50 [A]*
ISBN 978-3-492-06249-7

Eltern, die bindungsorientiert mit ihrem Baby leben, wissen: Es nützt der Bindung, wenn sie prompt auf die Bedürfnisse des Kindes reagieren. Doch wenn das Baby zum Kleinkind wird, konfrontiert es die Eltern zunehmend mit seinen Autonomie- und Abgrenzungswünschen und raubt ihnen oft den letzten Nerv. Wie kann man dann Konflikte liebevoll lösen und gelassen erziehen? Dieses Buch zeigt Eltern von Kleinkindern anhand konkreter Alltagssituationen, wie man mit Wutausbrüchen umgeht, weniger schimpft, trotzdem Grenzen setzt und die Autonomie sowie die Bindung stärkt.

PIPER

Leseproben, E-Books und mehr unter **www.piper.de**

Wie zeigst Du,
dass Du nichts
beweisen musst?
18 Std. heiß.
24 Std. kalt.
Kohlensäurefest.
18/8
18/8 Edelstahl.
flsk.de
FLSK®